高效毁伤系统丛书

APPLICATION OF FINITE ELEMENT METHOD
IN WEAPONS DESIGN

武器装备设计中的有限元应用

徐豫新　王亚斌●著

北京理工大学出版社
BEIJING INSTITUTE OF TECHNOLOGY PRESS

版权专有　侵权必究

图书在版编目（CIP）数据

武器装备设计中的有限元应用 / 徐豫新，王亚斌著. -- 北京：北京理工大学出版社，2023.1
ISBN 978-7-5763-2100-5

Ⅰ. ①武… Ⅱ. ①徐… ②王… Ⅲ. ①有限元法-应用-武器装备-设计 Ⅳ. ①E145

中国国家版本馆CIP数据核字（2023）第025468号

责任编辑：钟　博	**文案编辑**：钟　博
责任校对：周瑞红	**责任印制**：李志强

出版发行 / 北京理工大学出版社有限责任公司
社　　址 / 北京市丰台区四合庄路6号
邮　　编 / 100070
电　　话 / （010）68944439（学术售后服务热线）
网　　址 / http://www.bitpress.com.cn
版印次 / 2023年1月第1版第1次印刷
印　　刷 / 三河市华骏印务包装有限公司
开　　本 / 710mm×1000mm　1/16
印　　张 / 25.5
字　　数 / 440千字
定　　价 / 119.00元

图书出现印装质量问题，请拨打售后服务热线，负责调换

高效毁伤系统丛书
编委会

名誉主编：朵英贤　王泽山　王晓锋

主　　编：陈鹏万

顾　　问：焦清介　黄风雷

副 主 编：刘　彦　黄广炎

编　　委（按姓氏笔画排序）

王亚斌　牛少华　冯　跃　任　慧
李向东　李国平　吴　成　汪德武
张　奇　张锡祥　邵自强　罗运军
周遵宁　庞思平　娄文忠　聂建新
柴春鹏　徐克虎　徐豫新　郭泽荣
隋　丽　谢　侃　薛　琨

丛书序

国防与国家的安全、民族的尊严和社会的发展息息相关。拥有前沿国防科技和尖端武器装备优势,是实现强军梦、强国梦、中国梦的基石。近年来,我国的国防科技和武器装备取得了跨越式发展,一批具有完全自主知识产权的原创性前沿国防科技成果,对我国乃至世界先进武器装备的研发产生了前所未有的战略性影响。

高效毁伤系统是以提高武器弹药对目标毁伤效能为宗旨的多学科综合性技术体系,是实施高效火力打击的关键技术。我国在含能材料、先进战斗部、智能探测、毁伤效应数值模拟与计算、毁伤效能评估技术等高效毁伤领域均取得了突破性进展。但目前国内该领域的理论体系相对薄弱,不利于高效毁伤技术的持续发展。因此,构建完整的理论体系逐渐成为开展国防学科建设、人才培养和武器装备研制与使用的共识。

"高效毁伤系统丛书"是一项服务于国防和军队现代化建设的大型科技出版工程,也是国内首套系统论述高效毁伤技术的学术丛书。本项目瞄准高效毁伤技术领域国家战略需求和学科发展方向,围绕武器系统智能化、高能火炸药、常规战斗部高效毁伤等领域的基础性、共性关键科学与技术问题进行学术成果转化。

丛书共分三辑,其中,第二辑共 26 分册,涉及武器系统设计与应用、高能火炸药与火工烟火、智能感知与控制、毁伤技术与弹药工程、爆炸冲击与安全防护等兵器学科方向。武器系统设计与应用方向主要涉及武器系统设计理论与方法,武器系统总体设计与技术集成,武器系统分析、仿真、试验与评估等;高能火炸药与火工烟火方向主要涉及高能化合物设计方法与合成化学、高能固体推进剂技术、火炸药安全性等；智能感知与控制方向主要涉及环境、目标信息感知与目标识别，武器的精确定位、导引与控制，瞬态信息处理与信息对抗，新原理、新体制探测与控制技术；毁伤技术与弹药工程方向主要涉及毁伤理论与方法，弹道理论与技术，弹药及战斗部技术，灵巧与智能弹药技术，新型毁伤理论与技术，毁伤效应及评估，毁伤威力仿真与试验；爆炸冲击与安全防护方向主要涉及爆轰理论，炸药能量输出结构，武器系统安全性评估与测试技术，安全事故数值模拟与仿真技术等。

  本项目是高效毁伤领域的重要知识载体，代表了我国国防科技自主创新能力的发展水平，对促进我国乃至全世界的国防科技工业应用、提升科技创新能力、"两个强国"建设具有重要意义；愿丛书出版能为我国高效毁伤技术的发展提供有力的理论支撑和技术支持，进一步推动高效毁伤技术领域科技协同创新，为促进高效毁伤技术的探索、推动尖端技术的驱动创新、推进高效毁伤技术的发展起到引领和指导作用。

"高效毁伤系统丛书"
编委会

前　言

  武器装备是作战的核心，是决定战争胜负的决定性因素。现代化战争中武器装备更新换代快、复杂度越来越高，并且呈现技术快速发展的趋势，而武器运用环境却越发极端和恶劣，深空、深海以及深地作战环境的是常规环境试验难以模拟的，这给武器装备设计带来了诸多不便以及困难。因此，在武器装备设计过程中，利用计算机技术实现快速分析和计算以及虚拟仿真数字试验，不但可以减少人力，快速完成设计，而且可以减少试验量与降低试验成本，还可以模拟极端环境，解决高压、高温等极端环境中无法进行物理试验，并获取细节信息的问题，从而掌握传统物理试验提供的细节信息。这是未来先进武器装备设计发展的重要方向，受到各国的重视与关注。

  有限元分析（Finite Element Analysis，FEA）是现代化分析设计方法中最为重要的一种，即利用数学近似方法对真实物理系统（几何和载荷工况）进行模拟和求解，是工程设计与研究中的重要方法和手段。有限元方法思想的萌芽可追溯到 18 世纪末，欧拉在创立变分法时就曾用与现代有限元相似的方法求解轴力杆的平衡问题。该方法最早应用于航空航天领域，主要用于解决线性结构问题。20 世纪 40 年代，航空事业的飞速发展对飞机结构提出了越来越高的要求，即质量小、强度高、刚度大，为此人们不得不进行精确的设计和计算。在这一背景下，在工程中逐渐产生了矩阵分析法，实践证明这是一种非常有效的分析方法。经过人们数十年的努力，随着计算机技术的快速发展和普及，用于解决结构线性问题的有限元方法开始成熟，其发展方向是解决结构非线性、流体动力学和耦合场问题，此时有限元方法迅速从结构工程强度分析计算扩展到几乎所有科学技术领域,成为一种丰富多彩、应用广泛并且实用高效的数值分析方法。目前,有限元方法已经应用于几乎所有工程领域,尤其是国防、航空航天、船舶、汽车等领域。有限元方法在现代化武器装备设计中有着广泛的应用,特别是在动/静态载荷强度、气动/水动力、系统模态、高速侵彻和爆炸效应等分析中较为常用,基本已贯穿武器装备设计的全部过程。

针对武器装备设计中的有限元应用,本书系统介绍了基本计算方法以及典型应用案例,归纳了刘建斌、王逸凡、王茹、刘超、李永鹏、郭德龙等硕士的部分研究成果。本书按照基础理论、材料模型、计算方法与实际应用共分 8 章,第 1~3 章,第 5、6、8 章主要由徐豫新编写,第 4、7 章主要由王亚斌编写。第 1 章从复杂工程技术问题引出数值求解的一般过程和数值求解的特点,关注复杂工程技术问题求解的步骤、数值求解的特点、有限元的发展情况及水平以及有限元分析流程,讲述了有限元方法的发展历史,并详细解释了有限元的概念、思路、一般流程以及有限元方法在武器装备设计中的应用。第 2、3 章主要讲述了现代武器装备设计的特点与有限元分析方法、有限元分析前处理及网格划分,主要包括现代设计方法的分类及特点和现代化武器装备设计的特点、力学概念与术语、有限元分析中的基本概念以及有限元分析中的力学建模,并从有限元前处理的重要性、作用及流程出发,介绍了有限元前处理及网格划分方法,同时附有相关的实例作练习,介绍了其他网格划分相关软件,阐述了其各自的优点。第 4 章重点讨论了静/动态载荷作用下结构的强度校核基础,介绍了强度理论与线性本构关系,以及结构强度校核有限元分析方法与实例。第 5 章介绍了气动力分析基础理论与实例,主要包括弹体飞行所关注的空气动力学问题、气动动力有限元分析基础理论、弹体飞行有限元分析方法与实例。第 6 章介绍了高速侵彻分析基础理论、方法与实例,主要关注 LS-Dyna 算法的使用方法以及弹体高速侵彻分析过程中的侵彻加速度、高速侵彻分析基础理论等。第 7、8 章重点介绍了武器装备模态及爆炸效应分析基础理论与实例,首先介绍了结构振动动力学特性与模态分析作用、模态分析基础理论,并给出了弹药模态分析方法实例;其次介绍了武器装备设计中爆炸效应研究的相关内容,对炸药状态方程及流固耦合算法原理和爆炸效应有限元分析方法进行了详细阐述与介绍。

综上,本书详实地介绍了武器装备设计中的有限元应用理论与实例,可用于"武器系统与工程"本科专业的有限元应用教学,以及"弹药工程与爆炸技术""安全工程"等相关本科专业的有限元应用教学,还可作为"兵器科学与技术"专业研究生的教学参考用书。

在本书完成之际,感激并怀念已经过世的北京理工大学李晓峰副研究员,

前　言

本书的出版完成了他的一个心愿——本书起源于他的讲义，后经不断扩展完善形成；同时，对中北大学的王志军教授，北京理工大学的张浩宇、焦晓龙等博士生以及天津新望科技有限公司的刘佳鑫高级工程师等人在本书编写过程中的支持与工作表示由衷的感谢。此外，在本书编写过程中很多提供有益帮助的学者不再一一列出，在此一并表示感谢，若有遗漏请见谅。

由于编者的能力和水平有限，本书难免有不妥之处，恳请读者批评指正。

本书引用了一些已有的研究成果，虽已经仔细校对，但难免因疏忽而没有列出全部参考文献，请各位读者以及作者见谅。

最后，在此再次缅怀好友李晓峰，你永远活在我们心中，愿本书能令你感到欣慰！

编者

目 录

第1章　绪论 …………………………………………………………………… 001
　1.1　复杂工程技术问题求解的一般过程与数值求解特点 …………… 003
　　　1.1.1　复杂工程技术问题求解的一般过程 ……………………… 003
　　　1.1.2　数值求解的特点 ……………………………………………… 006
　1.2　有限元方法的发展历史 …………………………………………… 006
　1.3　有限元方法的概念、基本思路及有限元分析的一般流程 ……… 009
　　　1.3.1　有限元方法的概念 …………………………………………… 009
　　　1.3.2　有限元方法的基本思路 ……………………………………… 009
　　　1.3.3　有限元分析的一般流程 ……………………………………… 010
　　　1.3.4　有限元分析的应用范围及其在武器装备设计中的应用 …… 012

第2章　先进武器装备设计特点与有限元分析方法 ………………………… 019
　2.1　先进武器装备设计的特点 ………………………………………… 020
　　　2.1.1　现代设计方法的分类及特点 ………………………………… 020
　　　2.1.2　现代化武器装备设计的特点 ………………………………… 024
　2.2　武器装备设计所涉及的力学问题与有限元方法 ………………… 027
　　　2.2.1　力学概念与术语 ……………………………………………… 027
　　　2.2.2　有限元分析中的基本概念 …………………………………… 040
　　　2.2.3　有限元分析中的力学建模 …………………………………… 045

第 3 章　有限元分析前处理及网格划分 …… 055

3.1　有限元分析前处理的重要性、作用及流程 …… 056
3.1.1　有限元分析前处理的重要性及作用 …… 056
3.1.2　有限元分析前处理流程和实例分析 …… 057

3.2　常用计算网格类型及网格划分方法 …… 069
3.2.1　结构和非结构网格 …… 069
3.2.2　两种网格划分方法 …… 070

3.3　常用网格划分软件及 TureGrid 网格划分实例 …… 074
3.3.1　常用网格划分软件 …… 074
3.3.2　TrueGrid 网格划分实例 …… 076

3.4　基于参数化的网格划分技术与实例 …… 081
3.4.1　APDL 及参数化网格划分实例 …… 081
3.4.2　TureGrid 参数化网格划分实例 …… 090

第 4 章　静/动态载荷下的武器装备结构强度校核基础理论与实例 …… 107

4.1　强度理论及线性本构关系 …… 108
4.1.1　强度理论 …… 108
4.1.2　线性本构关系 …… 113

4.2　静/动态载荷作用下的结构强度校核基础 …… 117
4.2.1　两类平面问题 …… 117
4.2.2　平衡微分方程 …… 120
4.2.3　几何方程 …… 121
4.2.4　物理方程（本构模型） …… 123
4.2.5　边界条件 …… 125
4.2.6　常用解题方法 …… 127
4.2.7　常体力情况下应力法的简化及应力函数 …… 129
4.2.8　虚功方程 …… 135

4.3　结构强度校核有限元分析方法与实例 …… 139
4.3.1　基于 Ansys 软件的结构强度校核 …… 139
4.3.2　基于 LS–Dyna 的强度校核 …… 172
4.3.3　仿真结果分析 …… 177

第 5 章　气动力分析基础理论与实例 …… 181

5.1　弹体飞行所关注的空气动力学问题 …… 182

  5.1.1 概述 ······ 182
  5.1.2 空气动力和力矩 ······ 182
 5.2 气动动力有限元分析基础理论 ······ 193
  5.2.1 弹体外流场概述 ······ 193
  5.2.2 流体力学基础 ······ 194
  5.2.3 仿真计算 ······ 200
 5.3 弹体飞行有限元分析方法与实例 ······ 201
  5.3.1 破片飞行仿真 ······ 201
  5.3.2 弹体飞行仿真 ······ 241

第 6 章 高速侵彻分析基础理论、方法与实例 ······ 257

 6.1 LS-Dyna 基础 ······ 258
  6.1.1 算法简介 ······ 258
  6.1.2 接触问题 ······ 259
  6.1.3 材料模型和状态方程 ······ 261
 6.2 弹体高速侵彻过程中的侵彻加速度 ······ 264
  6.2.1 侵彻加速度信号产生机理 ······ 265
  6.2.2 侵彻加速度信号组成 ······ 266
 6.3 高速侵彻分析基础理论 ······ 267
 6.4 高速侵彻有限元分析方法与实例 ······ 271
  6.4.1 实例一 ······ 271
  6.4.2 实例二 ······ 292

第 7 章 武器装备模态分析基础理论与实例 ······ 311

 7.1 结构振动动力学特性与模态分析作用 ······ 312
 7.2 模态分析基础理论 ······ 313
  7.2.1 模态分析的定义 ······ 314
  7.2.2 模态分析理论 ······ 314
  7.2.3 二自由度弹性阻尼系统模态计算 ······ 315
  7.2.4 模态分析与约束 ······ 317
  7.2.5 网格疏密的影响 ······ 318
  7.2.6 模态提取方法 ······ 318
  7.2.7 预应力模态 ······ 320
 7.3 模态分析方法与实例 ······ 321

第 8 章　爆炸效应分析理论基础、方法和实例 ………………………… 331
　8.1　武器装备设计中爆炸效应分析 ………………………………… 332
　8.2　炸药状态方程及流固耦合算法 ………………………………… 333
　　8.2.1　炸药状态方程 ………………………………………… 333
　　8.2.2　圆筒试验方法及 JWL 状态方程参数获取 …………… 336
　　8.2.3　流固耦合算法原理 …………………………………… 337
　8.3　爆炸效应有限元分析方法与实例 ……………………………… 340
　　8.3.1　爆炸效应有限元分析方法 …………………………… 340
　　8.3.2　爆炸驱动破片计算实例 ……………………………… 343
　　8.3.3　爆炸对坦克毁伤效应计算实例 ……………………… 351

索引 …………………………………………………………………… 380

5.1.1　概述 …… 182
　　5.1.2　空气动力和力矩 …… 182
5.2　气动动力有限元分析基础理论 …… 193
　　5.2.1　弹体外流场概述 …… 193
　　5.2.2　流体力学基础 …… 194
　　5.2.3　仿真计算 …… 200
5.3　弹体飞行有限元分析方法与实例 …… 201
　　5.3.1　破片飞行仿真 …… 201
　　5.3.2　弹体飞行仿真 …… 241

第6章　高速侵彻分析基础理论、方法与实例 …… 257

6.1　LS-Dyna基础 …… 258
　　6.1.1　算法简介 …… 258
　　6.1.2　接触问题 …… 259
　　6.1.3　材料模型和状态方程 …… 261
6.2　弹体高速侵彻过程中的侵彻加速度 …… 264
　　6.2.1　侵彻加速度信号产生机理 …… 265
　　6.2.2　侵彻加速度信号组成 …… 266
6.3　高速侵彻分析基础理论 …… 267
6.4　高速侵彻有限元分析方法与实例 …… 271
　　6.4.1　实例一 …… 271
　　6.4.2　实例二 …… 292

第7章　武器装备模态分析基础理论与实例 …… 311

7.1　结构振动动力学特性与模态分析作用 …… 312
7.2　模态分析基础理论 …… 313
　　7.2.1　模态分析的定义 …… 314
　　7.2.2　模态分析理论 …… 314
　　7.2.3　二自由度弹性阻尼系统模态计算 …… 315
　　7.2.4　模态分析与约束 …… 317
　　7.2.5　网格疏密的影响 …… 318
　　7.2.6　模态提取方法 …… 318
　　7.2.7　预应力模态 …… 320
7.3　模态分析方法与实例 …… 321

第8章 爆炸效应分析理论基础、方法和实例 ……………………………… 331

8.1 武器装备设计中爆炸效应分析 ……………………………………… 332
8.2 炸药状态方程及流固耦合算法 ……………………………………… 333
8.2.1 炸药状态方程 ……………………………………………… 333
8.2.2 圆筒试验方法及 JWL 状态方程参数获取 ……………… 336
8.2.3 流固耦合算法原理 ……………………………………… 337
8.3 爆炸效应有限元分析方法与实例 …………………………………… 340
8.3.1 爆炸效应有限元分析方法 ……………………………… 340
8.3.2 爆炸驱动破片计算实例 ………………………………… 343
8.3.3 爆炸对坦克毁伤效应计算实例 ………………………… 351

索引 …………………………………………………………………………… 380

第 1 章
绪　论

　　武器装备性能水平是军队现代化的重要标志,是国家安全和民族复兴的重要支撑。现代化战争中武器装备不断发展,更新换代快,技术水平呈现快速非线性发展的趋势。此外,现代化战争中武器运用环境更为极端和恶劣。因此,现代化武器的系统设计并不同于以往多人协作计算分析后的试验迭代,以及在常规环境中的"画(设计)—加(加工)—打(试验)",大数据、计算机辅助设计(CAD)、计算机辅助工程(CAE)和虚拟现实等先进的计算机技术以及设计手段已经开始深入地应用于武器装备设计。通过计算机技术实现武器设计中的快速分析以及虚拟仿真试验,一是可以减少人力,快速完成武器装备设计;二是可以减小试验量,降低试验成本;三是可以模拟极端环境,解决在深空、深海、深地等极端环境下无法进行试验的问题;四是可以掌握试验无法测试的细节信息,做到"知其然,知其所以然"。这是未来先进武器装备现代化设计发展的方向。

有限元分析(Finite Element Analysis, FEA)是现代较为成熟的分析设计方法中的一种,是利用数学近似的方法对真实物理系统(几何和载荷工况)进行模拟和求解,是工程设计与研究中的一种重要方法和手段,在近年来备受重视,并发展迅速,得到广泛应用。目前,有限元分析在众多先进的武器装备设计中有着较为广泛的应用,尤其在动/静态载荷强度校核、气动/水动力、系统模态、高速侵彻和爆炸效应等分析中较为常用,基本已贯穿武器装备设计的全过程。

本书以面向"武器系统与工程"本科专业教学为主要特色,针对有限元分析在武器装备设计中的应用,结合具体案例进行系统讲解,以期为"武器系统与工程"本科专业的有限元应用教学活动提供有益的帮助和支撑,并可应用于"弹药工程与爆炸技术""安全工程"等专业的本科教学。

1.1 复杂工程技术问题求解的一般过程与数值求解特点

1.1.1 复杂工程技术问题求解的一般过程

高科技发展不断提出新的技术需求，带动计算机科学突飞猛进地发展，而计算机技术的高速、大容量、多功能的发展，又为现代科学技术的进步提供了最优、最快的新途径和新手段。武器装备设计中包含很多复杂的工程技术问题。任何复杂工程问题一般都可按照工程问题数学化（数学建模）、数学问题数值化（算法与分析）、数值问题机器化（程序设计）和科学试验四个阶段进行。这四个阶段的具体内容如下。

1. 工程问题数学化（数学建模）

工程问题数学化是任何工程问题分析的首要环节，也是核心环节。其内涵是采用恰当的数学语言，描述自然科学、社会科学、管理和决策科学各领域中关键且核心的问题，常称为数学建模。通常要建立一个好的数学模型，对于单方面的专家都是很困难的，必须由各相关领域的专家和数学工作者，特别是从事计算数学、应用数学等研究工作的学者，紧密结合，相互取长补短才有可能完成。这是因为评价一个模型的优劣主要有两点。

（1）用什么样的数学语言才能真正反映工程实际；

（2）所用数学语言能否在计算机中实现求解。

上述二者缺一不可，因此，要求参与建模的工程专家必须在精通专业的同时，具有一定的数学和计算数学的基础知识；同样，对于数学工作者，要掌握宽广的数学知识，还要了解该工程问题在国内外的现状和面临的主要问题，以确定采用哪种数学语言来描述此问题更为恰当。目前，工程中的数学模型一般可分为三类：其一，连续型（确定型），能用数学解析式刻画工程问题；其二，离散型（统计型），找不到确定数学解析式来描述该工程问题，只能不断地逼近真实解；其三，不确定型（随机型），如导弹打靶，总是受各种因素的影响，表现为随机分布。本书讨论的有限元分析模型属于第二种类型，即离散型。

2. 数学问题数值化（算法与分析）

若针对工程问题所建立的数学模型都能解析求解，似乎也就用不上计算机强大的计算能力了。通常，从工程实际中抽象出的数学问题，绝大多数都不能直接用计算机语言识别。因此，先进的计算工具——计算机是不能直接求解相应的数学问题的，自然也不能用于解决相应的工程问题。把数学问题数值化，就是根据不同的数学问题，寻求相应的方法，此方法（常称为"数值方法"）只能用四则运算和一些逻辑运算或者直接用计算机语言描述相应的数学问题，以便于用计算机求解数学问题。此方法的优劣直接关系到能否把计算机技术用于解决其他专业的问题。由此可知，数值计算在当代科技中的地位和作用，它直接关系到能否用现代的数学方法、最先进的计算工具去解决现代科学技术中的管理问题、规划和决策问题以及各领域中的关键性问题。因此，数值计算的算法构造和优劣分析，是每一个科技工作者、决策者不可缺少的基础知识，尤其是21世纪以来，随着新质生产力的发展，数学问题的数值化现象更加广泛，对于即将走上工作岗位的本科生，特别是硕士生、博士生来说也是必须掌握的技能。

3. 数值问题机器化（程序设计）

程序设计者应能够用最简练的机器语言、最快的速度、最少的存储量来设计软件，并获得较为准确的计算结果。要达到这些要求，程序设计者必须掌握数值方法的构思途径和算法的关键和难点；熟悉计算机软/硬件的基础知识，能灵活应用某种机器语言，准确无误地用计算机语言描述每个模型，并能以最快的速度发现并解决计算过程中出现的各种异常问题。这是检验程序设计者水平的客观标准，也是衡量决策者、工程设计师、管理工作者能力和水平的重要标准。因此，程序设计对于每一个科技工作者、管理工作者而言，都是必须具备的技能，这种技能入门快，见效也快，但要真正成为一个高级程序设计者也是十分困难的，必须具备丰富的想象力、总结归纳和设计能力，具有总工程师、总设计师以及总质量师的能力和水平。

本书所介绍的有限元分析软件基本为商用软件，在这些商用软件中，数值问题机器化（程序设计）过程已经完成，且较为成熟。但是，对这些商用软件的计算过程要有所了解，同时需要根据实际情况选择使用何种计算方法进行模型求解，这就需要具有一定的理论基础和工程实践经验。对这些商用软件计算过程的了解与熟悉有利于解决实际工程问题，也可以很好地支撑工程问题的模型建立以及求解。

4. 科学试验

前三个阶段只是为现代科学技术研究提供一种途径，也可以说是捷径，但这些途径是否真正能解决科技问题、产生效益，被实际生产部门直接采用，还必须将第三阶段获得的计算结果通过科学试验进行检验，看其是否与工程实际相符，是否能被推广应用，若其与工程实际不符，还应分析不符的原因，返回到前三个阶段中的某一阶段重新开始工作，重复上述工作直到得到满意的结果为止。在所有的基础研究和技术攻关中，科学试验都是必不可少的，同时它很成熟的，只要有相应的试验设备和原材料即可进行。前三个阶段的实质就是把一个实际的工程问题置入计算机，在计算机中进行大量的模拟试验，当模拟试验结果基本与实际问题相符时，再进行科学试验验证，这样可以减少实际试验次数，节省大量的原材料，缩短设计周期，还能掌握细节，从而使性能达到最佳。试验虽然必不可少，但不采用现代科学技术的分析方法和计算手段，只是埋头做试验，通过试验去"试错"，将远远跟不上现代科学技术的发展的速度，很难进行知识的积累。

在科学试验成功后，即技术方案被验证后，就可以试制新的产品，推广应用，实现"研制—生产—应用—完善"一体化，这有助于提高产品的质量，增强产品的市场竞争力，获得不可估量的军事、社会效益和经济效益。

要想快速实现任何一个有竞争力的新产品、任何一项能产生社会效益和经济效益的科研课题，原则上必须经过上述四个阶段。第一个阶段是根本，模型是否反映工程实际问题的需要，取决于当时科技人员的理论水平和对问题认识的深入程度；第二个阶段是桥梁，所构造的算法是否能真正取代原数学模型、它的有效性和可实现性，取决于从事计算数学研究人员的理论水平和创新能力；第三个阶段是检验前两个阶段工作的有效性和可行性的方法和手段；第四个阶段是检验该项研究成果在技术上是否可行、是否有实际应用价值的核心环节，同时也检验了前三个阶段研究工作的可靠性，是取得各种效益的关键所在。

1.1.2 数值求解的特点

数值求解（或称为"数值分析"）是以计算机为主要工具，运用一定的计算技术对各种复杂工程技术问题进行离散化数值求解的过程。在进行数值求解时应注意以下问题。

（1）所求为数值解而非解析解。

（2）计算理论与计算技术是关键。

（3）数值求解与计算机发展密切相关。

对于大量复杂的工程问题，数值求解已经成为不可替代的手段，其特点主要如下。

（1）"数值试验"比"物理试验"具有更大的自由度和灵活性，例如可"自由"地选取各种参数、可随时随地进行试验等。

（2）通过"数值试验"可以进行通过"物理试验"不可能或很难进行的项目，例如天体内部温度场数值模拟、可控热核反应数值模拟、深海爆炸数值模拟、深空中卫星防护数值模拟等。

（3）"数值试验"可以节省成本，其经济效益极为显著，而且将越来越显著。

（4）若问题的物理机理不明，则数值求解工作无法进行。

（5）数值求解工作自身仍然有许多理论问题有待解决。

（6）离散化不仅会引起定量的误差，也会引起定性的误差，因此数值求解工作仍然离不开科学试验的验证，即通过科学试验验证仿真模拟的正确性，当然对于成熟的仿真可以减少科学试验验证或不再进行科学试验验证。

1.2 有限元方法的发展历史

有限元方法的基本思想是将结构离散化，用有限个简单单元来表示复杂对象，单元之间通过有限个节点相互连接，然后根据平衡和变形协调条件综合求解。由于单元数目是有限的，节点数目也是有限的，所以该方法称为有限元方法。有限元是那些集合在一起，能够表示实际连续域的离散单元。有限元方法是迄今为止最为有效的数值计算方法之一，它对科学与工程技术提供巨大支撑。有限元的概念早在几个世纪前就已产生并得到了应用。在17世纪，牛顿和莱布尼茨发明了积分法，证明了积分运算具有整体对局部的可加性，例如用多边形（有限个直线单元）逼近圆来求得圆的周长。但是，有限元作为一种方法被提出的时间并不长，例如：20世纪50年代，飞机设计师们发现无法用传统的力学方法分析飞机的应力、应变等问题，但波音公司的一个技术小组首先将连续体的机翼离散为三角形板块的集合来进行应力分析，经过一番波折后获得成功。20世纪50年代，大型电子计算机投入解算大型代数方程组的工作，这为实现有限元技术准备好了物质条件，这也是有限元方法得以大范围推广的基础。有限元方法最初被称为矩阵近似方法，应用于航空器的结构强度计算，并由于其方便性、实用性和有效性不断引起从事力学研究的科学家们的浓厚兴趣。经过短短数十年的发展，尤其是随着计算机技术的快速普及和迅猛发展，有限元方法的应用领域迅速从结构工程强度分析计算扩展到几乎所有的科学技术领域，成为一种丰富多彩、应用广泛并且实用高效的数值分析方法。

有限元方法的思想最早可以追溯到古人"化整为零""化圆为直"的做法，如"曹冲称象"、我国古代数学家刘徽采用割圆法对圆的周长进行计算。这些实际上都体现了离散逼近的思想，即采用大量的简单小物体"充填"出复杂的大物体。

现代有限元方法思想的萌芽可追溯到18世纪末，欧拉在创立变分法的同时就曾用与现代有限元方法相似的方法求解轴力杆的平衡问题。20世纪40年代，航空事业的飞速发展对飞机结构提出了越来越高的要求，即质量小、强度高、刚度好，人们不得不进行精确的设计和计算，在这一背景下，逐渐在工程中产生了矩阵分析法。此后，人们在20世纪50—60年代创立了结构分析的有限元方法。最早的有限元分析工作可以追溯到A. Hrennikoff（1941）和R. Courant（1943）的工作。1941年，A. Hrennikoff首次提出用构架方法求解弹性力学问题，当时该方法称为离散元素法，仅限于用杆系结构来构造离散模型。1943年，纽约大学教授R. Courant第一次尝试将定义在三角形区域上的分片连续函数和最小位能原理结合，以求解St. Venant扭转问题。虽然这些先驱者使用的方法彼此不同，但它们都有一个基本特性：把连续域的网格离散化，进入一组离散的子域。但是，那个时代缺乏强大的运算工具来解决其计算量大的困难，这制约了有限元方法的发展。

1954—1955年，德国斯图加特大学的Argyris在《航空工程》杂志上发表了一组能量原理和结构分析论文，为有限元方法研究奠定了重要的基础。

1956年，波音公司的Turner、Clough、Martin、Topp在纽约举行的航空学会年会上介绍了将矩阵位移法推广到求解平面应力问题的方法，即把结构划分成一个个三角形和矩形单元，在单元内采用近似位移插值函数，建立单元节点力和节点位移关系的单元刚度矩阵，并得到了正确的解答。

1960 年，Clough 在他的名为"The finite element plane stress analysis"的论文中首次提出了"有限元"这一术语。

与此同时，数学家们则发展了微分方程近似解法，包括有限差分方法、变分原理和加权余量法等。

1963 年前后，经过 J. F. Besseling、R. J. Melosh、R. E. Jones、R. H. Gallaher、T. H. H. Pian（卞学磺）等许多人的工作，人们认识到有限元方法就是变分原理中 Ritz 近似法的一种变形，从而发展了用各种不同变分原理导出的有限元计算公式。

1965 年，O. C. Zienkiewicz 和 Y. K. Cheung（张佑启）发现能写成变分形式的所有场问题都可以用与固体力学有限元方法相同的步骤求解。同年，冯康发表了论文《基于变分原理的差分格式》，这篇论文是国际学术界承认我国独立发展有限元方法的主要依据。

1967 年，Zienkiewicz 和 Cheung 出版了世界上第一本有关有限元分析的专著 The Finite Element Method in Structural Mechanics，之后和 Taylor 改编出版 The Finite Element Method，它是有限元领域最早、最著名的专著。

1969 年，B. A. Szabo 和 G. C. Lee 指出可以用加权余量法，特别是 Galerkin 法，导出标准的有限元过程来求解非结构问题。

1970 年以后，有限元方法开始应用于处理非线性和大变形问题，Oden 于 1972 年出版了第一本关于处理非线性连续体的专著。

1974 年，我国著名力学家、教育家徐芝纶院士编著了我国第一部关于有限元方法的专著《弹性力学问题的有限单元法》，从此开创了我国有限元技术应用及发展的历史。

随着计算机技术的飞速发展，有限元方法中人工难以完成的大量计算工作能够由计算机快速地完成，这就促进了有限元技术的快速发展，基于有限元方法原理的软件开始大量出现，并在实际工程中发挥了越来越重要的作用。国际上早在 20 世纪 50 年代末 60 年代初就投入大量的人力和物力开发具有强大功能的有限元分析程序，其中最为著名的是由美国国家航空航天局（NASA）在 1965 年委托美国计算科学公司和贝尔航空系统公司开发的 NASTRAN 有限元分析系统。该系统发展至今已有几十个版本，是目前世界上规模最大、功能最强的有限元分析系统。此外，从那时到现在，世界各地的研究机构和大学也不断研究和发展了一批规模较小，但使用灵活、价格较低的专用或通用有限元分析软件，主要有德国的 ASKA，英国的 PAFEC，法国的 SYSTUS，美国的 ABQUS、ADINA、Ansys、BERSAFE、BOSOR、COSMOS、ELAS、MARC 和 STARDYNE 等产品。目前，我国尚没有十分知名的商业化有限元分析软件，这不仅因为基础研究的限制，还有市场被国外占领后，软件迭代应用优化的问题。

1.3 有限元方法的概念、基本思路及有限元分析的一般流程

1.3.1 有限元方法的概念

通俗地讲，有限元方法就是对一个真实的系统，用有限个单元进行描述，类似连接多段微小直线逼近圆的思想，是利用数学近似的方法对真实物理系统（几何和载荷工况）进行数值模拟，利用简单而又相互作用的元素，即单元进行计算，亦即用有限数量的未知量去逼近无限未知量的真实系统。

有限元方法是用较为简单的问题代替复杂问题后再去求解。它将求解域看成由许多有限的、小的互连的子域组成，对每一单元假定一个合适的（较简单的）近似解，然后推导求解这个域总的满足条件（如结构的平衡条件），从而得到问题的解。因为实际问题被较简单的问题代替，所以这个解不是准确解，而是近似解。由于大多数实际问题难以得到准确解，而有限元方法不仅计算精度高，而且能适应各种复杂形状，所以有限元方法成为行之有效的工程分析手段。因此，利用简单而又相互作用的元素（即单元），就可以用有限数量的未知量去逼近无限未知量的真实系统。

有限元模型是真实系统理想化的数学抽象。有限元相关问题可分为两类。

（1）第一类问题：研究对象为离散系统。离散系统可直接按组成的单元分解，例如电阻及其组成的网络、杆件及其组成的桁架、水管及其组成的水管网络。

（2）第二类问题：研究对象为连续系统。连续系统只有在非常简单的情况下才能精确计算求解，例如薄板弯曲问题（矩形板或圆形板载荷简单时能求得解析解）。工程中构件形状一般都很复杂，如内燃机活塞温度分布、连杆的应力分布等，故通常可以采取这种思路：连续系统→离散系统→原型。

1.3.2 有限元方法的基本思路

有限元方法的基本思路是"分割—组合"：将系统分割成有限个单元（离散化）；对每个单元提出一个近似解（单元分析）；将所有单元组合成一个与原有系统近似的系统，并给出解（整体分析），如图1.1所示。

$$S_i = \frac{1}{2}R^2 \sin\theta_i$$

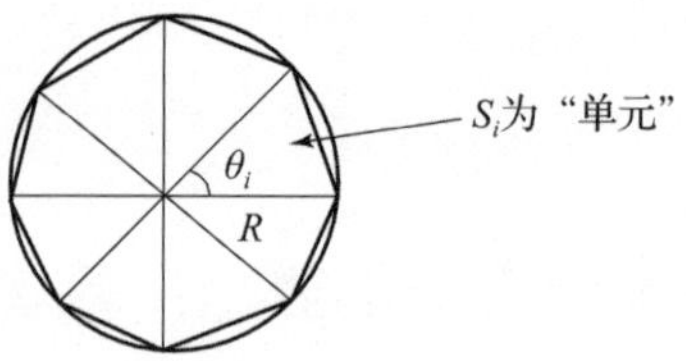

S_i 为"单元"

$$S_N = \Sigma\, S_i = \frac{1}{2}R^2 N \sin\left(\frac{2\pi}{N}\right) \to \pi R^2 (N \to \infty)$$

图 1.1　有限元"分割—组合"的基本思路示意（求圆面积）

因此，有限元方法具有如下特点。

（1）化整为零，积零为整，把复杂的结构分解为有限个单元组成的整体。

（2）未知数的个数可以成千上万，甚至更多，为解决大型、复杂问题（复杂的结构形状、复杂的边界条件、非均质材料等）提供了有效工具。

（3）采用矩阵形式表达，便于编制计算机程序。

1.3.3　有限元分析的一般流程

有限元分析流程一般分为以下 7 步。

（1）根据实际问题和需要分析的结果抽象出计算模型。

根据实际问题和需要分析的结果抽象出计算模型是有限元（模型建立）前处理的核心，也是关键，要依靠建模者多年的经验，即在建立模型的开始阶段，抓住问题的主要矛盾和本质，明确模型抽象和简化部分，确定计算网格类型以及计算算法，为模型的建立提供支撑。

（2）将连续体变换为离散化结构。

该步主要是将连续体变换为离散化结构，即模型离散化，从某种意义上来说就是通常所说的"画网格"。网格的形式，结构以及粗化、细化部分需根据实际问题进行处理，很多时候需要依靠已有的知识积累进行确定。

（3）设置材料模型及参数。

对于同一种材料，因为问题的不同也有可能选择不同的材料模型进行计算，而材料模型参数的获取是一项基础工作，需要大量的基础力学试验和测试，这虽然不难，但往往比较烦琐，且需要细致工作，很多时候模型数据的缺乏制约了有限元分析的精度，这是有限元分析的痛点。

（4）施加边界条件、初始条件等。

边界条件和初始条件是求解得以顺利进行的关键因素之一，这需要根据实际情况进行分析，得到相关参量及值，并在有限元模型上施加条件，形成完整的模型。

（5）对单元进行分析计算。

取各节点位移 $\boldsymbol{\delta}_i = [u_i, v_i]^{\mathrm{T}}\,(i=1,2,\cdots)$ 为基本未知量，然后对每个单元分

别求出各物理量,并均用 $\pmb{\delta}_i(i=1,2,\cdots)$ 进行表示。

①应用插值公式,由单元结点位移 $\pmb{\delta}_e=[\pmb{\delta}_i,\pmb{\delta}_j,\pmb{\delta}_m]^{\mathrm{T}}$ 求单元的位移函数:
$$\pmb{d}=[u(x,y),v(x,y)]^{\mathrm{T}} \tag{1-1}$$
这个插值公式称为单元的位移模式,即 $\pmb{d}=\pmb{N}\cdot\pmb{\delta}_e$。

②应用几何方程,由单元的位移函数 $\pmb{d}$ 求出单元的应变,表示为 $\pmb{\varepsilon}=\pmb{B}\cdot\pmb{\delta}_e$。

③应用物理方程,由单元的应变 $\pmb{\varepsilon}$ 求出单元的应力,表示为 $\pmb{\sigma}=\pmb{S}\cdot\pmb{\delta}_e$。

④应用虚功方程,由单元的应力 $\pmb{\sigma}$ 求出单元的结点力,表示为 $\pmb{F}_e=[\pmb{F}_i,\pmb{F}_j,\pmb{F}_m]=\pmb{k}\cdot\pmb{\delta}_e$。

对于商业软件,这一步由现成的求解器进行计算,即可以交给计算机完成。

(6)对整体进行分析计算。

通过求解联立方程,得出各节点位移,从而求出各单元的应变、应力、密度变化量等。对于商业软件,这一步也可交给计算机完成,但不同软件的求解器可能并不相同,用户难以看到其代码,因此对于用户来说求解器其实就是一个"黑盒子",这也突显出发展国产自主可控求解器的重要性。目前,国内自主可控求解器已不少,但商业化程度不高,并不好用。

(7)提取数据及分析结果。

这一步需要根据实际问题进行,根据需要提取计算结果中的应力、应变、加速度、剩余速度等参数中的一个或多个用于分析。

进一步对上述7个步骤根据功能进行归纳,有限元分析可以分为前处理、求解以及后处理3个主要步骤(图1.2)。

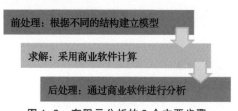

图1.2 有限元分析的3个主要步骤

(1)前处理,包括以下操作。
①根据实际问题和需要分析的结果抽象出计算模型;
②将连续体变换为离散化结构;
③设置材料模型及参数;
④施加边界条件、初始条件等。

(2)求解,包括以下操作。
①对单元进行分析计算;
②对整体进行分析计算。

（3）后处理，包括以下操作。

提取数据，进行结果分析。

3个主要步骤中步骤（1）为核心，步骤（2）主要通过软件自行完成，步骤（3）主要由分析者完成。

1.3.4　有限元分析的应用范围及其在武器装备设计中的应用

1. 有限元分析的应用范围

1）结构（强度）分析

结构分析是有限元分析最常用，也是最成熟、应用最广泛的一个应用方面。结构分析中计算得出的基本未知量（节点自由度）是位移，其他未知量，如应变、应力、速度和加速度等可通过节点位移导出。如果考虑到材料的失效准则，可以将之用于结构失效分析。典型弹体结构（强度）分析及结果如图1.3所示。

图1.3　典型弹体结构（强度）分析及结果

2）热分析

热分析也是有限元分析中一种常用功能，通过热分析可以计算得到物体的稳态或瞬态温度分布，以及热量的获取或损失、热梯度等参数。在热分析之后往往进行结构分析，计算热膨胀或收缩不均匀引起的应力分布。典型热分析及结果如图1.4所示。

3）流场及气动力分析

流场及气动力分析用于确定流体的流动及热行为，可以处理不可压缩或可压缩流体、层流、湍流，以及多组分流等问题，如作用于气动翼（叶）型上的升力和阻力分析、超声速喷管中的流场分析以及弯管中流体的复杂三维流动分析等。弹体、汽车在空气中运动时典型的流场及气动力分析如图1.5所示。

4）流固耦合场分析（多物理场分析）

对于多物理场耦合仿真，最为常见的是流固耦合场分析。流固耦合力学是流体力学与固体力学交叉而生成的一门力学分支，它是研究变形固体在流场作用下的各种行为以及固体位形对流场影响这二者相互作用的一门科学。流固耦合力学的重要特征是两相介质之间的相互作用，变形固体在流体载荷作用下会发生变形或运动。变形或运动又反过来影响流体的运动，从而改变流体载荷的分布及大小，正是这种相互作用可在不同条件下产生形形色色的复杂流固耦合现象。桨叶运动、水中爆炸等典型流固耦合场分析如图1.6所示。

第1章 绪 论

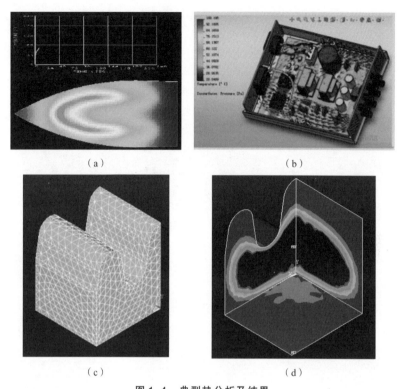

图1.4 典型热分析及结果
(a) 电熨斗瞬间热分析;(b) 计算机主板热分析;
(c) 待淬火工件有限元模型;(d) 工件淬火 306 min 时的温度分布

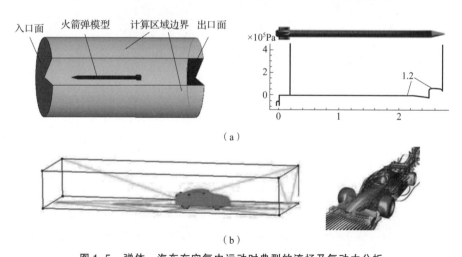

图1.5 弹体、汽车在空气中运动时典型的流场及气动力分析
(a) 弹体运动流场及气动力分析;(b) 汽车运动流场及气动力分析

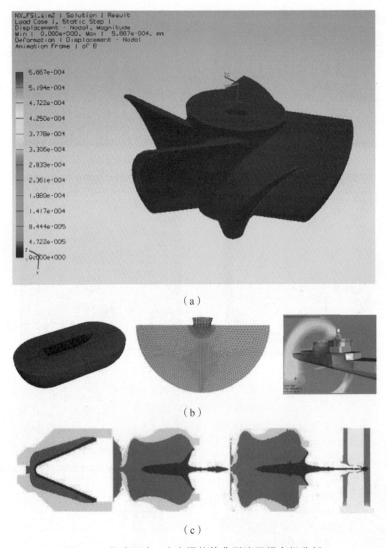

图1.6　桨叶运动、水中爆炸等典型流固耦合场分析

(a) 桨叶运动与水流的耦合计算；(b) 水下爆炸载荷和船体结构的耦合分析；
(c) 射流和目标结构的耦合分析

2. 有限元分析在武器装备设计中的应用

有限元分析在武器装备设计中通常有以下5个方面的应用：①结构失效状态分析；②整体结构模态（固有共振特征）分析；③气动力分析；④终点（爆炸、冲击、侵彻）毁伤效应分析；⑤水动力分析。下面对前4个方面的应用进行简单介绍，第5个方面（水动力分析）前面已经进行了介绍。

1）结构失效状态分析

在武器装备结构设计中，结构强度校核目前均可以用有限元方法进行分析，如图1.7所示。

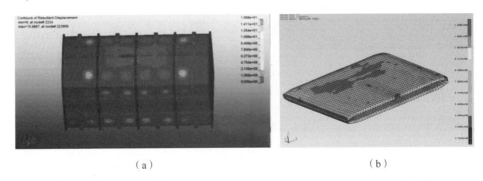

(a)   (b)

图1.7　有限元方法用于结构失效状态分析

(a) 舱体结构抗爆分析；(b) 机翼结构强度分析

2）整体结构模态（固有共振特征）分析

模态分析是研究结构动力特性的一种近代科学方法，是系统辨别方法在工程振动领域中的应用。模态是机械结构的固有振动特性，每个模态均具有特定的固有频率、阻尼比和模态振型。这些模态参数可以由计算或试验分析取得，这样的计算或试验分析过程称为模态分析，如图1.8所示。

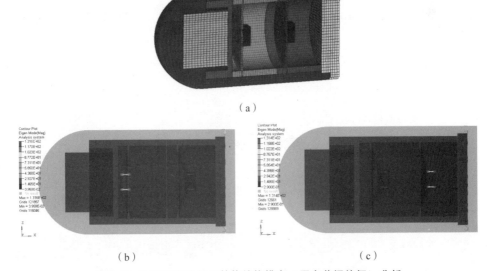

(a)

(b)   (c)

图1.8　有限元方法用于整体结构模态（固有共振特征）分析

(a) 原状态；(b) 第七阶振型（2 795 690 Hz）；(c) 第八阶振型（2 813 714 Hz）

3）气动力分析

在武器装备设计中，导弹、火箭弹、炮弹等飞行器的气动力特性可以通过流体（有限元）分析获得，如图1.9所示，这也是目前较为常用的一种方法。

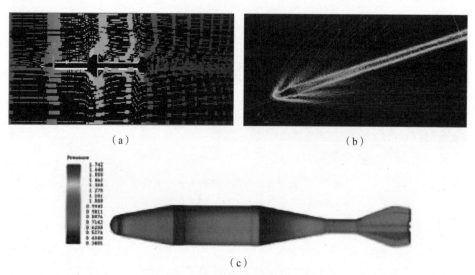

图1.9 有限元方法用于气动力分析

(a) 导弹的气动力分析；(b) 火箭弹的气动力分析；(c) 炮弹的气动力分析

4）终点（爆炸、冲击、侵彻）毁伤效应分析

在武器装备设计中，因终点毁伤的安全性、周期、费用和测试难度等问题，多采用有限元方法进行终点（爆炸、冲击、侵彻）毁伤效应分析，这是一类复杂的动力学问题，瞬时、高压、高温等因素使仿真算法难度较高，准确性有待提升，但因爆炸试验及测试较困难，所以仿真仍是一种有效手段，如图1.10所示。

图1.10 利用有限元进行终点（爆炸、冲击、侵彻）毁伤效应分析

(a) 弹体侵彻分析

1)结构失效状态分析

在武器装备结构设计中,结构强度校核目前均可以用有限元方法进行分析,如图 1.7 所示。

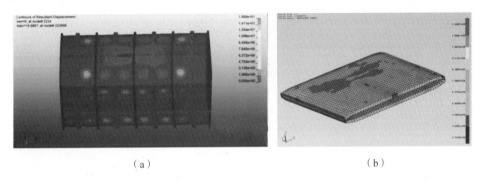

图 1.7　有限元方法用于结构失效状态分析
(a)舱体结构抗爆分析;(b)机翼结构强度分析

2)整体结构模态(固有共振特征)分析

模态分析是研究结构动力特性的一种近代科学方法,是系统辨别方法在工程振动领域中的应用。模态是机械结构的固有振动特性,每个模态均具有特定的固有频率、阻尼比和模态振型。这些模态参数可以由计算或试验分析取得,这样的计算或试验分析过程称为模态分析,如图 1.8 所示。

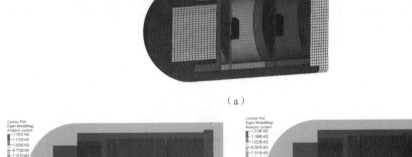

(a)

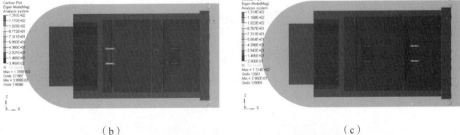

图 1.8　有限元方法用于整体结构模态(固有共振特征)分析
(a)原状态;(b)第七阶振型(2 795 690 Hz);(c)第八阶振型(2 813 714 Hz)

3）气动力分析

在武器装备设计中，导弹、火箭弹、炮弹等飞行器的气动力特性可以通过流体（有限元）分析获得，如图1.9所示，这也是目前较为常用的一种方法。

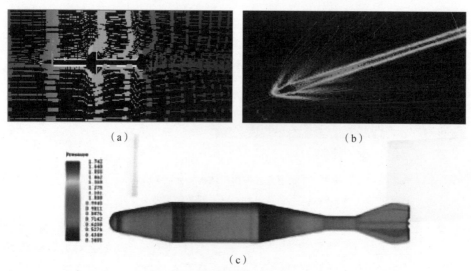

图1.9 有限元方法用于气动力分析

(a) 导弹的气动力分析；(b) 火箭弹的气动力分析；(c) 炮弹的气动力分析

4）终点（爆炸、冲击、侵彻）毁伤效应分析

在武器装备设计中，因终点毁伤的安全性、周期、费用和测试难度等问题，多采用有限元方法进行终点（爆炸、冲击、侵彻）毁伤效应分析，这是一类复杂的动力学问题，瞬时、高压、高温等因素使仿真算法难度较高，准确性有待提升，但因爆炸试验及测试较困难，所以仿真仍是一种有效手段，如图1.10所示。

图1.10 利用有限元进行终点（爆炸、冲击、侵彻）毁伤效应分析

(a) 弹体侵彻分析

第1章 绪　　论

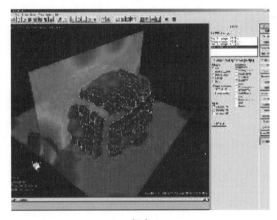

(b)

图 1.10　利用有限元进行终点（爆炸、冲击、侵彻）毁伤效应分析（续）

(b) 爆炸效果分析

第 2 章

先进武器装备设计特点与有限元分析方法

2.1 先进武器装备设计的特点

2.1.1 现代设计方法的分类及特点

1. 现代设计方法的分类

在传统设计理论发展时期，由于受机械生产水平的制约、客观条件的限制以及当时的计算手段和条件具有局限性等一系列原因，人们的先进计算思维还未充分发展。同时，社会对机械生产的要求不像今天这样向着高速、高效、精密、轻量化、自动化的方向发展，武器装备和产品结构也不像今天这样日趋复杂，向系统化、微小型化方向发展。传统设计在进行理论分析时，基于其观念的制约以及所确定的数学、物理、力学等模型的需要，常对复杂的具体问题做一些等效处理，使理论分析的目的性和问题的本质更加明确，也使分析的过程得以简化。传统设计方法主要分为根据理论公式进行设计与根据经验公式进行设计两种。根据理论公式进行设计是根据长期总结出来的设计理论和试验数据进行设计的过程。根据经验公式进行设计是根据某类零件已有的设计方法与经验关系式，或根据设计者个人的工作经验用类比办法进行设计的过程。随着武器装备越来越复杂，技术含量不断提高，技术颠覆性越来越高，跨代更新发展速度不断加快，经验类比的设计方法已不能满足实战对新装备快速设计成型的需要。

现代设计不仅指设计方法的更新，也包含了新技术的引入和产品设计手段的创新。目前现代设计所指的新兴理论与方法主要包括：并行设计、优化设计、可靠性设计、设计方法学、计算机辅助设计、动态设计、有限元方法、工业艺术造型设计、人机工程、价值工程、逆向工程设计、正向理论设计、模块化设计、相似性设计、虚拟设计、疲劳设计、三次设计、摩擦学设计、绿色设计等。

1）并行设计

并行设计是充分利用现代计算机技术、现代通信技术和现代管理技术来辅助产品设计的一种现代产品开发模式。它站在产品设计、制造全过程的高度，打破传统部门之间的分割、封闭的组织模式，强调多功能团队的交叉融合和协同工作，重视产品开发过程的重组和优化。并行设计又是一种集成产品开发全过程的系统化方法，它要求产品开发人员从设计伊始即考虑产品生命周期中的各种因素。它通过组建由多学科人员组成的产品开发队伍，改进产品设计与开发流程，利用各种计算机辅助工具和手段，在产品开发的早期阶段考虑产品生命周期中的各种因素，以提高产品设计、制造与生产的一次成功率，并降低成本。可以缩短产品开发的周期、提高产品研制质量并降低产品成本，进而达到增强企业竞争力的目的。

2）优化设计

在第二次世界大战期间，美国在军事上首先应用了优化设计技术。1967年，美国的 R. L. 福克斯等发表了第一篇机构最优化论文。1970 年，C. S. 贝特勒等用几何规划解决了液体动压轴承的优化设计问题后，优化设计在机械设计中得到应用和发展。随着数学理论和电子计算机技术的进一步发展，优化设计已逐步成为一门新兴的独立的工程学科，并在生产实践中得到了广泛的应用。设计方案通常可以用一组参数表示，这些参数有些已经给定，有些没有给定，需要在设计中进行优选，称为设计变量。如何找到一组最为合适的设计变量，在允许的范围内使所设计产品的结构最合理、性能最好、质量最高、成本最低（即技术经济指标最佳），有较强的市场竞争能力，同时设计的时间又不要太长，这就是优化设计所需要解决的问题。

3）可靠性设计

可靠性设计是指保证机械及其零部件满足给定可靠性指标的一种机械设计方法，包括对产品的可靠性进行预计、分配、技术设计、评定等工作。所谓可靠性，是指产品在规定的时间内和给定的条件下完成规定功能的能力。它不但直接反映产品各组成部件的质量，还影响整个产品质量性能的优劣。可靠性分为固有可靠性、使用可靠性和环境适应性。可靠性的度量指标一般有可靠度、无故障率、失效率 3 种。可靠性设计通常是工程设计领域的重要一环,尤其是各类武器装备设计的关键环节。

4) 设计方法学

设计方法学是研究产品设计规律、设计程序及设计中思维和工作方法的一门综合性学科。设计方法学以系统工程的观点进行分析设计,以解决战略进程和设计方法、手段等战术问题。它在总结设计规律、启发创造性的基础上促进研究现代设计理论、科学方法、先进手段和工具在设计中的综合运用。它对开发新产品、改造旧产品和提高产品的市场竞争力具有积极的促进作用。

5) 逆向工程设计

逆向工程是一种产品设计技术再现过程,即对一项目标产品进行逆向分析及研究,从而演绎并得出该产品的处理流程、组织结构、功能特性及技术规格等设计要素,以制作出功能相近,但又不完全一样的产品。逆向工程源于商业及军事领域中的硬件分析。其主要目的是在不能轻易获得必要的生产信息的情况下,直接通过成品分析推导出产品的设计原理。

6) 正向理论设计

正向理论设计以系统工程理论、方法和过程模型为指导,以复杂产品和系统的改进改型、技术研发和原创设计等为场景,旨在提升企业自主创新能力和设计制造一体化能力。正向理论设计不以仿制为手段,是一种以数据、模型为驱动的设计,但可以借鉴逆向工程设计的思路,吸收各种现有技术和成果。

7) 人机工程

所谓人机工程学,即应用人体测量学、人体力学、劳动生理学、劳动心理学等学科的研究方法,对人体结构特征和机能特征进行研究,提供人体各部分的尺寸、质量、体表面积、比重、重心以及人体各部分在活动时的相互关系和可及范围等人体结构特征参数;提供人体各部分的出力范围以及动作时的习惯等人体机能特征参数;分析人的视觉、听觉、触觉以及肤觉等感觉器官的机能特性;分析人在各种劳动时的生理变化、能量消耗、疲劳机理以及人对各种劳动负荷的适应能力;探讨工作中影响心理状态的因素以及心理因素对工作效率的影响等。

8) 虚拟设计

虚拟设计是由多学科先进知识形成的综合系统技术,其本质是以计算机支持的仿真技术为前提,在产品设计阶段,通过数据、模型驱动实时地、并行地在计算机上模拟产品开发全过程及其对产品设计的影响,预测产品性能、产品制造成本、产品的可制造性、可维护性和可拆卸性等,从而提高产品设计的一次成功率。它也有利于更有效、更经济灵活地组织制造生产,使工厂和车间的设计与布局更合理、更有效，以使产品的开发周期最短、成本最低、设计质量最优、生产效率最高，是一种先进的设计方法。

9）模块化设计

所谓模块化设计，简单地说就是将产品的某些要素组合在一起，构成一个具有特定功能的子系统，将这个子系统作为通用性的模块与其他产品要素进行多种组合，构成新的系统，产生多种不同功能、不同性能的系列产品。模块化设计是绿色设计方法之一，它已经从理念转变为较成熟的设计方法。将绿色设计思想与模块化设计方法结合，可以同时满足产品的功能属性和环境属性，一方面可以通过模块的不同组合缩短产品研发与制造周期，增加产品系列，提高产品质量，快速应对市场变化；另一方面可以减少或消除对环境的不利影响，方便模块的重用、升级、维修和产品废弃后的拆卸、回收和处理。

2. 现代设计方法的特点

由传统设计方法与现代设计方法的对比可以看出，现代设计方法的基本特点如下。

1）程式性

在研究设计的全过程，要求设计者从产品规划、方案设计、技术设计、施工设计到试验、试制进行全面系统的考虑，按步骤、有计划地进行设计，有利于设计的实施，也有利于产品的质量把控。

2）创造性

突出人的创造性和主观能动性，发挥集体智慧，力求更多突破性方案，开发出创新产品。

3）系统性

强调用系统工程思维处理技术的系统问题，设计时应分析各部分的有机关系，进行一体化设计，力求使系统整体效果最优；同时考虑技术系统与外界的联系，即人—机—环境的大系统关系。

4）最优化

设计的目的是得到功能全、性能好、成本低、价值优的产品，在设计中不仅需要考虑零部件参数、性能的最优化、使用环境与产品的成本等，更重要的是争取使产品的技术系统整体最优。

5）综合性

现代设计方法是建立在系统工程、创造工程的基础上，综合运用信息论、优化论、相似论、模糊论、可靠性理论等自然科学理论和价值工程、决策论、预测论等社会科学理论，同时采用集合、矩阵、图论等数学工具和电子计算机技术，总结设计规律，提供多种解决设计问题的科学技术途径，具有多学科交叉的综合属性。

6）数字化

将计算机全面地引入设计，通过设计者和计算机的密切配合，形成数字化的设计方案，采用先进的设计方法，可以提高设计质量和速度，同时提升协作性。计算机不仅用于设计计算和绘图，同时在信息存储、评价决策、动态模拟、人工智能等方面发挥更大作用；数字化的设计方案可以实现各类数据的大量积累以及知识的累积，结合数据挖掘等智能算法可以逐步实现产品的智能化设计。

2.1.2 现代化武器装备设计的特点

现代化武器装备设计已不再可能是拥有丰富经验的设计者凭借自身经验将设计构思明确画出来，然后进行加工、试制和试验验证的过程。近年来，科技的迅猛发展，特别是计算机硬件、软件技术的不断进步与性能提升，使武器装备设计发生了跨越式的发展，采用大规模数值模拟计算、三维重构与虚拟试验以及多目标函数优化设计等手段和理论，通过计算机进行武器装备的快速设计已经实现，并不断向快速化、智能化的方向发展。

1. 大规模数值模拟计算

对于复杂问题，总是需要对复杂的数学方程进行求解。在求解与组件特性相关的方程时，通常需要求解偏微分式或积分式，从而求得正确的解。依照求解方法的不同，复杂数学方程的解可以分成两大类：解析解和数值解。

解析解（analytical solution）来自一些严格的公式。给出任意的自变量就可以通过这些严格的公式求出其因变量，也就是问题的解，他人可以利用这些公式计算各自的问题。所谓解析解，是一种包含分式、三角函数、指数、对数甚至无限级数等基本函数的解的形式。用于求得解析解的方法称为解析法（analytic techniques、analytic methods），解析法即常见的微积分等简单数学技巧，例如分离变量法等。解析解通常为一封闭形式（closed – form）的函数，因此对任一独立变量，皆可将其带入解析函数求得正确的相依变量。因此，解析解也称为闭式解（closed – form solution）。

当偏微分方程组比较复杂时，无法通过简单的数学运算进行求解，解析方法往往无能为力，这时数值方法变成求解过程重要的手段。目前，数值方法解决了很多理论分析中得到方程组而无法求解的问题，它是求解复杂方程的一个重要方法。在进行数值分析的过程中，首先将原方程简化，以利于后续的数值分析，例如将微分符号改为差分符号等。然后，用传统的代数方法将原方程改写成另一方便求解的形式。这时求解步骤就是将一独立变量带入，求得相依变量的近似解。因此，利用解析方法求得的相依变量为一个个分离的数值（discrete values），不似解析解为一连续的分布，而且经过上述简化操作，其精确度不如解析法高，但可以进行下去。可见，与数值解对应的是解析解。

武器装备运动过程中的气/水动力分析、弹药爆炸冲击问题以及高速运动问题总是涉及大规模的微分方程组求解问题，数值仿真计算是目前进行数值求解的唯一方法，通过数值仿真计算即可得到宏观结果，也可以获得试验无法获得的过程中的微观信息以进行机理分析，同时可以解决理论分析工量大且适用范围有限的问题。目前，大规模数值模拟计算已成为武器装备设计中的必要环节和手段，代替了不少的试验和理论分析；同时，随着武器装备先进性所带来的复杂性，武器装备设计不断呈现"多物理、多介质、多尺度、强非线性、强间断"等复杂特征，不断对数值求解算法提出新的、更高的要求。

2. 三维重构与虚拟试验

三维重构是指对三维物体结构建立适合计算机表示和处理的数学模型，是在计算机环境下对其进行处理、操作和分析其性质的基础核心，也是在计算机中建立表达客观世界模型的虚拟现实方法。通过三维重构可以实现物理试验细节信息的三维显示（如爆炸物理场、水流场、空气流场等），也可以通过数据驱动实现场景的逼真再现，并可以结合3D打印等先进制造技术实现武器装备设计和制造的一体化。目前，尽管CAD技术发展迅速，但是对于一些复杂结构的零件，采用数据、模型驱动的正向设计需要较长周期的知识积累、难度高，进而影响研发设计进度。因此，通常采用逆向工程设计方法，使用黏土或泡沫模型代替CAD设计、三维重构技术，从而方便地将实物模型转变为数字模型，实现复杂零件的外形设计。此外，在模具制造中经常需要通过试冲和修改模具型面才能得到最终符合要求的模具，通过对最终符合要求的模具进行测量并重构出其CAD模型，这些反复迭代的过程必然消耗大量人力、物力，智能化水平越高，迭代次数越少。

在武器装备设计中，三维重构技术除了可以辅助设计，提高设计人员的感官敏感度外，还可以有效推进无人装备走向实战化应用。一方面，通过实时生成三维环境，有助于实现无人装备的自动导航。例如：在美国国防部高级研究计划局（DARPA）的支持下，波士顿动力公司联合福斯特·米勒公司、JPL和哈佛大学共同研究"大狗"（Bigdog）四足军用机器人，用于在一些军用车辆难以行驶的险要地方助士兵一臂之力，进行作战物资的运输。"大狗"机器人配有环境感知电子眼,能够结合立体视觉和激光扫描仪产生精确的三维地形模型,从而能够分辨出前方安全的道路。另一方面,通过获取目标的三维特征,可以实现目标自动识别和分类,并判断目标的行为动作,为人机协同提供有力支持。

此外,三维重构技术也是虚拟试验的重要支撑。虚拟试验是指借助多媒体、仿真和虚拟现实等技术在计算机上营造可辅助、部分替代甚至全部替代传统试验各操作环节的相关软/硬件操作环境,试验者可以像在真实的环境中一样完成各种试验项目,所取得的试验效果等价于,甚至优于在真实环境中所取得的试验效果。在进行虚拟试验时,三维虚拟战场环境构建是一项重要的内容,三维虚拟战场构建定位于为真实战场环境建立高精度、真三维、可量测、真实感强的模型,可实现目标环境内建筑物、地形、植被以及其他地物地貌的建模。

3. 多目标函数优化设计

武器装备设计,尤其是应对现代高科技局部战争的高新武器装备设计通常涉及多个参量,现代战争的多维化、高烈度、高技术等特征也带来了武器装备结构、系统等的复杂性,但要求操作简单化。近年来,为了适应信息化作战的需求,高新武器装备相对于传统武器装备应用了众多新技术、新材料,技术含量高,服役环境苛刻,功能要求多,性能要求高,且强调武器功能模块的集成与配置以实现多维度一体化作战以及操作的简单化。因此,武器装备呈现零部件多,集成复杂,可用空间、质量有限,功能多,操作要求简单等特点。例如,现今大力发展和使用的制导弹药已不再是传统弹药的"炸药+壳体"形式,在有限的空间和质量要求下传统的机械结构融合了导航制导、目标探测、飞行控制、毁伤能量释放控制等多个装置,系统集成性大为提升;同时,弹药威力要求不低于普通弹药,采用的高能炸药既要起爆可靠,又要求平时钝感安全,弹药系统的整体设计已变成一项复杂的系统工程。未来进一步发展的智能化弹药,要在现今制导弹药的基础上具有自主意识、隐身特性,打击目标更为广泛,因此其系统将更为复杂,如图 2.1 所示。

目前,结构、功能简单的传统武器装备设计可采用"画加打"的方式实现。对于高新武器装备,其作用过程难以试验测试,其设计涉及多个参量,且各参量之间可能存在"矛盾"和"依赖"关系,采用传统方法设计周期较长、消耗大,且不适合参量较多的复杂系统。因此,对于存在多目标函数优化问题的现代武器装备设计,针对多学科参量的智能优化设计是一个有效捷径,也是唯一途径。目前,采用先进的机器学习等人工智能算法进行武器装备整体或部

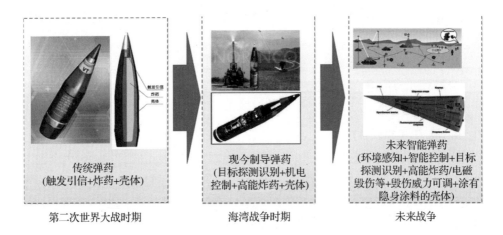

图 2.1 弹药的复杂系统发展

件的设计与优化已经成为一种趋势。例如,毛亮等采用引入多父体杂交算子的改进型遗传算法,改善了传统优化算法中的病态梯度、初始点敏感和局部收敛等问题。以某聚焦式破片杀伤战斗部为例,运用此优化方法对破片杀伤威力和战斗部总质量两项指标进行了优化。

2.2 武器装备设计所涉及的力学问题与有限元方法

2.2.1 力学概念与术语

1. 外力(External Force)

外力是外界作用在物体上的作用力,可以分为两大类。

1)体积力(Body Force)

体积力是穿越空间作用在所有流体元上的非接触力,是反映物体内在属性的一种力,与物体体积成正比,包括重力、惯性力、磁性力等。

2)面积力(Surface Force)

面积力是作用在所研究物体外表面上与物体表面积大小成正比的力,如气压、水压等。面积力又可细分为集中力与分布力。

2. 弹性变形(Elastic Deformation)

材料在外力作用下产生变形,当外力撤除或消失后,材料变形即可消失,并能完全恢复原来的形状。这种性质称为弹性，这种可恢复的变形称为弹性变形。

3. 塑性变形（Plastic Deformation）

材料在外力作用下产生变形，在施加的外力撤除或消失后该物体不能恢复原状，这种物理现象称为塑性变形。

4. 应力（Stress）

物体由于外因（受力、湿度、温度场变化等）而变形时，在物体内各部分之间产生相互作用的内力，以抵抗外因的作用，并试图使物体从变形后的位置恢复到变形前的位置。在所考察的截面某一点单位面积上的内力称为应力，即弹性体受到外力作用后，内部产生的抵抗变形的内力。单元体上的应力分量如图 2.2 所示。

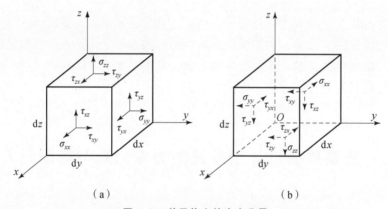

图 2.2 单元体上的应力分量

例如，在受力构件截面上，围绕 O 点取微小面积 ΔA，ΔA 上分布内力的合力为 ΔF，则 O 点的应力 p 可用公式表示为

$$p = \lim_{\Delta A \to 0} \frac{\Delta F}{\Delta A} \tag{2-1}$$

p 是分布内力系统在 O 点的集度，反映内力系统在 O 点的强弱程度。p 是一个矢量，一般既不与截面垂直，也不与截面相切。通常把应力 p 分解成垂直于截面的分量 σ 和切于截面的分量 τ。σ 称为正应力或法向应力（Normal Stress），τ 称为切应力或剪应力（Shear Stress）。

在国际计量单位中，应力的单位为 Pa，称为"帕斯卡"，1 Pa = 1 N/m²。由于这个单位太小，使用不便，所以通常用 MPa 或 GPa，1 Pa = 10^{-6} MPa，1 Pa = 10^{-9} GPa。工程上有时也用 bar（巴）作为单位，1 bar = 10^5 Pa。

5. 应变（Strain）

应变是在外力和非均匀温度场等因素作用下物体局部的相对变形程度。通常认为物体在受到外力作用下会产生一定的变形，变形的程度称为应变。应变分为正应变 ε（线应变）、剪切应变 γ（角应变）及体积应变 θ。

应用最广泛的正应变公式为

$$\varepsilon = \lim_{L \to 0} \frac{\Delta L}{L} \tag{2-2}$$

式中，L 是物体变形前的长度；ΔL 是物体变形后的伸长量。

1）线应变（Linear Strain）

对一根细杆施加一个拉力 F，这个拉力除以细杆的截面积 S，称为"线应力"；细杆的伸长量 dL 除以原长 L，称为"线应变"。线应力除以线应变就等于杨氏模量 E，即 $F/S = E(dL/L)$。

2）剪切应变（Shear Strain）

对一块弹性体施加一个侧向的力 f（通常是摩擦力），弹性体会由方形变成菱形，这个形变的角度 γ 称为"切应变"，相应的力 f 除以受力面积 S 称为"剪切应力"。

3）体积应变（Bulk Strain）

对弹性体施加一个整体的压强 p，这个压强称为"体积应力"，弹性体的体积减少量（dV）除以原来的体积 V 称为"体积应变"。

一般弹性体的体积应变都是非常小的，即体积的改变量和原来的体积相比是一个很小的数。在这种情况下，体积相对改变量和密度相对改变量仅符号相反，大小是相同的。例如，体积减小 0.01%，密度就增大 0.01%。

6. 应变率（Strain Rate）

应变率是表征材料变形速率的一种度量，为应变对时间的导数。研究材料动态力学性能的系列试验按应变率高低排列有：中应变率试验（$10 \sim 10^3 \text{ s}^{-1}$）、高应变率试验（$10^3 \sim 10^5 \text{ s}^{-1}$）、超高应变率试验（$10^5 \sim 10^7 \text{ s}^{-1}$）。合金钢、混凝土、陶瓷、塑料等很多工程材料都具有时间效应，即应变率效应，因此，应变率在结构的动力学有限元分析中常被使用。

7. 位移（Displacement）

位移是物体（质点）的位置变化量，定义为：由初位置到末位置的有向线段。其大小与路径无关，方向由起点指向终点。它是一个有大小和方向的物理量，即矢量。

任一点的位置移动用 u，v，w 表示它在坐标轴上的 3 个投影分量。

$$[\boldsymbol{\delta}] = \begin{bmatrix} u & v & w \end{bmatrix}^{\mathrm{T}} \qquad (2-3)$$

符号规定：沿坐标轴正向为正，反之为负。

8. 比例极限（Proportional Limit）

比例极限指材料在外力作用下应变和应力成正比关系的最大值，超过此最大值后，应变和应力不再成正比关系，但仍保持弹性变形，撤去外力后材料还能恢复原长。当应力超过一定值时，材料不再发生弹性形变，此时的应力即弹性极限。由于比例极限与弹性极限相近，因此工程上常不做区分。典型应力－应变曲线如图2.3所示。

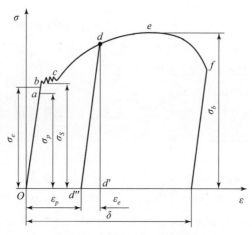

图2.3　典型应力－应变曲线

在弹性阶段，材料的变形是弹性变形，若在此阶段内卸载，变形可完全消失。此弹性变形一直持续至应力－变曲线的 b 点，该点对应的应力 σ_e 即弹性极限。其中，Ob 段中的 Oa 段为线弹性阶段，a 点对应的应力 σ_p 即比例极限。

9. 泊松比（Poisson's Ratio）

泊松比是由法国科学家泊松（Simon Denis Poisson，1781—1840年）最先发现并提出的。

泊松在1829年发表的《弹性体平衡和运动研究报告》一文中，用分子间相互作用的理论导出弹性体的运动方程，发现在弹性介质中可以传播纵波和横波，并且从理论上推演出各向同性弹性杆在受到纵向拉伸时，横向收缩应变与纵向伸长应变之比是一个常数，其值为1/4。

泊松比的定义为：在材料的比例极限内，即在弹性范围内加载，由均匀分布的纵向应力 σ_y 所引起的横向应变 ε_x 与相应的纵向应变 ε_y 之比的绝对值，即

$$\varepsilon_x = -\nu \varepsilon_y \qquad (2-4)$$

式中，ν 为材料的一个弹性常数，称为泊松比，是量纲为 1 的量。

在材料弹性变形阶段，ν 是一个常数。在理论上，各向同性材料的 3 个弹性常数 E，G，ν 中只有两个是独立的，因为它们之间存在如下关系：

$$G = \frac{E}{2(1+\nu)} \tag{2-5}$$

材料的泊松比一般可通过试验方法测定。

10. 模量（Modulus）

"模量"可以理解为一种标准量或指标。材料的模量前面一般要加说明语，如弹性模量、压缩模量、剪切模量等。这些都是与变形有关的指标，单位为 Pa。但是，通常在工程使用中，因各材料模量的量值都十分大，所以常以 MPa 或 GPa 为单位进行计数。

1）弹性模量（Elastic Modulus）

材料在弹性变形阶段，其应力和应变成正比例关系（即符合胡克定律），其比例系数称为弹性模量。对于在弹性范围内应力－应变曲线不符合直线关系的某些材料，则可以根据需要取切线弹性模量、割线弹性模量等人为定义的量来代替它的弹性模量。根据不同的受力情况，分别有相应的拉伸模量（杨氏模量）、剪切模量（刚性模量）、体积模量。

2）杨氏模量（Young's Modulus）

杨氏模量又称为拉伸模量（Tensile Modulus），是弹性模量中最常见的一种。杨氏模量衡量的是一个各向同性弹性体的刚度（Stiffness），是与材料有关的常数，与材料本身的性质有关。杨氏模量的定义为：在胡克定律适用范围内，单轴应力与单轴形变之比，即

$$E = \frac{\sigma}{\varepsilon} \tag{2-6}$$

钢的杨氏模量大约为 200 GPa，铜的杨氏模量为 110 GPa。

3）剪切模量（Shear Modulus）

剪切模量是指剪切应力与剪切应变之比。剪切模量也称为剪切模数或切变弹性模量，是材料的基本物理特性参数之一，与弹性模量、泊松比并列为材料的三项基本物理特性参数，在材料力学、弹性力学中有广泛的应用。其定义如下：

$$G = \frac{\tau}{\gamma} \tag{2-7}$$

4）体积模量（Bulk Modulus）

体积模量是指体积应力与体积应变之比，可描述均质各向同性固体的弹

性，表示材料的不可压缩性。物体在 p_0 应力下的体积为 V_0，若压力增加为 $p_0 + \mathrm{d}p$，体积减小为 $V_0 - \mathrm{d}V$，则体积模量的定义如下：

$$K = -\frac{\mathrm{d}p}{\mathrm{d}V/V_0} \quad (2-8)$$

如在弹性范围内，则专称为体积弹性模量。体积模量是一个比较稳定的材料常数。因为在各向均压下材料的体积总是变小的，所以 K 永远为正值，单位为 MPa。体积模量的倒数称为体积柔量（体积柔量：物体的体积变化和所受的流体力学静压力的比值）。体积模量和拉伸模量、泊松比之间有关系 $E = 3K(1-2\nu)$，具体推导过程如下。

如图2.4所示，某点处主轴方向为1-2-3，在该点切取一主单元体，变形前各边长为 a, b, c，变形前体积为 $V = abc$，变形后，该点的主单元体各边长变为 $a+\Delta a$, $b+\Delta b$, $c+\Delta c$，变形后的体积为 $V+\Delta V$，则有 $V+\Delta V = (a+\Delta a)\cdot(b+\Delta b)(c+\Delta c) = abc(1+\varepsilon_1)(1+\varepsilon_2)(1+\varepsilon_3)$，略去高阶小量，上式可展开为

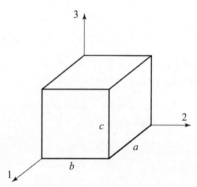

图2.4 主单元体

$$V+\Delta V = abc(1+\varepsilon_1+\varepsilon_2+\varepsilon_3) \quad (2-9)$$

即

$$\Delta V = abc(\varepsilon_1+\varepsilon_2+\varepsilon_3) \quad (2-10)$$

某点处单元体的单位体积改变量称为体积应变，用 θ 表示，即

$$\theta = \lim_{V\to 0}\frac{\Delta V}{V} = \varepsilon_1+\varepsilon_2+\varepsilon_3 \quad (2-11)$$

根据胡克定律有

$$\varepsilon_1 = \frac{1}{E}[\sigma_1 - \nu(\sigma_2+\sigma_3)] \quad (2-12)$$

$$\varepsilon_2 = \frac{1}{E}[\sigma_2 - \nu(\sigma_1+\sigma_3)] \quad (2-13)$$

$$\varepsilon_3 = \frac{1}{E}[\sigma_3 - \nu(\sigma_1+\sigma_2)] \quad (2-14)$$

将胡克定律代入体积应变表达式中有

$$\theta = \frac{1-2\nu}{E}(\sigma_1+\sigma_2+\sigma_3) \quad (2-15)$$

若记3个主应力的平均值为 σ_m，则称其为平均应力，等于静水压力 $-p$，即

式中，ν 为材料的一个弹性常数，称为泊松比，是量纲为 1 的量。

在材料弹性变形阶段，ν 是一个常数。在理论上，各向同性材料的 3 个弹性常数 E，G，ν 中只有两个是独立的，因为它们之间存在如下关系：

$$G = \frac{E}{2(1+\nu)} \quad (2-5)$$

材料的泊松比一般可通过试验方法测定。

10. 模量（Modulus）

"模量"可以理解为一种标准量或指标。材料的模量前面一般要加说明语，如弹性模量、压缩模量、剪切模量等。这些都是与变形有关的指标，单位为 Pa。但是，通常在工程使用中，因各材料模量的量值都十分大，所以常以 MPa 或 GPa 为单位进行计数。

1）弹性模量（Elastic Modulus）

材料在弹性变形阶段，其应力和应变成正比例关系（即符合胡克定律），其比例系数称为弹性模量。对于在弹性范围内应力-应变曲线不符合直线关系的某些材料，则可以根据需要取切线弹性模量、割线弹性模量等人为定义的量来代替它的弹性模量。根据不同的受力情况，分别有相应的拉伸模量（杨氏模量）、剪切模量（刚性模量）、体积模量。

2）杨氏模量（Young's Modulus）

杨氏模量又称为拉伸模量（Tensile Modulus），是弹性模量中最常见的一种。杨氏模量衡量的是一个各向同性弹性体的刚度（Stiffness），是与材料有关的常数，与材料本身的性质有关。杨氏模量的定义为：在胡克定律适用范围内，单轴应力与单轴形变之比，即

$$E = \frac{\sigma}{\varepsilon} \quad (2-6)$$

钢的杨氏模量大约为 200 GPa，铜的杨氏模量为 110 GPa。

3）剪切模量（Shear Modulus）

剪切模量是指剪切应力与剪切应变之比。剪切模量也称为剪切模数或切变弹性模量，是材料的基本物理特性参数之一，与弹性模量、泊松比并列为材料的三项基本物理特性参数，在材料力学、弹性力学中有广泛的应用。其定义如下：

$$G = \frac{\tau}{\gamma} \quad (2-7)$$

4）体积模量（Bulk Modulus）

体积模量是指体积应力与体积应变之比，可描述均质各向同性固体的弹

性，表示材料的不可压缩性。物体在 p_0 应力下的体积为 V_0，若压力增加为 $p_0 + \mathrm{d}p$，体积减小为 $V_0 - \mathrm{d}V$，则体积模量的定义如下：

$$K = -\frac{\mathrm{d}p}{\mathrm{d}V/V_0} \quad (2-8)$$

如在弹性范围内，则专称为体积弹性模量。体积模量是一个比较稳定的材料常数。因为在各向均压下材料的体积总是变小的，所以 K 永远为正值，单位为 MPa。体积模量的倒数称为体积柔量（体积柔量：物体的体积变化和所受的流体力学静压力的比值）。体积模量和拉伸模量、泊松比之间有关系 $E = 3K(1-2\nu)$，具体推导过程如下。

如图 2.4 所示，某点处主轴方向为 1-2-3，在该点切取一主单元体，变形前各边长为 a，b，c，变形前体积为 $V = abc$，变形后，该点的主单元体各边长变为 $a + \Delta a$，$b + \Delta b$，$c + \Delta c$，变形后的体积为 $V + \Delta V$，则有 $V + \Delta V = (a + \Delta a) \cdot (b + \Delta b)(c + \Delta c) = abc(1+\varepsilon_1)(1+\varepsilon_2)(1+\varepsilon_3)$，略去高阶小量，上式可展开为

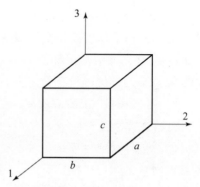

图 2.4 主单元体

$$V + \Delta V = abc(1 + \varepsilon_1 + \varepsilon_2 + \varepsilon_3) \quad (2-9)$$

即

$$\Delta V = abc(\varepsilon_1 + \varepsilon_2 + \varepsilon_3) \quad (2-10)$$

某点处单元体的单位体积改变量称为体积应变，用 θ 表示，即

$$\theta = \lim_{V \to 0} \frac{\Delta V}{V} = \varepsilon_1 + \varepsilon_2 + \varepsilon_3 \quad (2-11)$$

根据胡克定律有

$$\varepsilon_1 = \frac{1}{E}[\sigma_1 - \nu(\sigma_2 + \sigma_3)] \quad (2-12)$$

$$\varepsilon_2 = \frac{1}{E}[\sigma_2 - \nu(\sigma_1 + \sigma_3)] \quad (2-13)$$

$$\varepsilon_3 = \frac{1}{E}[\sigma_3 - \nu(\sigma_1 + \sigma_2)] \quad (2-14)$$

将胡克定律代入体积应变表达式中有

$$\theta = \frac{1-2\nu}{E}(\sigma_1 + \sigma_2 + \sigma_3) \quad (2-15)$$

若记 3 个主应力的平均值为 σ_m，则称其为平均应力，等于静水压力 $-p$，即

$$\sigma_m = \frac{1}{3}(\sigma_1 + \sigma_2 + \sigma_3) \qquad (2-16)$$

则体积应变 θ 仅与 σ_m 成正比，且

$$\theta = \frac{3(1-2\nu)}{E}\sigma_m = \frac{1}{K}\sigma_m \qquad (2-17)$$

故

$$E = 3K(1-2\nu) \qquad (2-18)$$

5）压缩模量（Compression Modulus）

压缩模量是物体在受单向或单轴压缩时应力与应变的比值。试验上压缩模量可由应力-应变曲线起始段的斜率确定。径向同性材料的压缩模量值常与其杨氏模量值近似相等。

6）切线模量（Tangent Modulus）

切线模量就是塑性阶段屈服极限和强度极限之间的曲线斜率，是应力-应变曲线上应力对应变的一阶导数。其大小与应力水平有关，并非一定值。切线模量一般用于增量有限元计算（一种用于求解非线性问题的数值计算），切线模量和屈服应力的单位都是 MPa 或 GPa。

在弹性阶段，各种弹性常数可以通过表2.1进行相互转换。

表2.1 各种弹性常数之间的转换关系

转换	E	ν	K	G	λ
E,ν	E	ν	$\dfrac{E}{3(1-2\nu)}$	$\dfrac{E}{2(1+\nu)}$	$\dfrac{E\nu}{(1+\nu)(1-2\nu)}$
E,K	E	$\dfrac{3K-E}{6K}$	K	$\dfrac{3KE}{9K-E}$	$\dfrac{3K(3K-E)}{9K-E}$
E,G	E	$\dfrac{E-2G}{2G}$	$\dfrac{GE}{3(3G-E)}$	G	$\dfrac{G(E-2G)}{3G-E}$
E,λ	E	$\dfrac{2\lambda}{E+\lambda+R}$	$\dfrac{E+\lambda+R}{6}$	$\dfrac{E-3\lambda+R}{4}$	λ
ν,K	$3K(1-2\nu)$	ν	K	$\dfrac{3K(1-2\nu)}{2(1+\nu)}$	$\dfrac{3K\nu}{1+\nu}$
ν,G	$2G(1+\nu)$	ν	$\dfrac{2G(1+\nu)}{3(1-2\nu)}$	G	$\dfrac{2G\nu}{1-2\nu}$
ν,λ	$\dfrac{\lambda(1+\nu)(1-2\nu)}{\nu}$	ν	$\dfrac{\lambda(1+\nu)}{3\nu}$	$\dfrac{\lambda(1-2\nu)}{2\nu}$	λ
K,G	$\dfrac{9KG}{3K+G}$	$\dfrac{3K-2G}{6K+3G}$	K	G	$K-\dfrac{2}{3}G$

续表

转换	E	ν	K	G	λ
K,λ	$\dfrac{9K(K-\lambda)}{3K-\lambda}$	$\dfrac{\lambda}{3K-\lambda}$	K	$\dfrac{2}{3}(K-\lambda)$	λ
G,λ	$\dfrac{G(3\lambda+2G)}{\lambda+G}$	$\dfrac{\lambda}{2(\lambda+G)}$	$\dfrac{3\lambda+2G}{3}$	G	λ

注：表中 $R=\sqrt{E^2+9\lambda^2+2E\lambda}>0$。

工程中常用的常数与 Lame 常数（λ,μ）之间的关系如下：

$$\nu=\frac{\lambda}{2(\lambda+\mu)},\ G=\mu=\frac{E}{2(1+\nu)},\ E=\frac{(3\lambda+2\mu)\mu}{\lambda+\mu}$$

11. 本构模型（Strength Model）

本构模型又称为本构关系，是反映物质宏观性质的数学模型。最为人熟知的反映纯力学性质的本构关系有胡克定律、牛顿内摩擦定律（牛顿黏性定律）、圣维南理想塑性定律；反映热力学性质的本构关系有克拉珀龙理想气体状态方程、傅里叶热传导方程等。把本构关系写成具体的数学表达式就是本构方程，又称为本构模型。关于本构模型，需要注意以下几点。

（1）本构关系有材料层面、构件截面层面、构件层面、结构层面等几个层面，目前所提的本构关系多是材料、构件层面上的，对于结构层面的本构关系，研究较少，不过这是以后的研究方向。

（2）工程中常见的多是一维本构关系，其经验模型已基本定型，而对于多维本构关系方面，强度准则的经验模型还有待进一步完善，多维本构关系也是以后的发展趋势。

（3）目前，本构关系通常是不考虑时间影响的静态本构关系，也逐渐发展到考虑短时间内影响的（譬如地震作用下几十秒内）动态本构关系，其发展方向是即时（随时间发生变化的）本构关系。

现今，工程中常用的本构模型归纳如下。

1. 弹性本构模型

胡克定律又称为虎克定律，是力学弹性理论中的一条基本定律，表述为：固体材料受力之后，材料中的应力与应变（单位变形量）之间呈线性关系，即

$$\sigma=E\varepsilon \qquad (2-19)$$

满足胡克定律的材料称为线弹性或胡克型材料。胡克的发现直接导致了弹簧测力计——测量力的基本工具——的诞生，并且直到今天在物理试验中仍被

广泛使用。

2. 常用弹塑性本构模型

1）Cowper – Symonds 模型

1957 年，Cowper – Symonds 基于悬臂梁的弯曲冲击测试获得了金属材料动态屈服强度与静态屈服强度及应变率的关系式，如下所示：

$$\bar{\sigma}_0 = \sigma_Y \left[1 + \left(\frac{\dot{\varepsilon}}{D} \right)^{\frac{1}{q}} \right] \quad (2-20)$$

式中，σ_Y 为静载荷条件下的初始屈服应力；$\bar{\sigma}_0$ 为动载荷条件下的初始屈服应力；$\dot{\varepsilon}$ 为应变率；q，D 为经验系数。

该本构模型稍微进行变形后已应用于 Ansys/LS – Dyna 中，对应的是 03 号流体弹塑性模型（MAT_PLASTIC_KINEMATIC），如图 2.5 所示，其具体形式如下：

$$\bar{\sigma}_0 = \left[1 + \left(\frac{\dot{\varepsilon}}{D} \right)^{\frac{1}{q}} \right] (\sigma_Y + \beta E_t \varepsilon_p^{\text{eff}}) \quad (2-21)$$

式中，β 为硬化系数；E_t 为切线模量；$\varepsilon_p^{\text{eff}}$ 为等效塑性应变。

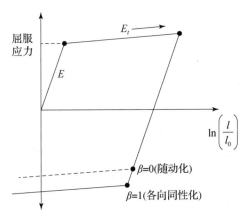

图 2.5　考虑随动硬化与各向同性硬化的材料弹塑性行为

2）Johnson – Cook 模型

Johnson 和 Cook 在 20 世纪 80 年代就利用霍普金森杆对 4340 钢进行不同应变速率、不同温度下的动态力学响应测试，并提出了一直沿用至今的 Johnson – Cook 模型。Johnson – Cook 模型是现实中最常用的一种本构模型，其具体形式如下：

$$\sigma = (A + B\varepsilon_p^n)(1 + C\ln \dot{\varepsilon}^*)[1 - (T^*)^m] \quad (2-22)$$

Johnson – Cook 模型假设材料是各向同性硬化，且将二维应变和应变率张量利用简单的标量形式进行表述。式中，σ 为流动应力；ε_p 为等效塑性应变；$\dot{\varepsilon}^*$ 为无量纲的塑性应变率，$\dot{\varepsilon}^* = \dot{\varepsilon}/\dot{\varepsilon}_0$，其中 $\dot{\varepsilon}_0$ 为参考应变率；T^* 为同系温度（Homologous Temperature），为某物质在室温下的绝对温度与该物质熔点换算成绝对温度后的比值，即 $T^* = (T - T_r)/(T_m - T_r)$，其中 T 为试验温度，T_r 为室温，T_m 为熔点温度，当同系温度大于一定值时，许多材料便会发生蠕变。

Johnson - Cook 模型作为最常用的模型已嵌入 LS - Dyna、AutoDyn 等众多有限元仿真程序，如 LS - Dyna 程序中的 15 号 MAT_JOHNSON_COOK 材料模型和 98 号 MAT_SIMPLIFIED_JOHNSON_COOK 材料模型。

Johnson - Cook 模型的应用存在一些限制，如在过高应变率条件下（10^4 s^{-1} 以上）不适用。大量试验表明，在应变率高于 10^4 s^{-1} 时，绝大多数金属材料的应力 - 应变率对数关系发生剧烈变化，流动应力猛增。这表明材料的塑性流动发生了本质的变化，通常认为控制塑性流动的物理机制已由位错运动的热激活机制让位于一种新的机制——黏性机制。

Johnson - Cook 模型描述的材料动态本构关系在数值模拟时往往没有给出明确的应变率范围限制，这就使 Johnson - Cook 模型在高应变率情况下过低估计了流动应力屈服强度。针对这个问题，通常通过两种方法解决，一是通过增加状态模型予以解决，二是通过增加应变率效应的敏感性改进模型，改进后的 RJC（Revised Johnson - Cook）模型如下：

$$\sigma = (C_1 + C_2\varepsilon^n)\left[1 + C_3\ln\dot{\varepsilon}^* + C_4\left(\frac{1}{C_5 - \ln\dot{\varepsilon}^*} - \frac{1}{C_5}\right)\right](1 - T^{*m}) \quad (2-23)$$

式中，C_4 和 C_5 是增加的经验系数。

3）Johnson - Holmquist - Ceramics 模型

Johnson - Holmquist - Ceramics（JH - 2）模型基于连续损伤理论建立，通过使含裂纹的固体均匀化并降低其性质以获得材料的响应，可用于模拟陶瓷、玻璃等脆性材料在大应变、高应变率和高压力作用下的本构关系，对应 LS - Dyna 程序中的 110 号 MAT_JOHNSON_HOLMQUIST_CERAMICS 材料模型。

JH - 2 模型将脆性材料在任意损伤下的强度与未损伤时的强度、完全损伤时的强度以及损伤值耦合在一起，归一化等效应力的计算公式如下：

$$\sigma^* = \sigma_i^* - D(\sigma_i^* - \sigma_f^*) \quad (2-24)$$

式中，σ_i^* 为未损伤情况下脆性材料的等效强度；σ_f^* 为完全损伤情况下脆性材料的等效强度；$D(0 \leq D \leq 1)$ 为损伤因子。具体表达式如下：

$$\sigma_i^* = A(P^* + T^*)^N(1 + C\ln\bar{\varepsilon}^*) \quad (2-25)$$

$$\sigma_f^* = B(P^*)^M(1 + C\ln\bar{\varepsilon}^*) \quad (2-26)$$

$$D = \Sigma(\Delta\varepsilon_p/\varepsilon_p^f) \quad (2-27)$$

式中，A，B，C，M 和 N 为材料常数；P^* 为无量纲的脆性材料等效静水压力，$P^* = P/P_{HEL}$，其中 P 为实际静水压力；无量纲的脆性材料最大等效静水拉力，$T^* = T/P_{HEL}$，其中 T 为最大静水拉力，P_{HEL} 是 Hugoniot 弹性极限处的压力；$\Delta\varepsilon_p$ 为每个积分步中的等效塑性应变；ε_p^f 表示给定压力 P 下的塑性应变：

$$\varepsilon_p^f = D_1(P^* + T^*)^{D_2} \quad (2-28)$$

当陶瓷累积的有效塑性应变超过其极限塑性应变时，材料完全粉碎，当 $P^* = -T^*$ 时，陶瓷不能承受任何塑形应变。

对于完整材料，实际静水压力 P 与体积应变 μ 之间的关系可采用以下公式计算：

$$P = K_1\mu + K_2\mu^2 + K_3\mu^3, \quad \mu \geq 0 \quad (2-29)$$

$$P = K_1\mu, \quad \mu < 0 \quad (2-30)$$

随着材料损伤的累积，材料体积会发生膨胀，进而导致实际静水压力增加，此时实际静水压为变为

$$P = K_1\mu + K_2\mu^2 + K_3\mu^3 + \Delta P \quad (2-31)$$

式中，P 为材料所受实际静水压力；K_1 为材料体积模量；K_2，K_3 为状态方程参数；μ 为体积应变，$\mu = \rho/\rho_0 - 1$。

4）Enhanced-Composite-Damage 模型

Enhanced-Composite-Damage（ECD）模型是一种基于 Chang-Chang 失效准则的复合材料破坏模型，可用于模拟纤维增强复合材料的机械性能、材料损伤、破坏模式和裂纹扩展，对应 LS-Dyna 程序中的 54 号 MAT_ENHANCED_COMPOSITE_DAMAGE 材料模型。

在弹性阶段，材料 3 个方向的应力-应变曲线由以下 3 个方程组控制：

$$\varepsilon_1 = \frac{1}{E_1}(\sigma_1 - v_{12}\sigma_2) \quad (2-32)$$

$$\varepsilon_2 = \frac{1}{E_2}(\sigma_2 - v_{12}\sigma_1) \quad (2-33)$$

$$2\varepsilon_{12} = \frac{1}{G_{12}}\tau_{12} + \alpha\tau_{12}^3 \quad (2-34)$$

式中，ε 和 σ 分别为纵向和横向的应变和应力；E_1 和 E_2 为杨氏模量；v_{12} 和 v_{21} 为面内泊松比；G_{12} 为剪切模量；α 为剪切加权因子。

Chang-Chang 失效准则区分了单层材料和基体的拉伸、压缩破坏模式以及各破坏模式之间的相互影响。Chang-Chang 失效准则如下。

（1）纤维拉伸失效：

$$e_f^2 = \left(\frac{\sigma_{11}}{X_t}\right)^2 + \beta\left(\frac{\sigma_{12}}{S_c}\right) - 1 \begin{cases} \geq 0, & 失效 \\ < 0, & 弹性 \end{cases} \quad (2-35)$$

（2）纤维压缩失效：

$$e_c^2 = \left(\frac{\sigma_{11}}{X_c}\right)^2 - 1 \begin{cases} \geq 0, & 失效 \\ < 0, & 弹性 \end{cases} \quad (2-36)$$

（3）基体拉伸失效：

$$e_m^2 = \left(\frac{\sigma_{22}}{Y_t}\right)^2 + \left(\frac{\sigma_{12}}{S_c}\right)^2 - 1 \begin{cases} \geq 0, & 失效 \\ < 0, & 弹性 \end{cases} \quad (2-37)$$

（4）基体压缩失效：

$$e_d^2 = \left(\frac{\sigma_{22}}{2S_c}\right)^2 + \left[\left(\frac{Y_c}{2S_c}\right)^2 - 1\right]\frac{\sigma_{22}}{Y_c} + \left(\frac{\sigma_{12}}{S_c}\right)^2 - 1 \begin{cases} \geq 0, & 失效 \\ < 0, & 弹性 \end{cases} \quad (2-38)$$

式中，e_f、e_c、e_m 和 e_d 为历史变量，它们是纤维拉伸、纤维压缩、基体拉伸和基体压缩的失效指标；X_t 和 X_c 分别为纤维拉伸和纤维压缩强度；Y_t 和 Y_c 分别为基体拉伸和基体压缩强度；S_c 为剪切强度。

12. 状态方程（Equation of State）

状态方程是表征流体压强、流体密度、温度等3个热力学参量的函数关系式。不同流体模型有不同的状态方程，它可用下述关系表示：

$$P = P(\rho, T) \quad (2-39)$$

目前，工程中常用的状态方程归纳如下。

1）理想气体状态方程

理想气体状态方程又称为理想气体定律、普适气体定律，是描述理想气体（忽略气体分子的自身体积，将分子看成有质量的几何点；假设分子间没有相互吸引和排斥，即不计分子势能，分子之间及分子与器壁之间发生的碰撞是完全弹性的，不造成动能损失）处于平衡态时，压强、体积、物质的量、温度间关系的状态方程，其形式为

$$PV = nRT \quad (2-40)$$

这个方程包含4个变量与1个常量：P 为理想气体的压强，V 为理想气体的体积，n 为气体物质的量，T 为理想气体的热力学温度，R 为理想气体常数。此方程以其变量多、适用范围广而著称，对常温常压下的空气也近似地适用。

2）Mie – Gruneisen 状态方程

Mie – Gruneisen 状态方程是目前研究高压下固体中应力波传播时最常用的一种内能形式状态方程，其定义压缩材料的压力为

$$P = \frac{\rho_0 C^2 \mu \left[1 + \left(1 - \frac{\gamma_0}{2}\right)\mu - \frac{a}{2}\mu^2\right]}{\left[1 - (S_1 - 1)\mu - S_2 \dfrac{\mu^2}{\mu+1} - S_3 \dfrac{\mu^3}{(\mu+1)^2}\right]^2} + (\gamma_0 + a\mu) E_0 \quad (2-41)$$

定义膨胀材料的压力为

$$P = \rho_0 C^2 \mu + (\gamma_0 + a\mu) E_0 \qquad (2-42)$$

式中，C 为体积声速，是冲击波波速 – 波后质点粒子速度曲线的截距；S_1，S_2 和 S_3 是冲击波波速 – 波后质点粒子速度曲线的多项式拟合斜率；γ_0 是材料的 Gruneisen 参数；a 是对 γ_0 的一阶体积修正系数；$\mu = \rho/\rho_0 - 1$；E_0 是初始内能，常温下通常设为 0。

3) JWL 状态方程

JWL 状态方程是描述炸药爆轰产物做功能力的一种不显含化学反应的状态方程，在炸药爆轰及爆炸驱动的数值模拟中被广为采用。1956 年，美国 Lavrence Livermore 实验室的 E. L. Lee 等人在 Jones 和 Wilkins 工作的基础上提出了 JWL 状态方程：

$$P_s = A e^{-R_1 \bar{V}} + B e^{-R_2 \bar{V}} + \frac{C}{\bar{V}^{1+\omega}} \qquad (2-43)$$

式中，$\bar{V} = \dfrac{V}{V_0} = \dfrac{\rho_0}{\rho}$。

根据等熵微分方程 $de_s = -P_s d\bar{V}$，将其积分，可以得到能量沿等熵线的变化，用下式描述：

$$E_s = \frac{A}{R_1} e^{-R_1 \bar{V}} + \frac{B}{R_2} e^{-R_2 \bar{V}} + \frac{C}{\omega \bar{V}^\omega} \qquad (2-44)$$

使用 Mie – Gruncisen 状态方程描述气体的一般运动，有如下公式：

$$P(\bar{V}, E) = P_s(\bar{V}) + \frac{\Gamma}{\bar{V}}(E - E_s) \qquad (2-45)$$

令 $\Gamma = \omega$，可得 JWL 状态方程的一般压力形式：

$$P = A\left(1 - \frac{\omega}{R_1 V}\right) e^{-R_1 V} + B\left(1 - \frac{\omega}{R_2 V}\right) e^{-R_2 V} + \frac{\omega E}{V} \qquad (2-46)$$

式中，P 为爆轰产物压力；E 为单位体积内能；V 为相对体积；A，B，R_1，R_2，ω 为常数，其值通常通过炸药圆筒试验确定。方程式右端第一项在高压段起主要作用，第二项在中压段起主要作用，第三项在低压段起主要作用。

13. 失效准则（Failure Criterion）

失效准则是以数学方式预报在任何给定载荷条件下材料或结构失效发生的条件。它的准确性只能通过预报结果和试验结果的吻合度来判定。定义失效准则时，其理想情况是，所定义的失效参数要尽可能少。就各向同性材料而言，这容易办到，而对于复合材料，其失效与各向同性材料大不一样，它与载荷作用方向密切相关，因此所需的描述参量更多。描述参量越多，对有限元分析准确度的影响越大。常用的失效准则有：应力失效准则、应变失效准则、几何失效准则、应变能失效准则等。在有限元计算中，根据失效准则形式，给出相应的阈值，来判断材料或结构是否发生失效。

2.2.2 有限元分析中的基本概念

1. 单元（Element）

单元，指整体中自为一组或自成系统的独立单位。单元不可再分，也不可叠加。在有限元分析中，单元是分割而成的计算最小近似解的整体部分。在有限元计算中往往需要首先选取单元类型，如图2.6所示。

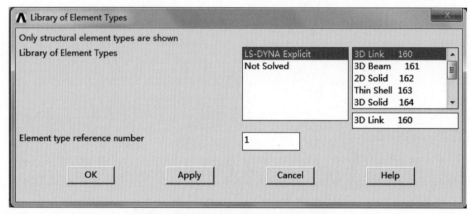

图2.6 Ansys软件中单元类型的选取

单元按照类型可分为：点单元、线单元、面单元、体单元。

1）点单元

几何形状为点形或球形的结构可以用点单元模拟。点单元一定用于非变形结构的质点模型。"点"在数学上表示空间中的一个位置，它没有大小，也没有形状。"质点"即有质量的点。在分析问题时，可以将研究对象简化为质点的情况主要有以下3种。

（1）研究对象相对于其所处空间非常小。
（2）物体上各点运动完全一致时可将该物体简化为质点。
（3）依据一定的研究目标可以将研究对象简化为质点。

典型的点单元如MASS单元，MASS单元主要用于动力学分析中质量块结构的计算。

点单元示意如图2.7所示。

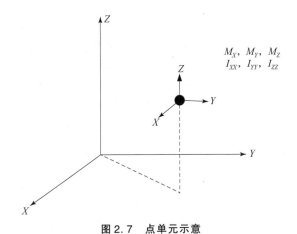

图 2.7　点单元示意

2）线单元

几何形状为线形的结构可以用线单元模拟。

线单元包括 LINK 单元、BEAM 单元、PIPE 单元和 COMBIN 单元等。

（1）LINK 单元，用于桁架、螺栓、螺杆等连接件；

（2）BEAM 单元，用于梁、螺栓、螺杆等连接件（图 2.8）；

（3）PIPE 单元，用于管道、管件等结构；

（4）COMBIN 单元，用于弹簧、细长构件等。

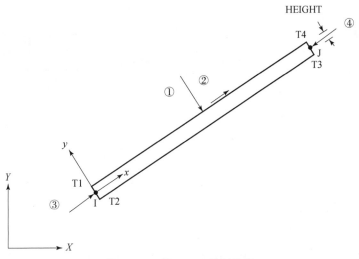

图 2.8　二维 BEAM 单元示意

3）面单元

面单元主要用于薄板或曲面结构的模拟，如 SHELL 单元、PLANE 单元（图 2.9）。

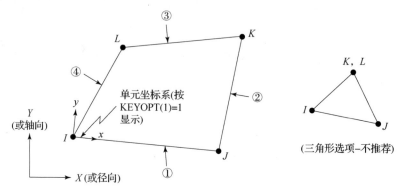

图 2.9 二维 PLANE 单元示意

面单元的应用原则如下。

(1) 每块面板的主尺寸不小于厚度的 10 倍,即 $t \ll b$。

(2) 平行于板面且沿厚度均匀分布,板面上不受力。

(3) 只平行于板面的 3 个应力分量不为零。

4) 体单元

体单元主要用于三维实体结构的模拟,典型的体单元为 SOLID 单元,其主要用于分析局部应力问题(图 2.10)。SOLID 单元在运算中可以退化为五面体单元和四面体单元。较一维单元和二维单元,体单元在分析时需要花费较长时间。

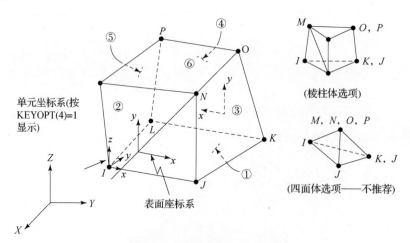

图 2.10 三维 SOLID 单元示意

单元类型的选择与要解决的问题密切相关。在选择单元类型前,要对问题有非常明确的认识。每一种单元类型,每个节点的自由度数、特性、使用条件等在软件的使用文档中都有介绍,应结合具体问题,对照使用文档中的单元类型描述来选择恰当的单元类型。

2. 节点（Node）

在单元内，采用形函数表述单元内变量的分布规律，而节点值是在节点处对应的物理量。如图 2.11 所示，二维三节点三角形单元内任意一点的物理量值可由 i，j，m 三节点处的对应物理量值计算得到：

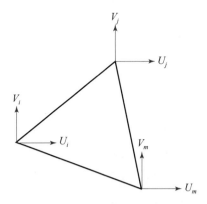

图 2.11 二维三节点三角形单元

$\{F\}^e = \{U_i, V_i, U_j, V_j, U_m, V_m\}^T$——单元节点力矢量；

$\{\delta^*\}^e = \{u_i^*, v_i^*, u_j^*, v_j^*, u_m^*, v_m^*\}^T$——单元节点虚位移矢量；

$\{\sigma\} = \{\sigma_x, \sigma_y, \tau_{xy}\}^T$——单元内一点的应力矢量；

$\{\varepsilon^*\} = \{\varepsilon_x^*, \varepsilon_y^*, \gamma_{xy}^*\}^T$——单元内一点的虚位移矢量。

节点通常由节点号和节点的 x，y，z 坐标构成，多个节点号就可共同构成一个单元。例如：

节点：1，16.0000000，0.0000000，0.0000000；

单元：1，1，2，3，4，5，6，7，8。

常见单元和节点的对应关系见表 2.2。

表 2.2 常见单元和节点的对应关系

单元图形	单元名称
•——————•	一维二节点杆单元
•———•———•	一维三节点杆单元
△	二维三节点三角形单元

续表

单元图形	单元名称
	二维四节点矩形单元
	二维六节点三角形单元

3. 部件（Part）

若一个零件中含有两种材料或两种单元类型，则可以将它定义成两个不同的部件。一个部件是由相同的单元类型、实常数和材料组合而成的一个单元集。通常，部件是模型中的一个特定部分。有时候为了分析方便，相同单元类型、实常数和材料组合的单元集也可以是不同的部件。节点、单元和部件的逻辑关系如图2.12所示。

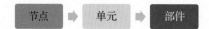

图2.12 节点、单元和部件的逻辑关系

在应用Ansys软件进行静力学分析时，不是十分地强调部件的概念，部件只是默认的一个存在，但在动力学分析中（如LS-Dyna软件），如图2.13所示，可以建立由节点到单元、由单元到MAT形成部件进行计算的一种分析逻辑，这种逻辑是结构化计算文件形成的核心思想。

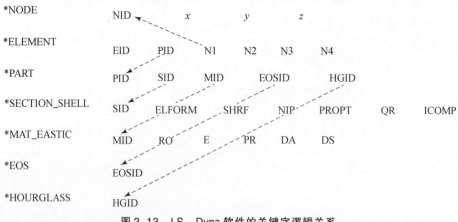

图2.13 LS-Dyna软件的关键字逻辑关系

4. 接触（Contact）

在工程结构中，经常会遇到大量的接触问题。在火车车轮与钢轨之间，齿轮的啮合是典型的接触问题。在有限元分析中有多种接触算法，通过接触算法可以实现不同接触面之间力的传递规则描述，解决各种不同的接触问题。常见的接触类型有：点点接触、点面接触、面面接触。因为接触模型较多，且一个接触模型所包含的参数也较多，所以接触模型的选取与参数设置也是有限元分析中的一个难点。柔 – 柔接触中的接触面与目标面如图 2.14 所示。

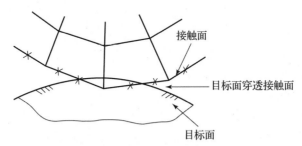

图 2.14　柔 – 柔接触中的接触面与目标面

2.2.3　有限元分析中的力学建模

2.2.3.1　模型建立

有限元分析的核心是建立模型。计算模型的力学分析，是本书反复强调的一个过程，其核心是遵循认识的规律，从复杂的现象中抓住共性问题，找出反映事物本质的主要因素，略去次要因素，经过简化，把做机械运动的实际物体抽象为力学模型（Mechanical Model），而建立力学模型则是有限元分析，甚至力学研究方法中很重要的一个步骤。因为实际中的力学问题往往是很复杂的，所以需要对选定的研究对象，根据不同的研究目的进行多次试验，反复观察，仔细分析，抓住问题的本质和主要矛盾，做出正确的假设，使问题在本质不变的情况下得到简化，从而达到在满足一定精确度要求的条件下用简单模型解决复杂问题的目的。

建立力学模型以后，还要按照机械运动的基本规律和力学定理，对力学模型进行数学描述，建立力学量之间的数量关系，得到力学方程，即数学模型（Mathematical Model）。然后，经过逻辑推理和数学演绎进行理论分析和计算，或用计算机求数值解。

根据已有经验，有限元建模在一定程度上可以视作一种艺术，是一种物体发生物理相互作用的直观艺术。一般而言，只有具有丰富经验的人才能构造出可高效计算的模型。建模时,设计者遇到的主要困难是:理解分析对象发生的物理行为;理解各种可利用单元的物理特性;选择适当类型的单元使其与问题的物理行为最接近。另外,理解问题的边界条件、所受载荷类型、数值和位置的处理有时也是困难的。

通常,计算模型力学分析的基本内容如下。

1. 力学问题分析

力学问题分析(平面问题、板壳、杆梁、实体、线性与非线性、流体、流固耦合……)取决于工程专业知识和力学素养。

对于计算对象,应先分析清楚,予以归类,例如:

(1)平面问题;

(2)空间问题(轴对称问题);

(3)板壳问题;

(4)杆梁问题,等等。

如果把复杂问题看得简单,会使许多应当考虑的因素被忽略而影响精度;反之,把简单问题弄得复杂,没有省略某些次要因素,没有突出主要因素,则会增加计算工作量,影响计算时间。

对于计算对象,应对其涉及的物理问题进行力学描述。如果利用力学术语,事物通常被称为研究对象;每种事物都有其内在特性,不妨称其为导致事物产生响应的内因,外载荷是导致事物产生响应的外因,要区分内因、外因则必须恰当地界定研究对象,而研究对象的设定又必须以研究目标为导向;响应是指在一定的外部条件下,力学指标的一种外在表征(图2.15)。

图2.15 外载荷与响应的联系

力学问题分析包含如下3个步骤。

(1)依据研究目的设定力学特征量,明确研究对象。

(2)分析内、外因,并进行主要性筛选。

(3)建立"外部因素—事物内在特性—响应"的数学表达式。

通常,力学模型的建立过程如图2.16所示。

2. 计算方法选择

计算方法选择是力学分析过程中的一个重要环节,需要具体问题具体分析。目前常用的计算方法有两种:一种是拉格朗日法(Lagrange),一种是欧拉法(Euler)。两种方法的区别主要在于对物质的描述方法。

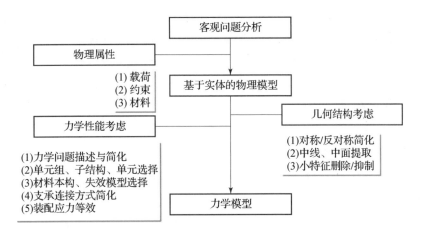

图 2.16 力学模型的建立过程

欧拉表述侧重于"场",把流体性质(质量密度、速度、温度、熵、焓,甚至单位流体中的磁通量,等等)定义为空间位置+时间的函数。通俗地说,是把空间分成一个个"小屋子","小屋子"的位置是不变的,流体可以自由进出这些"小屋子";在计算时,给每个"小屋子"一个"门牌号";在计算开始之后,计算关注的是每个"门牌号"对应的"小屋子"中在发生什么:想知道某个"小屋子"中的内容,按照"门牌号""敲门"即可。

拉格朗日表述侧重于"质点"(或者叫作"流体微元"),把流体性质按照质点/流体微元逐个定义。通常是把这些性质写成初始坐标的函数——也就是说,用质点初始坐标描述质点。通俗地说,就是把流体划分成一个个"小包裹","小包裹"一直在移动,大小也会变化,但流体不会穿透"小包裹"。开始时,先给"小包裹"编号;在计算开始之后,按照"小包裹"编号寻找"小包裹",再"拆开"看其中的内容。

此外,鉴于欧拉方法和拉格朗日方法各自的不足,目前光滑粒子流体动力学方法(Smoothed Particle Hydrodynamics,SPH)作为近 30 多年来逐步发展起来的一种无网格方法正在被广泛应用并逐步成熟。该方法的基本思想是将连续流体(或固体)用相互作用的质点组来描述,各个质点承载各种物理量,包括质量、速度等,通过求解质点组动力学方程和跟踪每个质点的运动轨道,求得整个系统力学行为。这类似物理学中的粒子云(Particle – in – Cell)模拟,从原理上说,只要质点数目足够多,就能精确地描述力学过程。虽然在 SPH 方法中,解的精度也依赖质点的排列,但它对点阵排列的要求远远低于对网格的要求。由于质点之间不存在网格关系,所以 SPH 方法可以避免拉格朗日法极度大变形时网格扭曲而造成的计算无法进行以及精度破坏等问题,并且也能较为方便地处理不同介质的交界面。SPH 方法的优点还在于它是一种纯拉格朗日法，但不会出现拉格朗日方法中因大变形而无法进行计算的情况，同时能避免欧拉描述中欧拉网格与材料的界面问题，因此特别适合求解高速碰撞、水下爆炸毁伤等动态大变形问题。

3. 单元选择

根据确定的算法可以选择计算网格划分所用单元类型及自由度，这也是计算的初始步骤。目前，单元类型众多，分为杆、梁、板、壳、平面、实体等，在实际运用中，单元选择需要与要解决的问题密切联系。单元选择与分析（高阶元/低阶元、杆/梁元、平面/板壳……）取决于对问题和单元特性的理解以及计算经验。首先要对问题本身有非常明确的认识，然后要对有限元软件中的单元类型有一定了解，这样才能在有限元软件中找到合适的单元类型对事物特性进行描述。例如在确定应该选杆单元（Link）还是梁单元（Beam）时，需要了解杆单元和梁单元的区别。杆单元只能承受沿杆件方向的拉力或者压力，杆单元不能承受弯矩，这是杆单元的基本特点；而梁单元则既可以承受拉力、压力，还可以承受弯矩。因此，如果需要解决的问题中实际结构要承受弯矩，就肯定不能选杆单元。

1）单元类型选择

单元类型选择是第一步，根据分析对象的物理属性，可以选择固体力学单元、流体力学单元、热传导单元等。在固体力学单元类型中，还可以根据对象的几何特点，选择二维、三维实体单元，梁、板、壳结构单元，半无穷单元等。

2）单元自由度（DOF）选择

二维、三维实体单元可以采用不同形状，每种形状的单元可以采用不同阶次及相应节点数。例如二维平面问题中单元形状可分三角形和四边形，阶次可分线性、二次和三次等。线性单元和高阶单元的差别是线性单元只有角节点，而高阶单元还有边中点。线性单元的位移按线性变化，因此线性单元上的应力、应变是常数；二次单元假定位移是二阶变化的，因此二次单元上的应力、应变是线性变化的。一般情况下，同线性单元相比，采用高阶单元可以得到更好的计算结果。单元形状选择与结构构型有关，三角形单元比较适合不规则形状，而四边形单元则比较适合规则形状。单元阶次的选择与求解域内应力变化的特点有关，在应力梯度大的区域，单元阶次应较高，否则即使网格很密也难以得到理想的结果。

一方面，同样形状的单元可以有不同的节点数目，如 6 节点三角形单元、20 节点四面体单元等。另一方面，同样形状、同样节点的单元，各节点所含自由度还可以不同，如 3 节点 6 自由度三角形单元、3 节点 9 自由度三角形单元。通常，维度确定后，各节点所需最少自由度应满足单元内位移收敛到真解所需的完备性条件（其要求每节点自由度至少包含一次完全多项式）。例如，对于杆单元，每个节点（端点）必须有一个轴向位移；对于平面单元，每个节点至少有 u、v 两个位移等。同一问题所选单元应使计算精度高、收敛速度快、计算量小。

3）单元类型选择原则

同一问题所选单元应使计算精度高、收敛速度快、计算量小，一般情况下单元类型选择原则如下。

（1）杆系结构：①铰接连接时，选择杆单元；②刚性连接时，选择刚架单元。

（2）平面结构：①外载平行于平面内时，选择平面单元；②外载不在平面内时，选择弯曲板壳单元。

（3）空间结构：①结构和受力具有轴对称性时，选择轴对称单元；②一般实体，选择三维实体单元。

2.2.3.2　模型简化方法

在进行有限元模型分析时，实际结构往往较为复杂，在受力分析中通常需要略去一些次要因素，以减少网格划分带来的困难，例如：框架结构如果用螺丝连接，则可以不考虑螺丝受力而将其忽略，又或者对于结构约束的复杂性，可以抓住主要约束方向，进而简化为固定铰支座、滑动铰支座、固定端等约束形式；载荷形式可简化为集中力、分布力、弯矩、扭矩等。通过上述简化方式，抓住问题实质，建立便于有限元计算的简化受力分析模型即力学模型，在不降低计算精度的情况下缩短计算时间。

1. 力学问题简化

如图 2.17 所示，根据计算结构的几何、受力及相应变形等情况，对其相应力学问题进行简化，从而达到缩短计算时间和减小存储空间的目的。

2. 小特征删除

由于实际机械设计中很多结构变化是加工、装配、调试等功能所需的，并非强度、刚度设计所重点关注的，所以在对其进行力学分析计算时，可将这类细小结构忽略不计，如机械结构中常见的小孔、倒角、凸台、凹槽等。这些结构通常尺寸较小，如不忽略，反而会导致网格划分困难、节点单元增加。图 2.18 所示为经细节删除操作后的有限元网格模型。

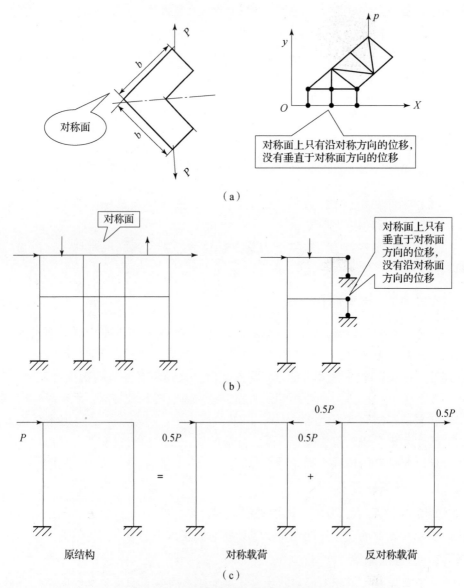

图 2.17 对称性/反对称性简化问题
(a) 对称结构受对称载荷作用；(b) 对称结构受反对称载荷作用；
(c) 对称结构受任意载荷作用（迭加原理）

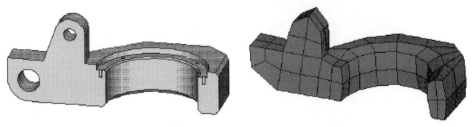

图 2.18　经细节删除操作后的有限元网格模型

3. 抽象简化

实际工程问题中的结构都是具有尺寸和体积的,而有限元模型的有些单元,如杆、梁、板壳等是不具有体积的。因此,建模时存在如何从实体几何模型中抽象出有限元模型的现实问题。如图 2.19 所示,通常通过提取结构的中线/中面建立简化模型。

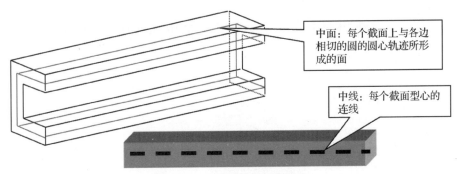

图 2.19　工程结构的抽象简化

4. 等效简化

如图 2.20 所示,在实际工程中,支撑和连接形式千变万化,建模时必须对这些支撑和连接形式进行等效模拟,使其成为标准的自由度约束形式。

常见支座约束形式介绍如下。

1)刚性支座

(1)活动铰支座:其特点是在支撑部分有一个铰结构或类似铰结构的装置,其上部结构可以绕铰点自由转动,而结构又可沿一个方向自由移动。如图 2.21 所示,桥式起重机横梁与车轮用轴连接,它产生垂直方向的支反力,这种支座可简化为活动铰支座。

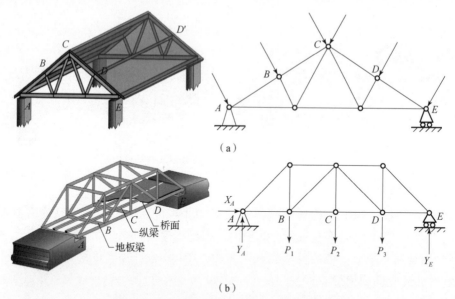

图 2.20　建筑结构中的杆梁框架及其简化模型
（a）房梁结构及其简化力学模型；（b）系杆拱桥结构及其简化力学模型

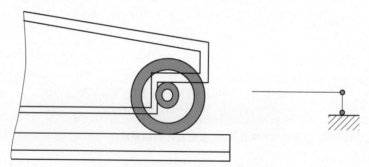

图 2.21　桥式起重机连接轴的等效简化

（2）固定铰支座：它与活动铰支的区别在于整个支座不能移动，但是被支撑结构可绕固定轴线或结构铰自由转动。固定铰支座等效简化如图 2.22 所示。

（3）固接支座：其特点是结构与基础相连后，既不能移动也不能转动，除支反力外还有反力矩。固接支座等效简化如图 2.23 所示。

2）弹性支座

支撑结构或基础受外载荷作用会产生较大的弹性变形。根据支反力的不同，弹性支撑可分为弹性线支座和弹性铰支座，它们分别产生弹性线位移/支反力、线性角位移/反力矩。弹性支座等效简化如图 2.24 所示。

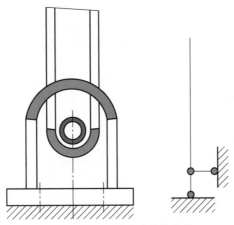

图 2.22 固定铰支座等效简化

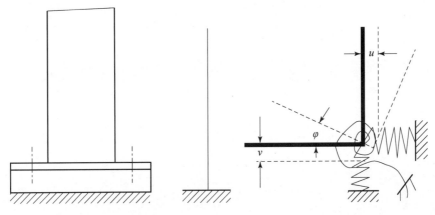

图 2.23 固接支座等效简化   图 2.24 弹性支座等效简化

第 3 章
有限元分析前处理及网格划分

3.1 有限元分析前处理的重要性、作用及流程

3.1.1 有限元分析前处理的重要性及作用

第 1 章已经介绍过,有限元分析软件的分析流程主要包括:前处理、求解计算和后处理。其中前处理包括几何建模、材料定义、载荷定义、边界条件定义、相互作用定义、网格划分等工作。有限元分析前处理是求解有限元分析问题的前提和基础,是成功求解有限元分析问题的关键核心。

随着计算机技术的快速发展和普及,有限元方法迅速从结构工程强度分析计算扩展到几乎所有科学技术领域,成为一种丰富多彩、应用广泛并且实用高效的数值计算方法(CAE)。随着数值计算方法逐步完善和计算机运算速度不断提高,整个计算系统用于求解运算的时间越来越短,而数据准备(即前处理)和运算结果(即后处理)展现的问题却日益突出。

目前,有限元分析前处理作为建立有限元模型的一个重要环节,其划分的网格形式对计算精度和计算规模将产生直接影响,要求考虑的问题较多,需要的工作量也较大。网格的数量和质量将影响计算结果的精度和计算规模。一般来说,网格数量增加,计算精度会有所提高,但同时计算规模也会增加,因此在确定网格数量时应权衡两个因素综合考虑。有限元方法的基本思想是将结构离散化,用有限个容易分析的单元表示复杂对象,单元之间通过有限个节点相

互连接,然后根据变形协调条件综合求解。因此,有限元网格划分一方面要考虑对各物体几何形状的准确描述,另一方面要考虑对变形梯度的准确描述。模型简化的好坏直接关系到网格密度布局以及网格质量,需要 CAE 前处理工程师的丰富经验以及优秀的软件。在进行数值模拟计算(包括 FEA、CFD 等)时,网格质量对分析计算结果有至关重要的影响。高质量网格是高精度分析结果的保证,而质量差的网格则可能导致计算无法完成或者得到毫无意义的结果。在一个完整的分析计算过程中,与网格设计与修改相关的有限元分析前处理工作占到了 CAE 工程师工作量的 70%~80%,CAE 工程师往往要花费大量时间进行网格处理,真正用于分析计算的时间很少。

由上述可见,有限元分析前处理工作已成为 CAE 工作的重中之重。为了建立正确、合理的有限元模型,需要把握好模型简化、网格密度分布以及网格划分质量等的关系。

3.1.2 有限元分析前处理流程和实例分析

3.1.2.1 有限元分析前处理流程

有限元分析前处理包含有限元分析中的以下 4 个部分。

(1) 根据实际问题和需要分析的结果,抽象出计算模型(设计好算法,进行系统分块,建立计算几何模型)。

(2) 将连续体(计算几何模型)变换为离散化结构。

(3) 选择合适的材料模型,并进行参数设置。

(4) 施加边界条件、初始条件等。

有限元分析前处理流程如图 3.1 所示。

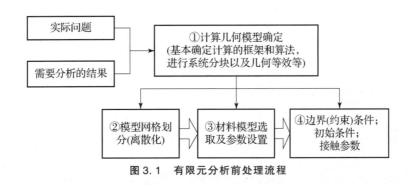

图 3.1 有限元分析前处理流程

3.1.2.2 实例分析

这里以火箭弹弹体侵彻土壤深度计算为例，介绍有限元分析前处理流程。具体需要分析的实例为：一火箭弹弹体对土壤进行侵彻，计算高速正侵彻和斜侵彻作用的侵彻深度，同时掌握弹体高速侵彻过程中弹体破坏情况，以辅助火箭弹结构工程设计。

1. 模型建立前的科学假设及模型确定

首先，根据实际过程规划建立模型计算整体思路，即在计算之前，根据计算问题的关注点，确定一些可以忽略的要素，然后选择计算算法并建立有限元计算模型。对于火箭弹弹体侵彻土壤问题，在理论分析的基础上，为了选择算法并建立模型，进行理想条件假设。因此，对现有结构模型进行了如下假设。

（1）材料各向同性，即同一种材料内任一点在各个方向上具有相同的性质（为材料模型的选择提供支撑）。

（2）考虑各种结构的损伤、变形或破坏，结构破坏符合 Von Mises 强度准则（为材料失效的设置提供支撑）。

（3）在侵彻过程中不考虑爆炸效应，仅将炸药与火箭弹壳体等部件一样看作侵彻体（支撑炸药材料本构模型的确立）。

（4）忽略空气阻力对弹体侵彻土壤过程的影响，在侵彻过程中，火箭弹弹体在侵彻时仅受到土壤阻力作用（可以采用拉格朗日算法）。

此外，根据弹体侵彻速度和关注对象，选择基于物质坐标系的拉格朗日法进行计算。

2. 算法选择

算法选择决定了将连续体变换为离散化结构方法。在所选择的拉格朗日算法中，程序跟踪固定质量元运动，网格随材料流动面变形，能够精确地跟踪材料边界和界面。在界面处的材料被认为是从动的或主动的，程序允许主动与从动面间的接触、分离、滑动或无摩擦。在高速碰撞问题的计算中，往往引入材料侵蚀失效处理方法来模拟实际材料的断裂与层裂等破坏行为。

3. 有限元计算模型的建立

1）几何等效模型的建立

基于火箭弹结构实际情况，通过对结构深入分析，火箭弹弹体大致分为以下 4 个舱段：控制舱、战斗部舱、伞舱和发动机舱。根据火箭弹弹体外形的几何尺寸，并依照各部分的质量特征，分别对上述舱段内部质量进行配重处理，构建一些相应配重部件，列于表 3.1 中。

表 3.1　火箭弹弹体各部分材料表

名称		材料
控制舱	控制舱前端	铝
	控制舱壳体	钢
	控制舱配重	按密度配重
战斗部舱	战斗部壳体	钢
	战斗部装药	炸药
伞舱	伞舱壳体	钢
	伞	按密度配重
发动机舱	燃烧室	钢
	喷管	钢

对于控制舱、伞舱，因其部件较多，且不是计算所关注的重点，所以可通过配重方法实现计算，配重基本原则如下。

（1）不改变与侵彻阻力相关的火箭弹外部几何形状及尺寸。

（2）不改变与侵彻过程相关的各舱段主体几何特征。

（3）在各舱段内将质量均布在构建的配重块上，密度依据配重质量及体积确定。

火箭弹壳体的外形和厚度保持不变；将控制舱内的电路板、电池等元件等效成一个配重块；战斗部舱内的装药和伞舱内的伞按充满状态进行质量平均。整个火箭弹配重完成后，测得火箭弹重心距弹体头部的距离，以确定配重的合理性。

在几何建模过程中可采用 CAD 软件进行辅助设计，在不断修改中提高效率。图 3.2 和图 3.3 所示为利用 Solidworks 三维建模软件建立的几何模型，其中，图 3.2 是全弹结构图，图 3.3 是火箭弹正常分离后舱段结构简图。采用常用 CAD 软件均可以对所建立的物理模型施加不同密度进行配重处理，获得与真实结构接近的质量，利用 CAD 软件得到各部件质量，通过各部件质量可以验证模型与真正弹体结构是否一致，从而可得到具体计算用弹体结构，至于用哪种 CAD 软件并无强制要求。

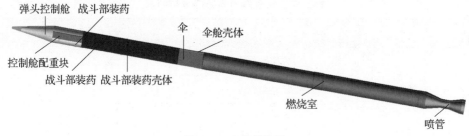

图 3.2　全弹结构图

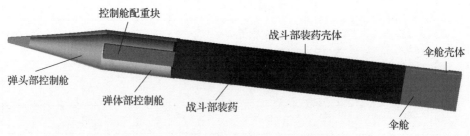

图 3.3　火箭弹正常分离后舱段结构简图

2）计算几何模型的建立

计算几何模型的建立是网格划分的前提条件。在建立计算几何模型时需要考虑多种因素，具体如下。

（1）所选择的单位制。

（2）复杂结构是否需要进行分割处理和简化。

（3）是否需要建立对称模型。如本实例中，若仅为垂直侵彻则可建立 1/4 模型，以减少计算单元数量，但若考虑斜侵彻则需建立 1/2 模型；若条件更为复杂则还应考虑攻角（在此，攻角定义为弹体速度方向与弹体轴线的夹角）。

在此，根据上述建立的等效几何模型进行计算几何模型的建立。计算几何模型的建立采用 cm - μs - g - Mbar（100 GPa）单位制，建立环境是有限元程序 Ansys/LS - Dyna，为了便于以后修改，采用 APDL（Ansys Parametric Design Language，Ansys 参数化设计语言）语言建模。在模型建立过程中，为了节省网格单元，加快求解过程，并且适合计算不考虑攻角影响条件下的斜侵彻，建立 1/2 模型。

弹体模型的建立，是在二维模型的基础上，通过旋转生成三维立体模型。二维模型按由底向上的顺序建立，即先建立计算几何模型的关键点，由点连成线，由线生成面，最后生成二维模型。虽然采用"点—线—面—体"的建模思想，但是考虑到后续网格划分及部件分块，在确定点、线、面时需对后面的网格划分进行通盘考虑。计算几何模型的建立过程如下。

（1）全弹计算几何模型。

图 3.4 所示为全弹由底向上建模的计算几何模型构建过程。

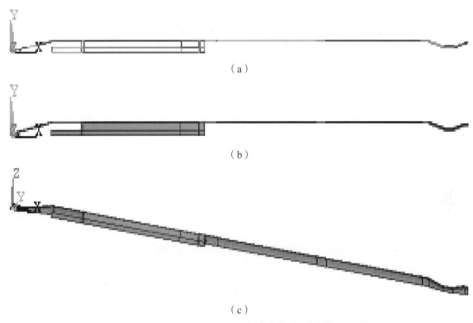

图 3.4　在 Ansys/LS – Dyna 中建立的全弹计算几何模型
（a）全弹线架模型；（b）全弹二维模型；（c）全弹三维模型

（2）火箭弹发动机分离后的计算几何模型

火箭弹发动机正常分离后，燃烧室和喷管被抛掉，所有部件的计算几何模型构建过程包括控制舱、战斗部舱和伞舱三部分，如图 3.5 所示。

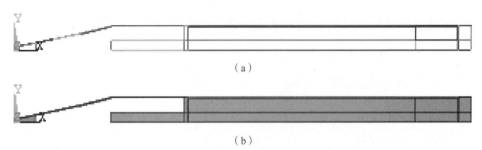

图 3.5　在 Ansys/LS – Dyna 中建立的火箭弹发动机分离后的计算几何模型
（a）火箭弹发动机正常分离后的部件线架模型；（b）火箭弹发动机正常分离后的部件二维模型

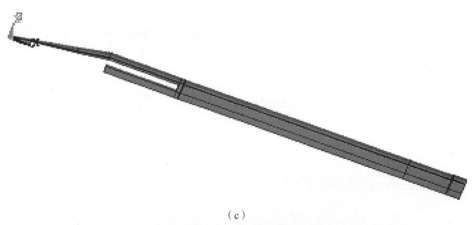

(c)

图3.5 在Ansys/LS – Dyna中建立的火箭弹发动机分离后的计算几何模型（续）
(c) 火箭弹发动机正常分离后的部件三维模型

3) 模型离散化

全弹计算几何模型离散化后建立的有限元模型如图3.6所示。有限元模型按照真实结构分为4个舱段，其中发动机舱段包括：燃烧室和喷管。进行有限元模型的离散化时，因为选择LS – Dyna进行计算，所以需划分结构体网格，所有部分均采用六面体结构体网格进行划分。在前面计算几何模型建立过程中已经考虑了后续模型离散化，模型的体按一定规则建立，因此，只需要设置好最小网格尺寸即可。

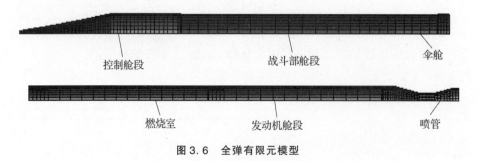

图3.6 全弹有限元模型

图3.7~图3.10所示依次为控制舱段、战斗部舱段、伞舱段、发动机舱段有限元模型网格示意。

图3.11所示为建立的土壤靶板有限元模型网格示意，靶板中间位置受火箭弹弹体冲击侵彻，因此对网格进行了加密处理。

第3章 有限元分析前处理及网格划分

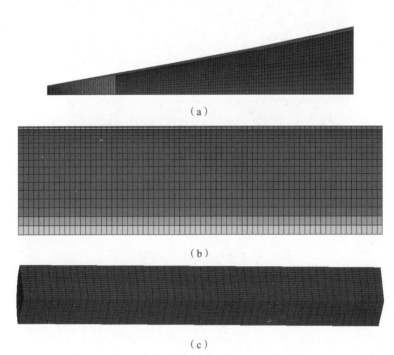

图3.7 控制舱段有限元模型网格示意
(a) 控制舱前端网格；(b) 控制舱壳体网格；(c) 控制舱配重块网格

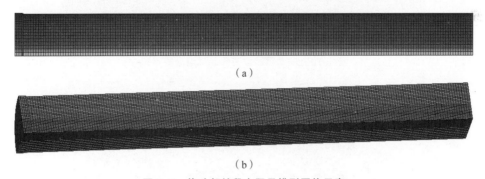

图3.8 战斗部舱段有限元模型网格示意
(a) 战斗部壳体网格；(b) 战斗部装药网格

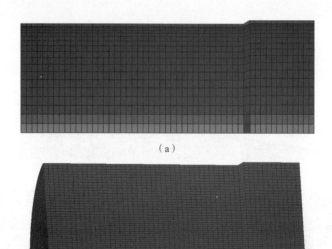

图 3.9 伞舱段有限元模型网格示意

(a) 伞舱壳体网格；(b) 伞舱内部网格

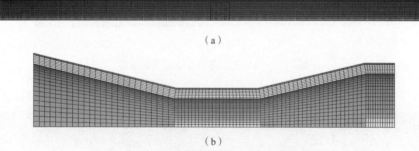

图 3.10 发动机舱段有限元模型网格示意

(a) 燃烧室网格；(b) 喷管网格

图 3.11 土壤靶板有限元模型网格示意

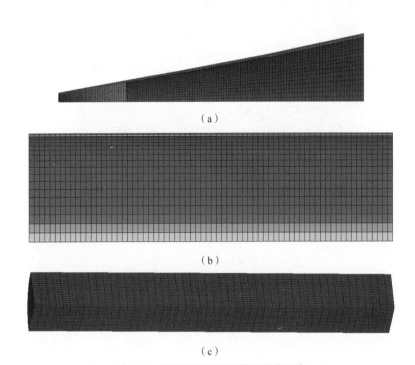

图 3.7 控制舱段有限元模型网格示意

(a) 控制舱前端网格;(b) 控制舱壳体网格;(c) 控制舱配重块网格

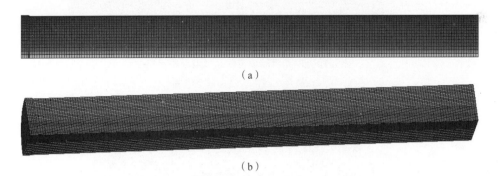

图 3.8 战斗部舱段有限元模型网格示意

(a) 战斗部壳体网格;(b) 战斗部装药网格

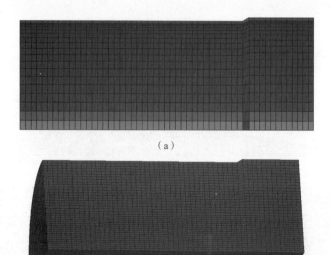

图 3.9 伞舱段有限元模型网格示意

(a) 伞舱壳体网格；(b) 伞舱内部网格

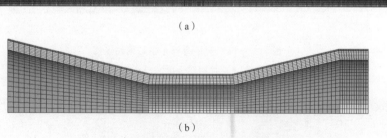

图 3.10 发动机舱段有限元模型网格示意

(a) 燃烧室网格；(b) 喷管网格

图 3.11 土壤靶板有限元模型网格示意

在网格划分过程中，采用网格疏密控制技术，既可将主要关心区域网格细化，反映问题的实质，又可将非重要区域网格粗化，以减少网格数，缩短计算时间。例如：在火箭弹弹体垂直侵彻土壤时，弹头部是侵彻过程的首要受力部件，且弹头部的变形可直接影响火箭弹弹体的侵彻姿态，因此应对其予以网格细化，如图 3.11 所示。

4）材料模型及数值参量设置

对弹体上的不同材料，根据其各自特点，选用不同材料模型，以真实体现各种材料在作用过程中的作用状态。在本实例中，弹体和靶板撞击所产生的现象与弹体撞击速度、撞击角度、弹体和靶板介质的形体和尺寸（特别是靶板的厚度方向）、弹体和靶板的材料性能等有关。随着撞击速度由低至高变化，弹体和靶板材料依次发生弹性变形、塑性变形、流体弹塑性变形、断裂甚至相变、粉碎甚至爆炸。这就需要考虑弹体的冲击速度，由于所研究问题的速度不是很高，所以材料采用弹塑性随动硬化模型。

弹塑性随动硬化模型（LS – Dyna 计算中的一种常用材料模型）在加载段应力 – 应变关系保持线性，当应力大于屈服应力时，材料进入塑性阶段，此后如果继续加载，应力 – 应变关系仍为线性，但是斜率发生变化。卸载曲线与加载段曲线斜率相同，这样当完全卸载后，材料中将保留永久的塑性变形。

在利用该模型处理材料破坏失效时，将等效应变作为材料失效判据。结合本实例研究的主要问题，控制舱壳体、战斗部壳体、伞舱壳体、伞、燃烧室、喷管等部件均采用弹塑性随动硬化模型，根据相关文献，土壤材料也可认为是塑性可压缩材料，因此，弹塑性随动硬化模型也可用于该材料，具体参数列于表 3.2 中。

表 3.2 材料模型计算参数

部件	材料	$\rho/(\mathrm{g \cdot cm^{-3}})$
控制舱前端	铝	2.76
配重块	配重	7.93
控制舱壳体	钢	7.82
战斗部壳体	钢	7.85
炸药	高能炸药	1.8
伞	配重	0.56

续表

部件	材料	$\rho/(\text{g}\cdot\text{cm}^{-3})$
燃烧室	钢	7.85
喷管	钢	7.82
土壤	硬土	1.6

4. 边界条、初始条件参数等的设置

1) 边界条件参数设置

用拉格朗日单元建模时,单元网格边界就是实际材料边界,材料边界为自由面。为了消除边界效应,对于侵彻问题,通常靶板有限元模型为弹体口径的5倍,并在靶板模型边界节点上施加压力非反射边界条件,以避免应力波在自由面的反射对计算结果的影响。

为了节省网格单元,减小一次迭代的计算量,加快求解过程,建立计算几何模型为1/2模型或1/4模型。因此,在弹靶侵彻系统每个部件的对称面添加平行于该面法线方向的位移约束,而在靶板的边界添加全约束,即位移边界。在具体计算时,赋予边界上节点在冲击方向的位移为零,如图3.12所示。

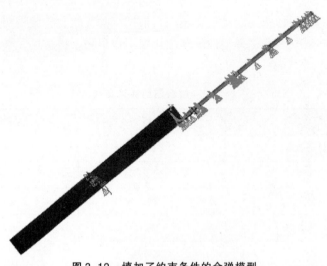

图3.12 填加了约束条件的全弹模型

2）接触参数设置

前文已介绍过，接触实际上是一个力传递的过程，通过接触实现力在不同部件之间的彼此传递。因为部件通过网格进行体现，所以接触计算具体体现为两个部件节点和单元之间力的传递函数，两个部件的密度等物理属性不同，力以波动形式在传递过程中也不尽相同；因此，接触算法的选择及参数设置是准确计算的核心。冲击、侵彻现象的实际是弹体不断对靶板进行侵彻、靶板材料不断破坏的过程。本实例为侵彻问题，因此，在模型计算中采用面面侵彻接触（CONTACT_ERODING_SURFACE_TO_SURFACE）来定义火箭弹对土壤靶板的侵彻作用。对于细长弹体和土壤之间侵彻，由于其接触刚度较大，故根据已有经验取值为10。

3）初始条件参数设置

对于弹体侵彻，初始条件主要设置弹体的侵彻速度，即设置弹体在模型建立坐标系下的 X 轴、Y 轴和 Z 轴速度。可根据具体需要，进行速度分解以获得弹体在模型建立坐标系下的 X 轴、Y 轴和 Z 轴速度。设置时需与建立计算几何模型时所采用的单位制一致，因此采用 cm - μs 单位制设置弹体侵彻速度。

经过上述处理就生成了可以用于计算的 K 文件，完成了整个有限元前处理过程，弹头部网格加密，弹体、靶板均采用1/4模型，对称面加对称约束，靶板周围加固定约束，靶板周围面和下底面加边界非反射条件，整个计算几何模型共划分 326 833 个单元、355 737 个节点，如图3.13所示。将有限元分析前处理获得的 K 文件输入求解器就可以进行计算了，典型计算结果如图3.14所示。

图 3.13　正常分离垂直侵彻状态弹靶系统计算几何模型

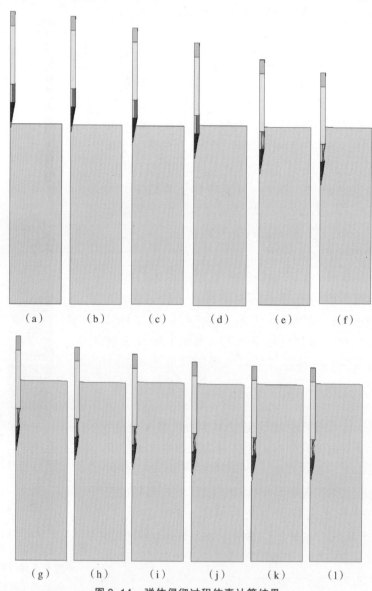

图 3.14 弹体侵彻过程仿真计算结果

(a) 侵彻 1 ms；(b) 侵彻 2 ms；(c) 侵彻 5 ms；(d) 侵彻 10 ms；
(e) 侵彻 15 ms；(f) 侵彻 20 ms；(g) 侵彻 25 ms；(h) 侵彻 30 ms；
(i) 侵彻 35 ms；(j) 侵彻 40 ms；(k) 侵彻 45 ms；(l) 侵彻 50 ms

3.2 常用计算网格类型及网格划分方法

3.2.1 结构和非结构网格

目前人们习惯利用网格形状对结构网格（Structural Mesh）与非结构网格（Unstructral Mesh）进行区分，通常称四边形及六面体网格为结构网格，而将结构网格之外的网格统统称为非结构网格。从严格意义上讲，结构网格是指网格区域内所有内部点都具有相同的毗邻单元。同结构网格定义对应，非结构网格是指网格区域内的内部点不具有相同的毗邻单元。即与网格剖分区域内不同内部点相连的网格数目不同。

结构网络和非结构网格的差异具体体现为：数值计算需要知道每个节点的坐标，以及每个节点的所有相邻节点。对于结构网格来说，在数值离散化过程中，需要通过结构网格节点间的拓扑关系获得所有节点的几何坐标；而对于非结构网格，节点坐标是显式存储在网格文件中，因此并不需要进行任何解析工作，只能通过遍历寻找。这就决定了求解器对结构网格和非结构网格文件的解析过程是不同的。非结构网格求解器只能读取非结构网格，因为非结构网格求解器缺少将结构网格几何拓扑规则映射到节点坐标的功能。结构网格求解器无法读取非结构网格，因为非结构网格缺少节点间的拓扑规则。

网格算法中的"结构网格"，指的是网格节点间存在数学逻辑关系，相邻网格节点之间的关系是明确的，在网格数据存储过程中，只需要存储基础节点的坐标而无须存储所有节点的空间坐标。

图 3.15 所示为典型的二维结构网格。对于二维结构网格，通常用 i, j 代表 x 及 y 方向的网格节点（对于三维结构，利用 k 代表 z 方向）。对于图 3.15 所示网格，在网格数据存储过程中，只需要保存 $i=1$, $j=1$ 位置的节点坐标以

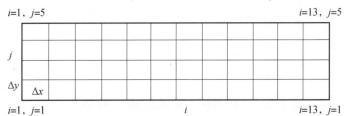

图 3.15 典型的二维结构网格

及 x，y 方向网格节点间距，则整套网格中任意位置的网格节点坐标均可得到。

需要注意的是，结构网格的网格间距可以不相等，但是网格拓扑规则必须是明确的，如节点（3，4）与（3，5）是相邻节点。图 3.15 中的网格也可以是非结构网格，如果在网格文件中存储的是所有节点的坐标及节点间连接关系，而没有网格拓扑规则，那么这套网格即非结构网格。因此，所有结构网格均可以转化为非结构网格形式；相反，并非所有非结构网格均能转化为结构网格形式，因为满足结构化条件的节点间拓扑关系不一定能够找到。

结构网格有很多优点，如下所示。

（1）可以很容易地实现区域边界拟合，适用于流体和表面应力集中等方面的计算。

（2）网格生成速度快。

（3）网格生成质量好。

（4）数据结构简单。

（5）对曲面或空间的拟合大多数采用参数化或样条插值方法得到，区域光滑，与实际模型更接近。

当然，结构网格也有自己的缺点，其最典型的缺点是适用范围比较窄，只适用于形状规则的图形，且因为每个单元节点具有相应单元数，网格过渡不好实现；此外，结构网格划分时间比较长，相当于用前期建模时间换取后期计算时间，而且结构网格划分需要技巧，需要避免同一单元边长尺寸相差很大或整个区域网格尺寸变化很大带来的单元质量很差的问题。尤其随着近几年计算机和数值方法快速发展，人们对求解区域复杂性的要求越来越高，在这种情况下，结构网格生成技术显得力不从心。目前，TrueGrid、Hypemesh 均是比较好的结构网格建模工具。

3.2.2 两种网格划分方法

在有限元分析中，网格分为四面体网格和六面体网格，四面体网格划分较简单，六面体网格划分较复杂。四面体网格划分有自动划分以及从 2 – D（三角形）到 3 – D（四面体）的方法。六面体网格划分方法多样，主要有两种，一种是以 Ansys 前处理为代表的"点—线—面—体"逐级建立形成结构，然后进行网格划分的方法和以 TrueGrid 前处理为代表的基于网格映射思想进行网格划分的方法。

3.2.2.1 "点—线—面—体"建模后进行网格划分的方法

"点—线—面—体"建模后进行网格划分的方法采用一种从低阶到高阶的

建模思想,在建模之前就需要考虑模型网格的划分。通常,实体模型图元的层次关系为:关键点(Keypoint)—线(Line)—面(Area)—体(Volume)。以这种方法建立模型并划分结构网格的过程较复杂,需要提前设计好关键点以及线和面,以便后面的结构网格划分。在此,以聚能装药计算模型(炸药与药型罩)为例,进行建模方法介绍,具体如下。

1. 明确主要组成

首先,确定需要计算的具体内容(如爆炸成型弹丸形成过程、形成后的速度等),明确算法(采用欧拉法还是拉格朗日法),明确是否建立空气域,然后进行建模。这里以拉格朗日法建立的炸药和药型罩为例进行说明。

2. 建立关键点

考虑炸药和药型罩界面节点对应(即界面处共节点)问题,以及网格划分方法,整体设计需要划分的网格(含炸药和药型罩),并根据整体结构设计情况建立17个关键点(图3.16)。

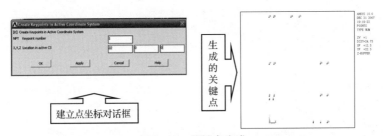

图 3.16　关键点生成

3. 点连成线

根据前期网格划分整体考虑,明确下一步要生成的四边面,将所有相近的关键点两两相连生成线,共建立23条线,为生成面做准备,如图3.17所示。

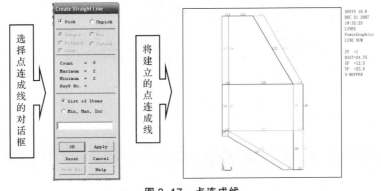

图 3.17　点连成线

4. 线生成面

根据前期网格划分整体考虑，明确下一步要生成的旋转体，对所有4条相近线进行选择，生成凸四边面，共生成10个面，为体的生成做好准备，如图3.18所示。

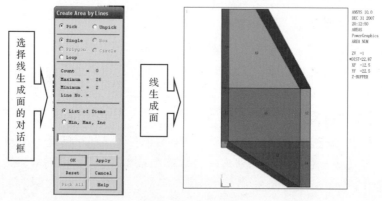

图3.18 线生成面

5. 面生成体

根据几何体生成方式（一般为拉伸、旋转等）以及网格划分的整体考虑，将所有面旋转180°生成体，共生成20个体（0°~90°有10个，90°~180°有10个），如图3.19所示。

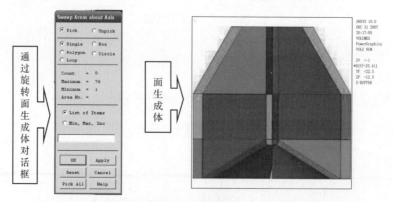

图3.19 面生成体

6. 对体进行网格划分

在面生成体后，在面上每条线确定划分网格个数（即确定网格的尺寸），这里要注意的是对应两条线上划分网格数量应相同，以确保网格划分可以进行下去，然后对生成体进行六面体网格划分（图3.20）。

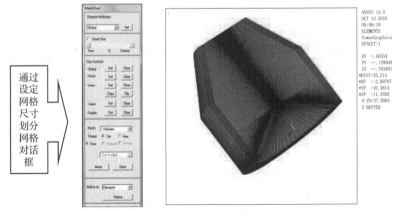

图 3.20 对体进行网格划分

3.2.2.2 基于映射的网格划分方法

基于映射的网格划分方法主要是利用投影方法将块体结构网格划分投射到一个或者多个几何表面上。这种投影方法消除了繁重的手工网格划分操作的烦恼,对于实体固体,六面体网格划分能力更突出,但需要强大的空间想象能力。下面使用 TrueGrid 前处理软件对这种网格划分方法做简单介绍。基于映射的网格划分思路如图 3.21 所示。首先,生成块体,并对块体进行网格划分,然后根据实际物体表面建立辅助面,最后将块体表面映射到辅助面上,自然就把网格拉伸开来。目前,采用该方法最常用的划分软件是 TureGrid,利用 TureGrid 软件通过映射划分圆柱体网格示意如图 3.22 所示。

生成块体 → 对块体进行网格划分 → 建立与实体一样的辅助面 → 将块体表面往辅助面上投影

图 3.21 基于映射的网格划分思路

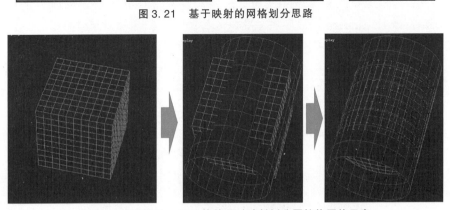

图 3.22 利用 TrueGrid 软件通过映射划分圆柱体网格示意

3.3 常用网格划分软件及 TureGrid 网格划分实例

3.3.1 常用网格划分软件

CAE 工程师通常将 80% 的时间用于有限元模型的建立、修改和网格划分，主要是网格划分，而真正的分析求解时间消耗在计算机工作站上，因此采用一个功能强大、使用方便灵活，并能够方便地与众多 CAD 系统和有限元求解器进行数据交换的前、后处理工具，对于提高有限元分析工作的质量和效率具有十分重要的意义。下面介绍一些常用网格划分软件及它们各自的工作环境、特点、优/缺点等。

（1）ICEM - CFD。该软件主要有 4 个模块：Tetra（最高水平）、Hexa（方便使用）、Global（笛卡儿网格划分）、AutoHexa（应用不多）。该软件拥有强大的 CAD 模型修复、自动中面抽取、网格"雕塑"、网格编辑以及广泛的求解器支持能力。该软件接口多，几乎支持所有流行的 CFD 软件（包括 CATIA、CADDS5、ICEM Surf/DDN、I - DEAS、SolidWorks、Solid Edge、Pro/E 和 UG 等），使用方便，一个月内可以学会，两个月就可以针对课题开展工作。同时，该软件还有后处理模块 Visual3，但应用相对较少。

（2）Gridgen。该软件是专业的网格生成器，能够较好地划分结构网格，可以生成多块结构网格、非结构网格和混合网格，还可以引进 CAD 输出文件作为网格生成的基础。该软件生成的网格可以输出十几种常用商业流体软件数据格式，直接供商业流体软件使用。对用户自编的 CFD 软件，可选用公开格式（Generic）。Gridgen 网格生成主要分为传统方法和各种新网格生成方法，形成了各种现代网格生成技术。传统方法的思路是由线到面、由面到体的装配式生成。各种新网格生成法，如推进方法可以高速地由线推出面，由面推出体。另外，该软件还采用了转动、平移、缩放、复制、投影等多种技术。

（3）Pointwise。无论是结构网格、非结构网格，还是混合网格，Pointwise 软件均可通过其高质量的网格技术配合其强大的网格生成控制功能，使用户在占用最少计算机资源的情况下得到最精确、最可靠的网格划分结果。此外，在灵活性方面，首先该软件采用自动化技术，可以生成和在人工干预及控制下生成的同样高质量的网格，其次该软件可以从不太完美的 CAD 数据生成符合求解器要求的高质量网格。该软件的界面带给用户崭新的视觉享受，也充分考虑了用户的使用习惯,增添了许多新的操作功能。

(4) Gambit。Gambit 是目前最常用的 CFD 前处理器,它具有在 ACIS 内核基础上全面三维几何建模能力,可通过多种方式直接建立点、线、面、体,而且具有强大的布尔运算能力,且 ACIS 内核已发展为 ACIS R12。该功能大大领先于其他 CAE 软件前处理器。该软件可以导入 PRO/E、UG、CATIA、SolidWorks、Ansys、PATRAN 等大多数 CAD/CAE 软件所建立的几何模型和网格。导入过程新增自动公差修补几何功能,以保证与 CAD 软件接口的稳定性和保真性,使几何模型质量高,并大大减少了 CAE 工程师的工作量。其强大的几何修正功能,在导入几何模型时会自动合并重合的点、线、面;新增几何修正工具条,在消除短边、缝合缺口、修补尖角、去除小面、去除单独辅助线和修补倒角时更加快速、自动、灵活,而且准确保证几何模型的精度。居于行业领先地位的尺寸函数(Size Function)功能可使用户自主控制网格生成过程以及网格在空间上的分布规律,使网格的过渡与分布更加合理,最大限度地满足 CFD 分析的需要。可以说 Gambit 是目前最有优势的 CFD 网格软件,功能十分强大,但其要在 Exceed 环境下使用,占用内存比较多。

(5) CFX – build。CFX – build 是一种以结构分析软件 MSC/PATRAN 为基础的图形处理系统,会用 PATRAN 就会用它。通过它可以直接访问各种 CAD 软件,可以从任一 CAD 系统以 IGES 格式直接读入 CAD 图形。该软件具有很强大的操作功能,具有出色的几何造型能力,具有高度自动的曲面和体网格划分能力,可以保证生成高质量的网格。

(6) CFD – Geomild。通常传统的有限元网格生成过程乏味而且复杂,该软件很好地提供了解决这些问题的办法,并有效地促进模型的建立和网格的划分。该软件具有大量的几何结构、丰富的网格生成方法,支持多种几何体、网格以及边界条件的输出等。目前 CFD – Geomild V2009 增加了许多新功能,包括表面网格离散、表面三角网格推进式生成等。

(7) HyperMesh。HyperMesh 是目前最为常用的一款网格划分软件。在处理几何模型和有限元网格的效率和质量方面,HyperMesh 具有很好的速度、适应性和可定制性,并且模型规模没有限制,其强大的几何处理能力使它可以很快地读取那些结构非常复杂、规模非常大的模型数据,从而大大提高工作效率,也可使很多应用其他前、后处理软件很难或者不能解决的问题迎刃而解。HyperMesh 具有很高的有限元网格划分和处理效率,可以大大提高 CAE 工程师的效率。HyperMesh 具有工业界主要的 CAD 数据格式接口,可以直接导入已经生成的三维实体模型,而且一般导入模型的质量都很高,基本上不需要对模型进行修复。在建立和编辑模型方面,HyperMesh 为用户提供一整套先进的、完善的、易于使用的工具包。对于二维和三维建模，用户可以使用各种网格生成模板以及强大的自动网格划分模块。

（8）TrueGrid。TrueGrid 是一款较为常用和好用的网格划分软件，用户可以完全控制网格设计，所有网格由块结构化六面体或四边形网格构成。该软件与当前流行的模拟软件完全兼容，除了简单地生成网格，还可以进行预处理操作，生成控制参数、选项、载荷、接触面以及条件等，还可以指定单元类型、剖面以及材料属性等。TrueGrid 适用于流固耦合分析，其块结构化设计和投影方法可创建用于流体或结构力学分析的网格。此外，利用该软件可以很轻松完美地构建结构与流体界面，可以将一个网格嵌入其他网格。TrueGrid 可以交互式地或通过脚本进行操作，脚本语言可用于持续地重定义模型，可以使用参数、代数公式、条件语句、循环语句、数组以及用户自定义方程等。

3.3.2 TrueGrid 网格划分实例

如上文所介绍的，TrueGrid 是一款功能强大的软件，被广泛使用。TrueGrid 的投影方法（基于投影几何学）免去了设计者指定结构详细信息的需要。这种精确的投影方法能够处理复杂的几何结构——建立大型复杂的涡轮、喷气发动机、泵、机翼、传动器甚至人体结构模型。表面和曲线可以有无限制的任意曲率。用户只需选取表面，TrueGrid 会完成其余工作。节点会自动地分布在表面上，而边界上的节点会自动置于这些表面的交界面上。下面通过一个简单的例子介绍 TrueGrid 网格划分过程。在此，对其生成初始块体网格、删去多余区域、添加辅助面、向辅助面映射、生成初始圆柱块体网格和网格节点增加或减少过渡，共 6 个最为基本的操作进行简单介绍。

1. 生成初始块体网格

block 命令用于初始化方形网格。block 命令的完整形式为"block i – list; j – list; k – list; x – list; y – list; z – list;"。其中，i – j – k – list 是网格索引；x – y – z – list 是索引对应的物理坐标。如下命令可生成图 3.23 所示的形状。

```
命令：block 1 3 5 7 9;
      1 3 5 7 9;
      1 3 5 7 9;
      -2.5 -2.5 0 2.5 2.5;
      -2.5 -2.5 0 2.5 2.5;
      -2.5 -2.5 0 2.5 2.5;
```

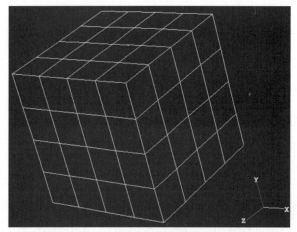

图 3.23　上述 block 命令所生成的形状

2. 删去多余区域

dei 命令用于删去多余区域，由空间中的两个对角点确定一个区域。在这个例子中物理网格再删除后直观上没有发生变化，但是计算网格有变化，由之前与物理网格相同的网格变为图 3.24 所示的网格。

```
命令：dei 1 2 0 4 5; 1 2 0 4 5;
     dei 1 2 0 4 5; 1 2 0 4 5;
     dei ;1 2 0 4 5; 1 2 0 4 5;
```

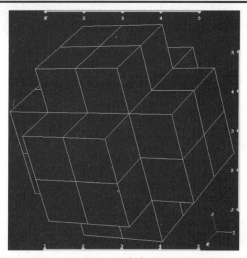

图 3.24　上述 dei 命令所删除的区域

3. 添加辅助面

sd 命令用于生成辅助平面、圆面、圆柱面或其他曲面。sd 命令的完整形式为"sd surface_name type parameter"。其中，平面为"plane x0 y0 z0 xn yn zn"；圆柱面为"cy x0 y0 z0 xn yn zn radius"；圆球面为"sp x0 y0 z0 radius"。例如，"sd 1 sp 0 0 0 5"表示生成的辅助面1（sd 后的序号）为球面，球心在原点处，半径为 5，如图 3.25 中红色面为辅助球面。

命令：sd 1 sp 0 0 0 5;

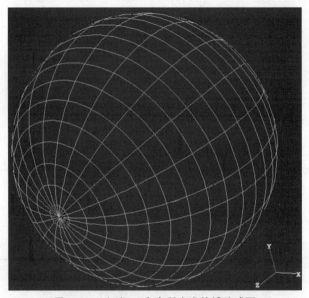

图 3.25　上述 sd 命令所生成的辅助球面

4. 向辅助面映射

sfi 命令用于将区域映射到指定平面或区域，与 dei 命令类似，由空间中两个对角点确定一个区域。例如，"sfi -1 -5;-1 -5;-1 -5;sd 1"表示将之前整个体的外表面投影到辅助球面 1 上，投影后，隐藏辅助面效果如图 3.26 所示。

命令：sfi -1 -5;-1 -5;-1 -5;sd 1;

5. 生成初始圆柱块体网格

使用 TureGrid 软件，除了可以通过 block 命令初始化生成方形网格外，还

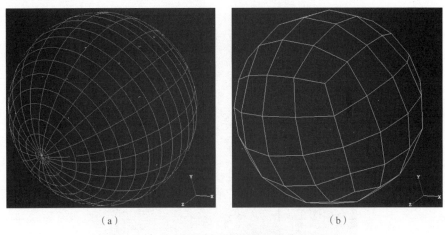

(a)   (b)

图 3.26　整个体的外表面投影到辅助球面 1 上

(a) 带辅助面的球面；(b) 不带辅助面的球面

可以通过 cylinder 命令初始化生成圆柱块体网格，以便于圆柱形结构网格的建立。cylinder 命令用于初始化圆柱块体网格。cylinder 命令的完整形式为"cylinder i – list；j – list；k – list；r – list；φ – list；z – list；"。其中，i – j – k – list 是网格索引；r – φ – z – list 是索引对应的物理坐标；j 方向对应的是 0～360°。如下命令可生成图 3.27 所示的圆柱块体网格。

命令：cylinder 1 5；
　　　1 20；
　　　1 5；
　　　0 5；
　　　0 360；
　　　0 5；

6. 网格节点增加或减少过渡

bb 命令用于定义块体边界界面为主面，trbb 命令用于定义块体边界界面为从面。通过二者联合使用可在不同部件之间以及部件内部实现网格节点增加或减少过渡，以增加或减少网格节点数量。bb 命令和 trbb 命令通常有以下使用条件：①过渡区域不能有孔；②需先用 bb 定义主面，且主面只有一个，而从面可有多个；③进行网格疏密渐变的块体主、从面网格比例应为 4∶2 或 3∶1。bb 和 trbb 命令生成的网格过渡效果如图 3.28 所示。

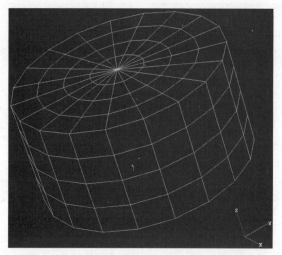

图 3.27　cylinder 命令所生成的圆柱块体网格

命令：block 1 5;1 7;1 4;0 4;0 6;0 3;
　　　bb 2 1 1 2 2 2 1;
　　　block 1 5;1 3;1 2;4 8;0 6;0 3;
　　　trbb 1 1 1 1 2 2 1;
　　　endpart
　　　merge

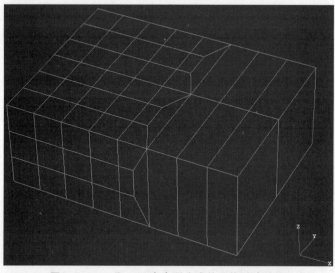

图 3.28　bb 和 trbb 命令所生成的网格过渡效果

3.4 基于参数化的网格划分技术与实例

参数化设计可以通过改动图形（模型）某一部分或某几部分的尺寸自动完成对图形中相关部分的改动，从而实现尺寸对图形（模型）结构的驱动，因此，深受工程设计人员欢迎。对于网格划分这种技术含量较高的工作也可以通过一次参数化设计实现，这就对网格划分人员提出了较高要求。最为典型的是 Ansys 提供了 APDL，可进行网格参数化设计。当然，TrueGrid 命令建模同样也可实现模型网格划分参数化设计。

3.4.1 APDL 及参数化网格划分实例

APDL 的全称是 Ansys Parametric Design Language（Ansys 参数化设计语言），可用来完成一些通用性强的任务，也可以用来建立模型，它不仅是优化设计和自适应网格划分等 Ansys 经典特性的实现基础，也为日常分析提供了便利。用户可以利用程序设计语言（APDL）将 Ansys 命令组织起来，编写出参数化用户程序，从而实现有限元分析全过程，即实现 CAD 模型建立、材料参量定义、载荷和边界条件定义、分析控制和求解以及后处理的参数化。总而言之，采用 APDL 可实现有限元模型的参数化建立。下面利用 APDL 在 Ansys 中建立一个药型罩模型并划分六面体网格。

首先了解 APDL 程序文件格式。通常采用记事本（.txt）即可以进行 APDL 程序编写，其后缀为".ans"，如图 3.29 所示。启动 Ansys 软件后，选择"File"→"Read Input From…"命令，选择相应程序文件（图 3.30），单击"OK"按钮即可读入".ans"文件，程序将根据读入的".ans"文件自动生成模型。

名称	修改日期	类型	大小
liner_07_8_05.ANS	2007/8/13 22:19	ANS 文件	8 KB
Try-jiaocai -jindaoti.ans	2018/8/20 9:22	ANS 文件	2 KB
Try-jiaocai.ans	2018/8/19 21:11	ANS 文件	3 KB

图 3.29 建立的".ans"文件

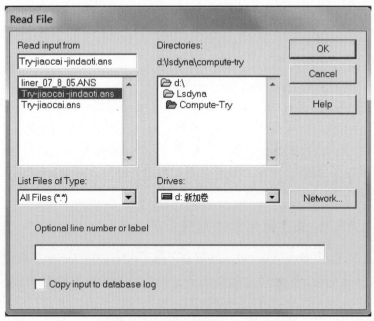

图 3.30　读入 ".ans" 文件

在建立药型罩前首先要对所建立的模型进行参数化设计，选择独立参量进行参数设定，以避免结构尺寸出现干涉问题，所建立的药型罩模型参数化设计的结构尺寸如图 3.31 所示。

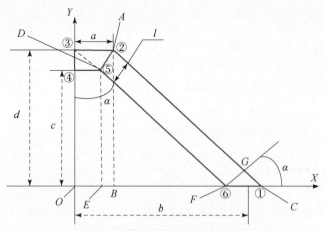

图 3.31　所建立的药型罩模型参数化设计的结构尺寸

由图 3.31 可见,用药型罩半锥角(α)、药型罩壁厚(l)、药型罩大端口径(D,$b = D/2$)、药型罩平面截顶圆半径(a)4 个变量即可完全表征该结构。

因此,首先定义变量。根据分析,定义 4 个变量即可完全描述药型罩的几何结构属性。

这 4 个变量如下。

药型罩半锥角:α;

药型罩壁厚:l;

药型罩大端口径:D,这里 $b = D/2$;

药型罩平面截顶圆半径:a。

根据以上所述,通过 APDL 设置相关变量,具体 APDL 程序如下。

```
命令:*AFUN,DEG      !设置角度计算单位为度
     !=========== 定义变量===========
     D = 44         !药型罩大端口径
     l = 1.6        !药型罩壁厚
     a = 4          !药型罩平面截顶圆半径
     r = 60         !药型罩半锥角
```

要实现药型罩结构模型建立和网格划分,首先要建立 6 个关键点。根据图 3.31,只要知道各点坐标,就可以比较容易地建立各关键点,通过 APDL 可编写求各关键点具体坐标的程序如下。

```
命令:!============药型罩===================
     k,1,D/2,0,0
     k,2,a/2,(1/tan(r))*(D/2-a/2),0
     k,3,0,(1/tan(r))*(D/2-a/2),0
     k,4,0,(1/tan(r))*(D/2-a/2)-l,0
     k,5,D/2-(l/cos(r))-((1/tan(r))*(D/2-a/2)-l)*tan(r),(1/tan(r))*(D/2-a/2)-l,0
     k,6,D/2-(l/cos(r)),0,0
```

通过上述程序可以建立关键点,如图 3.32 所示。

有了关键点后,可以通过点连成线,通过 APDL 语言编写点连成线的程序如下。

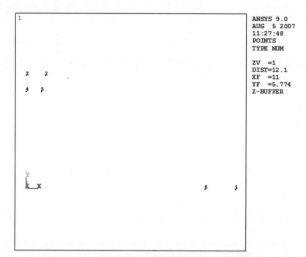

图 3.32　通过 APDL 编写程序建立的关键点

```
命令：!==药型罩==
      L,1,2
      L,2,3
      L,3,4
      L,4,5
      L,5,6
      L,6,1
      L,2,5
```

通过上述程序可以由点生成线，如图 3.33 所示。由图 3.33 可见，在生成线的时候，考虑到后续六面体网格划分填加了 L7 线，该线也是提前设计好的，由点 2 和点 5 连接生成；若不加这条线，后面将不易进行六面体网格划分。

有了线之后，可以根据线生成面，并基于面建立体，通过 APDL 编写由线生成面、由面旋转成体的程序如下。

```
命令：!===========建立面============
      !==药型罩==
      AL,2,3,4,7
      AL,1,7,5,6
      !===========建立体============
      !==药型罩==
      VROTAT,1,2,,,,,3,4,90
      NUMMRG,ALL, , , ,LOW
```

通过上述程序可以生成面和体，如图 3.34 所示。由图 3.34 可见，在生成面和体的时候，考虑到后续六面体网格划分生成了两个面，并由两个面旋转生成了两个体，从这里就可以看出加 L7 线的作用。

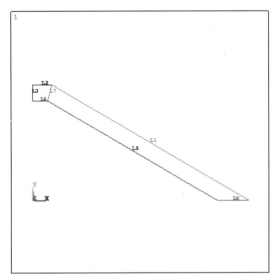

图 3.33　通过 APDL 编写程序生成的线

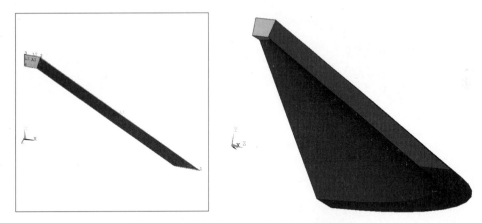

图 3.34　通过 APDL 编写程序生成的面和体

建立结构后，定义材料模型参数，对每条线进行划分，并划分网格。定义材料模型参数的命令如下，对于不同的材料模型，因参数长度不同，命令行数也不尽相同。对此可以查看具体说明，也可以根据 Ansys 建模时自动生成的".log"文件找到相应操作命令，编写相应程序。

命令：!(3)定义参数,单元类型、材料与实常数
!材料模型 1 药型罩
ET,1,SOLID164
MP,DENS,1,0.00000896
MP,EX,1,137
MP,NUXY,1,0.345
TB,EOS,1,,,1,2
TBDAT,1,0.09
TBDAT,2,0.21
TBDAT,3,0.31
TBDAT,4,0.025
TBDAT,5,1.09
TBDAT,6,1360
TBDAT,7,293
TBDAT,8,0.0010
TBDAT,9,380.0
TBDAT,10,-200.0
TBDAT,11,0.0
TBDAT,12,0.0
TBDAT,13,0.0
TBDAT,14,0.0
TBDAT,15,0.0
TBDAT,16,3940.0
TBDAT,17,1.49
TBDAT,18,0.0
TBDAT,19,0.0
TBDAT,20,1.99
TBDAT,21,0.47
TBDAT,22,0.0
TBDAT,23,1.0

命令：!(4)划分网格
!定义网格最小尺寸
ES1=0.15
ES2=0.25
ES3=0.30

!根据网格尺寸定义网格数量
NS1=(a/2)/ ES1
NS2=1/ES2
NS3=(1/tan(r))*(D/2-a/2)/ES3

!由每一根线划分网格线定义
NS5=(H-(1/tan(r))*(D/2-a/2)-n)/ES5
NS6=n/ES6
!根据网格数在线上划分网格
LESIZE,2, , ,NS1, , , , ,1
LESIZE,2, , ,NS1, , , , ,1
LESIZE,9, , ,NS1, , , , ,1
LESIZE,8, , ,NS1, , , , ,1
LESIZE,11, , ,NS1, , , , ,1
LESIZE,12, , ,NS1, , , , ,1
LESIZE,16, , ,NS1, , , , ,1
LESIZE,17, , ,NS1, , , , ,1

!竖线
LESIZE,3, , ,NS2, , , , ,1
LESIZE,7, , ,NS2, , , , ,1
LESIZE,10, , ,NS2, , , , ,1
LESIZE,6, , ,NS2, , , , ,1
LESIZE,15, , ,NS2, , , , ,1

!母线
LESIZE,1, , ,NS3, , , , ,1
LESIZE,5, , ,NS3, , , , ,1
LESIZE,13, , ,NS3, , , , ,1
LESIZE,14, , ,NS3, , , , ,1

定义完材料模型及参数后对每条线进行等分划分，划分前先定义最小网格尺寸，根据最小网格尺寸计算得到每根线上的网格数量，那么网格数量就可以以参数形式进行设置。通过上述程序可以对每条线进行网格划分，结果如图 3.35 所示。

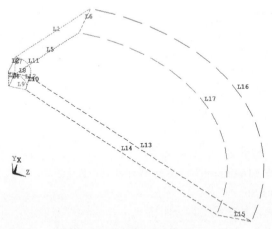

图 3.35　对线进行网格划分

然后，根据前面定义的单元类型和材料进行选择，选择好以后进行网格划分，每条线已经分好段，网格可以按需划分，具体程序如下。

```
命令：!定义类型，划分体 1,2
     type,1
     mat,1
     vmesh,1,2
```

通过上述程序可以进行体的单元划分，划分后结果如图 3.36 所示。

图 3.36　划分网格的药型罩

划分完网格后，进行部件创建，并采用 EDCGEN 命令定义接触，因只有一个药型罩，所以在此不再进行接触定义。网格划分完后进行边界条件定义，上述建立的药型罩因为是 1/4 结构，所以定义 X 方向和 Z 方向约束条件，命令如下，结果如图 3.37 所示。

```
命令：! 边界条件
      DA,1,UX,
      DA,2,UX,

      DA,6,UZ,
      DA,10,UZ,
      EDPART,CREATE
```

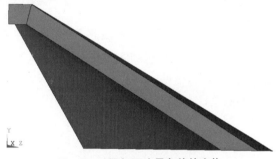

图 3.37　添加了边界条件的实体

最后定义求解条件，并输出计算文件（如 K 文件），APDL 程序如下。输出 K 文件后，可对 K 文件进行部分修改，如修改材料类型、增加控制关键字等，然后进行计算。

```
命令：!(7)定义求解参数
      TIME,0.15
      EDRST,50
      EDHTIME,10
      EDCTS,0,0.4
      EDOUT,NCFORC
      EDOUT,MATSUM
      ALLSEL,ALL
      SAVE
      FINISH

      !(8)进入求解器，输出 K 文件
      /SOLU
      EDWRITE,LSDYNA,'liner08','k',' '
```

3.4.2　TureGrid 参数化网格划分实例

使用 TureGrid 软件也同样可以进行参数化模型的建立，其原理和思路与上述 APDL 编程一样，只是所使用语言不相同。首先也要进行结构分析，确定结构特征尺寸。在此以平顶单锥药型罩结构为例进行说明，如图 3.38 所示。进行 SolidWorks 三维建模，在 SolidWorks 软件平台上利用其尺寸驱动功能，根据 TureGrid 软件参数化建模的需要，选用 L1、L2、L3、L4、L5、D1、D2、D3、D4、A1、

图 3.38　平顶单锥装药结构

A2、A3、R3 共 13 个参量表征平顶单锥药型罩结构，如图 3.39 所示。13 个参量形成参数化建模所需的一个完整尺寸链。

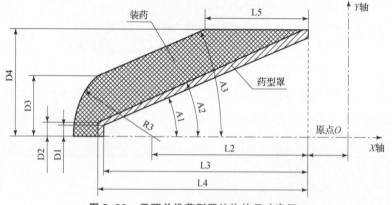

图 3.39　平顶单锥药型罩结构的尺寸表征

根据仿真计算的需要，设置最小网格尺寸参量（Mesh_S），将表征药型罩结构的 13 个参量（L1、L2、L3、L4、L5、D1、D2、D3、D4、A1、A2、A3、R3）中长度量度值（10 个）均除以最小网格尺寸，获得每个长度尺寸上的节点数（辅助参量共 15 个：径向 9 个、轴向 6 个），并根据锥锥过渡的具体情况，通过八部分分体建模方法，实现模型每一部分的建立，并通过 bb、trbb 命令实现网格 1 对 3（Ratio 1∶3）或 3 对 1（Ratio3∶1）过渡映射，如图 3.40 所示，以保证建立模型网格的均匀性。具体参数化离散算法列于下方，形成的离散化模型如图 3.41 所示。

第 3 章 有限元分析前处理及网格划分

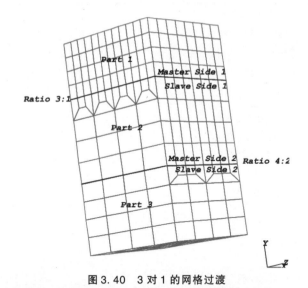

图 3.40　3 对 1 的网格过渡

图 3.41　平顶单锥药型罩结构离散化模型

```
命令：c 单位制：cm-us-g-Mbar
      c 空气：4  药型罩：2  炸药：1
      c
plane 1 0 0 0 1 0 0 0.001 symm;
plane 2 0 0 0 0 1 0 0.001 symm;
c 定义参数;
parameter Air_BD 0.900
          L1 0.380
          L2 2.550
          L3 3.360
          L4 3.470
          L5 1.700
          D1 0.183
          D2 0.229
          D3 0.980
          D4 1.730
          R3 1.340
          TL 13.520
          Ang_1 23.000
          Ang_2 24.000
```

命令（续）：Ang_3 23.000
        Mesh_S 0.12000
        RongCha 0.00500
        C_K1 0.050
        C_K2 0.080
        C_K3 0.250
        Air_LD1 0.500
        Air_LD2 0.300
        Air_LD3 0.200
        K_Co 1.010
        D_CCo 0.300
        Ij_CCo_2 1.000
        Ang_Co_1 1.400
        Ang_Co_2 3.000;
c 辅助参量;
  parameter Air_B   [%Air_BD*2*%D4]
            Air_L1 [%Air_LD1*%TL]
            Air_L2 [%Air_LD2*%TL]
            Air_L3 [%Air_LD3*%TL]
            L_L2R3 [%L2+%R3]
            L_L3R1 [%L3+%Air_L1]
            Temp_L2 [sqrt(%R3*%R3-%D2*%D2)]
            Temp_L5 [sqrt(%R3*%R3-%D3*%D3)]
            Temp_K1 [%C_K1*(%D3-%D2)]
            Temp_K2 [(%C_K1+%C_K2)*(%D3-%D2)]
            Temp_K3 [(%C_K1+%C_K2+%C_K3)*(%D3-%D2)]
            Temp_K11 [%Temp_K1/tan(%Ang_2)]
            Temp_K12 [%Temp_K1/tan(%Ang_Co_1*%Ang_1)]
            Temp_K13 [%Temp_K1/tan(%Ang_Co_2*%Ang_1)]
            Temp_K21 [%Temp_K2/tan(%Ang_2)]
            Temp_K22 [%Temp_K2/tan(%Ang_Co_1*%Ang_1)]
            Temp_K23 [%Temp_K2/tan(%Ang_Co_2*%Ang_1)]
            Temp_K31 [%Temp_K3/tan(%Ang_2)]
            Temp_K32 [%Temp_K3/tan(%Ang_Co_1*%Ang_1)]
            Temp_K33 [%Temp_K3/tan(%Ang_Co_2*%Ang_1)]
            Temp_M1 [(%C_K1)*(%D3-%D1)]
            Temp_M12 [%Temp_M1/tan(%Ang_2)]
            Temp_M13 [%Temp_M1/tan(%Ang_Co_2*%Ang_1)]
            Temp_M2 [(%C_K1+%C_K2)*(%D3-%D1)]
            Temp_M22 [%Temp_M2/tan(%Ang_1)]
            Temp_M23 [%Temp_M2/tan(%Ang_Co_2*%Ang_1)]

命令（续）：Temp_M3   [(%C_K1+%C_K2+%C_K3)*(%D3-%D1)]
Temp_M32 [%Temp_M3/tan(%Ang_1)]
Temp_M33 [%Temp_M3/tan(%Ang_Co_2*%Ang_1)]
Temp_D5   [%D1+(%L3)*tan(%Ang_1)]
Temp_D6   [%Air_B*sin(%Ang_3)];
c 网格参量
parameter
ij1 [max(1,nint(%D1/%Mesh_S))]
ij1_1 [max(1,nint(%Ij_CCo_2*%D1/%Mesh_S))]
ij2 [max(1,nint(%C_K1*(%D3-%D2)/sin((%Ang_1+%Ang_2+%Ang_3)/3)/%Mesh_S))]
ij3 [max(1,nint(%C_K2*(%D3-%D2)/sin((%Ang_1+%Ang_2+%Ang_3)/3)/%Mesh_S))]
ij4 [max(1,nint(%C_K3*(%D3-%D2)/sin((%Ang_1+%Ang_2+%Ang_3)/3)/%Mesh_S))]
ij5 [max(1,nint((%D3-%D2-%Temp_K3)/ sin((%Ang_1+%Ang_2+%Ang_3)/3)/%Mesh_S))]
ij6 [max(1,nint((%Temp_D5-%D3)/sin((%Ang_1+%Ang_2+%Ang_3)/3)/%Mesh_S))]
ij7 [max(1,nint((%D4-%Temp_D5)/sin((%Ang_1+%Ang_2+%Ang_3)/3)/%Mesh_S))]
ij8 [max(1,nint(%Temp_D6/%Mesh_S))]
k1 [max(1,nint(%K_Co*%Air_B/%Mesh_S))]
k2 [max(1,nint(%K_Co*(%L2+%Temp_L2-%L4)/%Mesh_S))]
k3 [max(3,nint(%K_Co*(%L4-%L3)/%Mesh_S))]
k4 [max(1,nint(%K_Co*%L_L3R1/%Mesh_S))]
k5 [max(1,nint(%K_Co*%Air_L2/%Mesh_S))]
k6 [max(1,nint(%K_Co*%Air_L3/%Mesh_S))];
ld 1 lp [%D2] [-%L1-%L2-%Air_B-%Temp_L2] [%D2] [-%L1-%L2-%Temp_L2];
lp [%D2] [-%L1-%L2-%Temp_L2] [%D2] [-%L1-%L4];
lp [%D2] [-%L1-%L4] [%D1] [-%L1-%L3];
lp [%D1] [-%L1-%L3] [%D1] [-%L1+%Air_L1];
lp [%D1] [-%L1+%Air_L1] [%D1] [-%L1+%Air_L1+%Air_L2];
lp [%D1] [-%L1+%Air_L1+%Air_L2] [%D1] [-%L1+%Air_L1+%Air_L2+%Air_L3];
sd 1 crz 1;
ld 2 lp [%D2+%Temp_K1] [-%L1-%L2-%Air_B-%Temp_L2]
        [%D2+%Temp_K1] [-%L1-%L2-%Temp_L2];
lp [%D2+%Temp_K1] [-%L1-%L2-%Temp_L2]
   [%D2+%Temp_K1] [-%L1-%L4+%Temp_K11];

命令（续）：lp [%D2+%Temp_K1] [-%L1-%L4+%Temp_K11]
            [%D1+%Temp_M1] [-%L1-%L3+%Temp_M12];
        lp [%D1+%Temp_M1] [-%L1-%L3+%Temp_M12]
            [%D1+%Temp_M1] [-%L1+%Temp_M13+%Air_L1];
        lp [%D1+%Temp_M1] [-%L1+%Temp_M13+%Air_L1]
            [%D1+%Temp_M1] [-%L1+%Air_L1+%Air_L2];
        lp [%D1+%Temp_M1] [-%L1+%Air_L1+%Air_L2]
            [%D1+%Temp_M1] [-%L1+%Air_L1+%Air_L2+%Air_L3];
        sd 2 crz 2;
        ld 3 lp [%D2+%Temp_K2] [-%L1-%L2-%Air_B-%Temp_L2]
            [%D2+%Temp_K2] [-%L1-%L2-%Temp_L2];
        lp [%D2+%Temp_K2] [-%L1-%L2-%Temp_L2]
            [%D2+%Temp_K2] [-%L1-%L4+%Temp_K21];
        lp [%D2+%Temp_K2] [-%L1-%L4+%Temp_K21]
            [%D1+%Temp_M2] [-%L1-%L3+%Temp_M22];
        lp [%D1+%Temp_M2] [-%L1-%L3+%Temp_M22]
            [%D1+%Temp_M2] [-%L1+%Temp_M23+%Air_L1];
        lp [%D1+%Temp_M2] [-%L1+%Temp_M23+%Air_L1]
            [%D1+%Temp_M2] [-%L1+%Air_L1+%Air_L2];
        lp [%D1+%Temp_M2] [-%L1+%Air_L1+%Air_L2]
            [%D1+%Temp_M2] [-%L1+%Air_L1+%Air_L2+%Air_L3];
        sd 3 crz 3;
        ld 4 lp [%D2+%Temp_K3] [-%L1-%L2-%Air_B-%Temp_L2]
            [%D2+%Temp_K3] [-%L1-%L2-%Temp_L2];
        lp [%D2+%Temp_K3] [-%L1-%L2-%Temp_L2]
            [%D2+%Temp_K3] [-%L1-%L4+%Temp_K31];
        lp [%D2+%Temp_K3] [-%L1-%L4+%Temp_K31]
            [%D1+%Temp_M3] [-%L1-%L3+%Temp_M32];
        lp [%D1+%Temp_M3] [-%L1-%L3+%Temp_M32]
            [%D1+%Temp_M3] [-%L1+%Temp_M33+%Air_L1];
        lp [%D1+%Temp_M3] [-%L1+%Temp_M33+%Air_L1]
            [%D1+%Temp_M3] [-%L1+%Air_L1+%Air_L2];
        lp [%D1+%Temp_M3] [-%L1+%Air_L1+%Air_L2]
            [%D1+%Temp_M3] [-%L1+%Air_L1+%Air_L2+%Air_L3];
        sd 4 crz 4;
    c 先建立里面(第一部分)
        block 1 [1+%ij1] [1+2*%ij1_1];
            1 [1+%ij1] [1+2*%ij1_1];
            1 [1+%k1] [1+%k1+%k2] [1+%k1+%k2+%k3] [1+%k1+%k2+%
            k3+%k4] [1+%k1+%k2+%k3+%k4+%k5] [1+%k1+%k2+%k3+%k
            4+%k5+%k6];
            0 [%D_CCo*%D2] [%D_CCo*%D2]

命令（续）: 0 [%D_CCo*%D2] [%D_CCo*%D2];
  [-%L1-%L2-%Air_B-%R3] [-%L1-%L2-%R3] [-%L1-%L4] [-%L1-%L3] [-%L1+%Air_L1] [-%L1+%Air_L1+%Air_L2] [-%L1+%Air_L1+%Air_L2+%Air_L3];
  dei 2 3;2 3;;
  sfi 1 2;-3;;sd 1
  sfi -3;1 2;;sd 1
  sfi ; ;-1;sp 0 0 [-%L1-%L2-%Air_B] [%R3]
  sfi ; ;-2;sp 0 0 [-%L1-%L2] [%R3]
  sfi ; ;-3;plane 0 0 [-%L1-%L4] 0 0 1
  sfi ; ;-4;plane 0 0 [-%L1-%L3] 0 0 1
  sfi ; ;-5;plane 0 0 [-%L1+%Air_L1] 0 0 1
  sfi ; ;-6;plane 0 0 [-%L1+%Air_L1+%Air_L2] 0 0 1
  sfi ; ;-7;plane 0 0 [-%L1+%Air_L1+%Air_L2+%Air_L3] 0 0 1
  sfi -2;1 2; ;plane [%D_CCo*%D2] 0 0 1 0 0
  sfi 1 2;-2; ;plane 0 [%D_CCo*%D2] 0 0 1 0
  res 0 0 2 0 0 3 k [%K_Co];
  mti ;;2 3;2;
  mti ;;3 4;1;
  mate 3;
  endpart
c 再建立中间(第二部分)
  cylinder 1 [1+%ij2];
    1 [1+2*%ij1];
    1 [1+%k1] [1+%k1+%k2] [1+%k1+%k2+%k3] [1+%k1+%k2+%k3+%k4] [1+%k1+%k2+%k3+%k4+%k5] [1+%k1+%k2+%k3+%k4+%k5+%k6];
    [%D2] [%D2+%Temp_K1];
    0 90;
    [-%L1-%L2-%Air_B-%R3] [-%L1-%L2-%R3] [-%L1-%L4] [-%L1-%L3] [-%L1+%Air_L1] [-%L1+%Air_L1+%Air_L2] [-%L1+%Air_L1+%Air_L2+%Air_L3];
  sfi -1;;;sd 1
  sfi -2;;;sd 2
  sfi ; ;-1;sp 0 0 [-%L1-%L2-%Air_B] [%R3]
  sfi ; ;-2;sp 0 0 [-%L1-%L2] [%R3]
  sfi ; ;-3;cone 0 0 [-%L1-%L4] 0 0 1 [%D2] [%Ang_2]
  sfi ; ;-4;cone 0 0 [-%L1-%L3] 0 0 1 [%D1] [%Ang_1]
  sfi ; ;-5;cone 0 0 [-%L1+%Air_L1] 0 0 1 [%D1] [%Ang_Co_1*%Ang_1]
  sfi ; ;-6;cone 0 0 [-%L1+%Air_L1+%Air_L2] 0 0 1 [%D1] [%Ang_Co_2*%Ang_1]
  sfi ; ;-7;plane 0 0 [-%L1+%Air_L1+%Air_L2+%Air_L3] 0 0 1

命令（续）：res 0 0 2 0 0 3 k [%K_Co];
   mti ;;2 3;2;
   mti ;;3 4;1;
   mate 3;
   bb 2 1 3 2 2 2 2;
   endpart
   c 再建立中间(第三部分)
   cylinder 1 [1+%ij3];
     1 [1+2*%ij1];
     1 [1+%k1] [1+%k1+3*%k2] [1+%k1+3*%k2+%k3] [1+%k1+3*%k2+%k3+%k4] [1+%k1+3*%k2+%k3+%k4+%k5] [1+%k1+3*%k2+%k3+%k4+%k5+%k6];
     [%D2] [%D2+%Temp_K2];
     0 90;
     [-%L1-%L2-%Air_B-%R3] [-%L1-%L2-%R3] [-%L1-%L4] [-%L1-%L3]
     [-%L1+%Air_L1+(%Temp_K1)/tan(%Ang_Co_1*%Ang_1)] [-%L1+%Air_L1+%Air_L2+(%Temp_K1)/tan(%Ang_Co_2*%Ang_1)]
     [-%L1+%Air_L1+%Air_L2+%Air_L3];
   sfi -1;;;sd 2
   sfi -2;;;sd 3
   sfi ; ;-1;sp 0 0 [-%L1-%L2-%Air_B] [%R3]
   sfi ; ;-2;sp 0 0 [-%L1-%L2] [%R3]
   sfi ; ;-3;cone 0 0 [-%L1-%L4] 0 0 1 [%D2] [%Ang_2]
   sfi ; ;-4;cone 0 0 [-%L1-%L3] 0 0 1 [%D1] [%Ang_1]
   sfi ; ;-5;cone 0 0 [-%L1+%Air_L1] 0 0 1 [%D1] [%Ang_Co_1*%Ang_1]
   sfi ; ;-6;cone 0 0 [-%L1+%Air_L1+%Air_L2] 0 0 1 [%D1] [%Ang_Co_2*%Ang_1]
   sfi ; ;-7;plane 0 0 [-%L1+%Air_L1+%Air_L2+%Air_L3] 0 0 1
   res 0 0 2 0 0 3 k [%K_Co];
   mti ;;2 3;2;
   mti ;;3 4;1;
   mate 3;
   trbb 1 2 3 1 1 2 2;
   bb 2 1 7 2 2 1 1;
   endpart
   c 再建立中间(第四部分)
   cylinder 1 [1+%ij4];
     1 [1+3*2*%ij1];
     1 [1+%k1] [1+%k1+3*%k2] [1+%k1+3*%k2+%k3] [1+%k1+3*%k2+%k3+%k4] [1+%k1+3*%k2+%k3+%k4+%k5] [1+%k1+3*%k2+%k3+%k4+%k5+%k6];

命令（续）：[%D2] [%D2+%Temp_K3];
 0 90;
  [-%L1-%L2-%Air_B-%R3] [-%L1-%L2-%R3] [-%L1-%L4] [-%L1-%L3]
  [-%L1+%Air_L1+(%Temp_K2)/tan(%Ang_Co_1*%Ang_1)] [-%L1+%Air_L1+%Air_L2+(%Temp_K2)/tan(%Ang_Co_2*%Ang_1)] [-%L1+%Air_L1+%Air_L2+%Air_L3];
sfi -1;;;sd 3
sfi -2;;;sd 4
sfi ;;-1;sp 0 0 [-%L1-%L2-%Air_B] [%R3]
sfi ;;-2;sp 0 0 [-%L1-%L2] [%R3]
sfi ;;-3;cone 0 0 [-%L1-%L4]0 0 1 [%D2] [%Ang_2]
sfi ;;-4;cone 0 0 [-%L1-%L3] 0 0 1 [%D1] [%Ang_1]
sfi ;;-5;cone 0 0 [-%L1+%Air_L1] 0 0 1 [%D1] [%Ang_Co_1*%Ang_1]
sfi ;;-6;cone 0 0 [-%L1+%Air_L1+%Air_L2+%R1] 0 0 1 [%D1] [%Ang_Co_2*%Ang_1]
sfi ;;-7;plane 0 0 [-%L1+%Air_L1+%Air_L2+%Air_L3] 0 0 1
res 0 0 2 0 0 3 k [%K_Co];
mti ;;2 3;2;
mti ;;3 4;1;
mate 3;
trbb 1 1 1 1 2 7 1;
bb 2 1 6 2 2 1 3;
endpart
c 再建立中间(第五部分)
cylinder 1 [1+%ij5];
1 [1+3*3*2*%ij1];
 1 [1+%k1] [1+%k1+3*%k2] [1+%k1+3*%k2+%k3] [1+%k1+3*%k2+%k3+%k4] [1+%k1+3*%k2+%k3+%k4+%k5];
[%D2+%Temp_K3] [%D3];
0 90;
 [-%L1-%L2-%Air_B-%R3] [-%L1-%L2-%R3] [-%L1-%L4] [-%L1-%L3]
[-%L1+%Air_L1+(%Temp_K2)/tan(%Ang_Co_1*%Ang_1)] [-%L1+%Air_L1+%Air_L2+(%Temp_K2)/tan(%Ang_Co_2*%Ang_1)];
sfi -1;;;sd 4
sfi -2;;;cy 0 0 0 0 0 1 [%D3]
sfi ;;-1;sp 0 0 [-%L1-%L2-%Air_B] [%R3]
sfi ;;-2;sp 0 0 [-%L1-%L2] [%R3]
sfi ;;-3;cone 0 0 [-%L1-%L4]0 0 1 [%D2] [%Ang_2]
sfi ;;-4;cone 0 0 [-%L1-%L3] 0 0 1 [%D1] [%Ang_1]
sfi ;;-5;cone 0 0 [-%L1+%Air_L1+%R1] 0 0 1 [%D1] [%Ang_Co_1*%Ang_1]
sfi ;;-6;cone 0 0 [-%L1+%Air_L1+%Air_L2+%R1] 0 0 1 [%D1] [%Ang_Co_2*%Ang_1]

命令（续）：res 0 0 2 0 0 3 k 1.01
    mti ;;2 3;2;
    mti ;;3 4;1;
    mate 3;
    trbb 1 1 1 1 2 6 3;
    endpart
    c 再建立中间(第六部分)
    cylinder 1 [1+%ij6];
        1 [1+3*3*2*%ij1];
        1 [1+%k1] [1+%k1+3*%k2] [1+%k1+3*%k2+%k3] [1+%k1+3*%k2+%k3+%k4];
        [%D3] [%Temp_D5];
        0 90;
        [-%L1-%L2-%Air_B-%R3] [-%L1-%L2-%R3] [-%L1+%Air_L1] [-%L1-%L3] [-%L1+%Air_L1+(%D3-%D2)/tan(%Ang_Co_1*%Ang_1)];
    sfi -1;;;cy 0 0 0 0 0 1 [%D3]
    sfi -2;;;cy 0 0 0 0 0 1 [%Temp_D5]
    sfi ; ;-1;cone 0 0 [-%L1-%L_L2R3-%Air_B+%R3-%Temp_L5] 0 0 1 [%D3] [%Ang_3]
    sfi ; ;-2;cone 0 0 [-%L1-%L2-%Temp_L5] 0 0 1 [%D3] [%Ang_3]
    sfi ; ;-3;cone 0 0 [-%L1-%L4] 0 0 1 [%D2] [%Ang_2]
    sfi ; ;-4;cone 0 0 [-%L1-%L3] 0 0 1 [%D1] [%Ang_1]
    sfi ; ;-5;cone 0 0 [-%L1+%Air_L1+%R1] 0 0 1 [%D1] [%Ang_Co_1*%Ang_1]
    res 0 0 2 0 0 3 k [%K_Co];
    mti ;;2 3;2;
    mti ;;3 4;1;
    mate 3;
    endpart
    c 再建立中间(第七部分) 药型罩的最边缘
    cylinder 1 [1+%ij7];
        1 [1+3*3*2*%ij1];
        1 [1+%k1] [1+%k1+3*%k2] [1+%k1+3*%k2+%k3] [1+%k1+3*%k2+%k3+%k4];
        [%Temp_D5] [%D4];
        0 90;
        [-%L1-%L2-%Air_B-%R3] [-%L1-%L2-%R3] [-%L1-%L4] [-%L1-%L3] [-%L1+%Air_L1+(%Temp_D5-%D2)/tan(%Ang_Co_1*%Ang_1)];
    sfi -1;;;cy 0 0 0 0 0 1 [%Temp_D5]
    sfi -2;;;cy 0 0 0 0 0 1 [%D4]

命令（续）：sfi ; ;-1;cone 0 0 [-%L1-%L_L2R3-%Air_B+%R3-%Temp_L5] 0 0 1 [%D3] [%Ang_3]
sfi ; ;-2;cone 0 0 [-%L1-%L2-%Temp_L5] 0 0 1 [%D3] [%Ang_3]
sfi ; ;-3;cone 0 0 [-%L1-%L4] 0 0 1 [%D2] [%Ang_2]
sfi ; ;-4;plane 0 0 [-%L1] 0 0 1
sfi ; ;-5;cone 0 0 [-%L1+%Air_L1+%R1] 0 0 1 [%D1] [%Ang_Co_1*%Ang_1]
res 0 0 2 0 0 3 k [%K_Co];
mti ;;2 3;2;
mti ;;3 4;1;
mate 3;
endpart
c 再建立中间(第八部分)-空气
cylinder 1 [1+%ij8];
    1 [1+3*3*2*%ij1];
    1 [1+%k1] [1+%k1+3*%k2] [1+%k1+3*%k2+%k3] [1+%k1+3*%k2+%k3+%k4];
    [%D4] [%D4+%Temp_D6];
    0 90;
[-%L1-%L_L2R3-%Air_B+%R3-%Temp_L5+(%D4-%D3)/tan(%Ang_3)] [-%L1-%L5] [-%L1-%L4-(%D4-%D2)/tan(%Ang_2)] [-%L1+%Air_L1] [-%L1+%Air_L1+(%D4-%D1)/tan(%Ang_Co_1*%Ang_1)];
sfi -1;;;cy 0 0 0 0 0 1 [%D4];
sfi -2;;;cy 0 0 0 0 0 1 [%D4+%Temp_D6];
sfi ;;-1;plane 0 0 [-%L1-%L_L2R3-%Air_B+%R3-%Temp_L5+(%D4-%D3)/tan(%Ang_3)] 0 0 1
sfi ; ;-2;plane 0 0 [-%L1-%L5] 0 0 1
sfi ; ;-3;plane 0 0 [-%L1-%L4+(%D4-%D2)/tan(%Ang_2)] 0 0 1
sfi ; ;-4;plane 0 0 [-%L1] 0 0 1
sfi ; ;-5;plane 0 0 [-%L1+%Air_L1+(%D4-%D1) /tan(%Ang_Co_1*%Ang_1)] 0 0 1
res 0 0 2 0 0 3 k [%K_Co];
mate 3;
endpart
merge;
tp [%rongcha]
lsdyna keyword
write
exit

对于复杂命令，可以单独使用，也可以通过程序封装成软件界面形式使用，方法如下。设计"模型建立基本条件输入"模块，界面如图 3.42 所示，可根据用户需要选择不同仿真单位制（cm - g - us - Mbar 或 mm - kg - ms - Gpa）和仿真模型类型（1/4 模型、1/2 模型或全模型）。

设计"药型罩结构参量输入"模块，界面图 3.43 所示，可方便用户实现单锥平顶型药型罩、单锥弧顶型药型罩、双锥型药型罩、三锥型药型罩、弧锥型药型罩等不同药型罩结构选择。不同药型罩结构的用户操作界面如图 3.44 ~ 图 3.48 所示。

图 3.42 "模型建立基本条件输入"模块

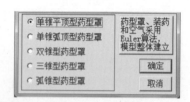

图 3.43 "药型罩结构参量输入"模块

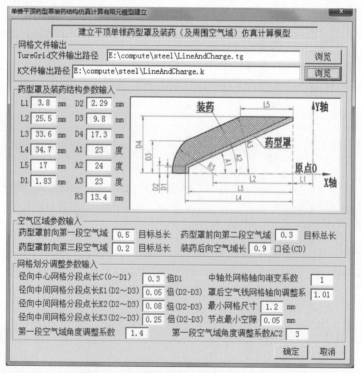

图 3.44 单锥平顶药型罩模型建立界面

第 3 章 有限元分析前处理及网格划分

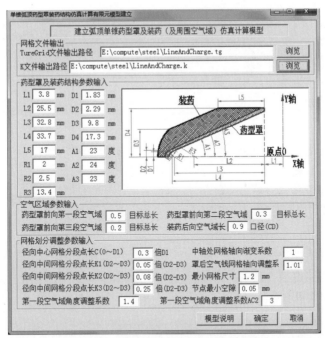

图 3.45 单锥弧顶药型罩模型建立界面

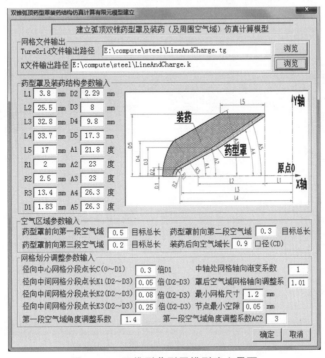

图 3.46 双锥型药型罩模型建立界面

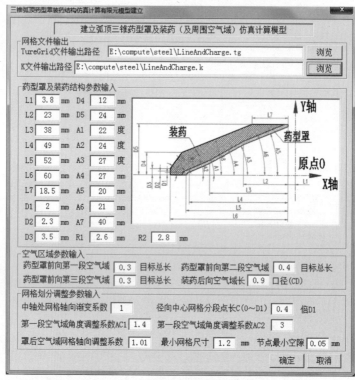

图 3.47 三锥型药型罩模型建立界面

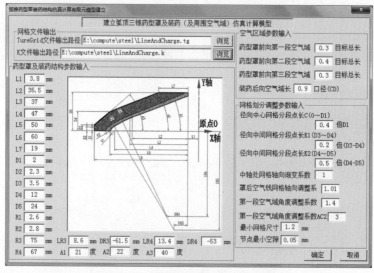

图 3.48 弧锥型药型罩模型建立界面

同时，对于聚能装药仿真采用流固耦合方法，可单独设计采用拉格朗日法的"壳体结构参量输入"模块，界面如图 3.49 所示，可方便用户实现两段弧锥壳体、两段锥锥壳体等不同壳体结构的选择。不同壳体结构的用户操作界面如图 3.50、图 3.51 所示。

图 3.49 "壳体结构参量输入"模块

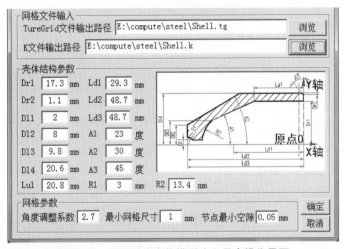

图 3.50 两段弧锥壳体模型建立用户操作界面

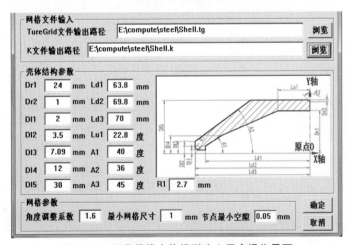

图 3.51 两段锥锥壳体模型建立用户操作界面

根据所建立的模型，进行材料模型及参数赋值，界面如图 3.52～图 3.56 所示。

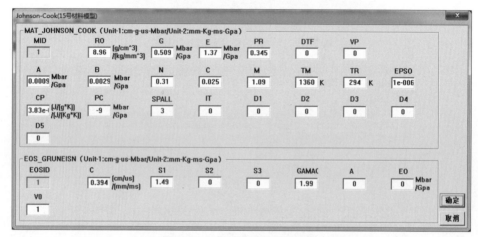

图 3.52　药型罩材料赋值界面

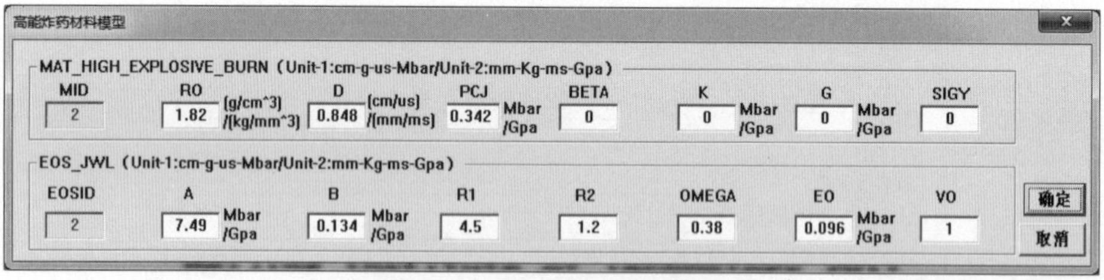

图 3.53　炸药材料赋值界面

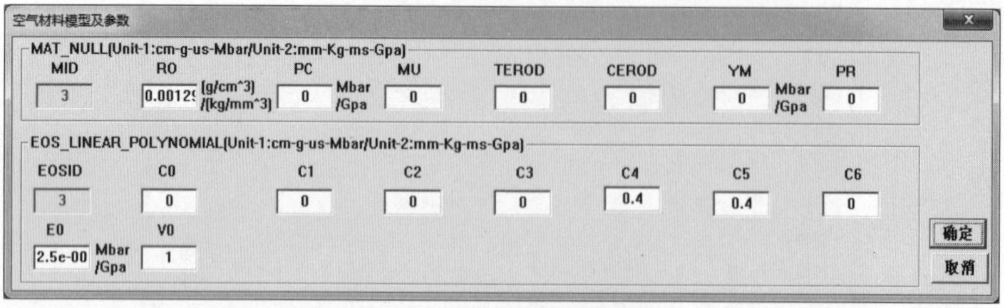

图 3.54　空气域材料赋值界面

第 3 章 有限元分析前处理及网格划分

图 3.55 壳体材料赋值界面

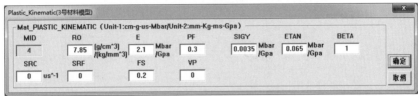

(a)

(b)

图 3.56 靶体材料赋值界面
(a) 钢靶；(b) 混凝土靶

根据需要，输入计算时间等参数，生成计算用文件，如图 3.57 所示。根据计算机的实际情况选择参数，调用计算程序，如图 3.58 所示，计算机进行计算分析,如图 3.59 所示。在整个过程中实现自动调用,不再需要人为输入,只需要根据模型和计算机的情况修改计算所需内存数和所使用 CPU 个数。

图 3.57　生成计算用文件

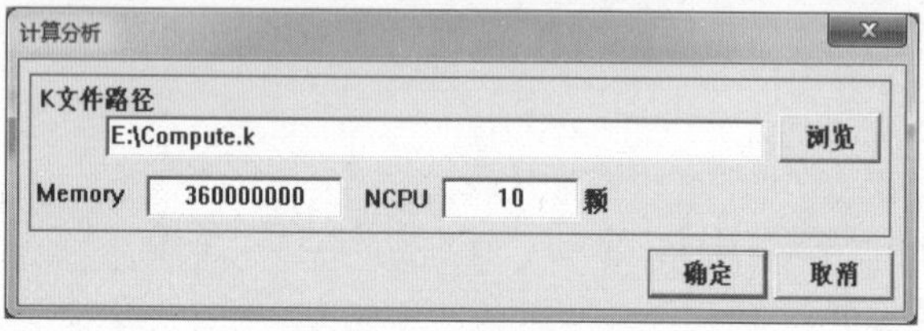

图 3.58　调用计算程序

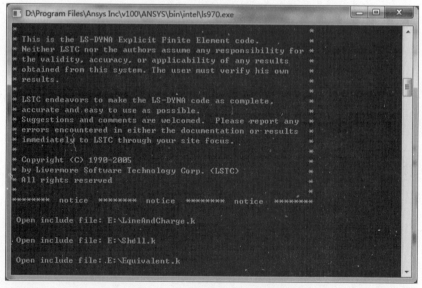

图 3.59　计算机进行计算分析

第 4 章

静/动态载荷下的武器装备结构强度校核基础理论与实例

4.1 强度理论及线性本构关系

4.1.1 强度理论

强度理论是判断材料在复杂应力状态下是否破坏的理论。材料在外力作用下有两种不同的破坏形式：一是在不发生显著塑性变形时的突然断裂，称为脆性破坏；二是因为发生显著塑性变形而不能继续承载的破坏，称为塑性破坏。破坏原因十分复杂，而破坏问题也是武器装备设计所关心的核心问题。对于单向应力状态，由于可直接做拉伸或压缩试验，通常用破坏载荷除以试样的横截面积得到极限应力（强度极限或屈服极限，见材料的力学性能部分内容）作为判断材料破坏标准。但在二向应力状态下，材料内破坏点处的主应力 σ_1，σ_2 不为零；在三向应力状态的一般情况下，3 个主应力 σ_1，σ_2 和 σ_3 均不为零。不为零的应力分量有不同比例的无穷多个组合，不能用试验逐个确定。基于工程上需要，两百多年来，人们对材料破坏原因提出了各种不同假说，但这些假说均具有局限性，都只能被某些破坏试验所证实，而不能解释所有材料破坏现象。这些假说统称强度理论。

目前，有 4 个基本强度理论作为强度分析基础，分别为第一强度理论、第二强度理论、第三强度理论和第四强度理论。第一、第二强度理论多用于断裂失效，第三、第四强度理论多用于屈服失效，下面分别进行介绍。

1. 第一强度理论

第一强度理论又称为最大拉应力理论，其表述为材料发生断裂是由最大拉应力引起的，即最大拉应力达到某一极限值时材料发生断裂。

在简单拉伸试验中，3个主应力中有两个是零，最大主应力就是试件横截面上该点的应力，当这个应力达到材料极限强度 σ_b 时，试件就断裂。因此，根据第一强度理论，通过简单拉伸试验，可知材料极限应力就是 σ_b，于是在复杂应力状态下，材料破坏条件如下：

$$\sigma_1 = \sigma_b \tag{4-1}$$

考虑安全系数以后的强度条件如下：

$$\sigma_1 \leqslant [\sigma] \tag{4-2}$$

需要指出的是：上式中 σ_1 必须为拉应力。在没有拉应力的三向压缩应力状态下，显然不能采用第一强度理论来建立强度条件。

第一强度理论主要适用于脆性材料，且最大拉应力大于或等于最大压应力（值绝对值）情形。

2. 第二强度理论

第二强度理论是由最大线应变理论修正得到的，该理论认为，使材料发生断裂破坏的主要因素是最大拉应变。第二强度理论又称为最大伸长应变理论。它根据 J.-V. 彭赛列的最大应变理论改进而成，主要适用于脆性材料。该理论假定，无论材料内一点的应力状态如何，只要材料内该点最大伸长应变 ε_1 达到了单向拉伸断裂时最大伸长应变极限值 ε_i，材料就发生断裂破坏，其破坏条件如下：

$$\varepsilon_1 \geqslant \varepsilon_i (\varepsilon_i > 0) \tag{4-3}$$

于是，在单向拉伸时有 $\varepsilon_i = \sigma_b/E$；$\varepsilon_1 = \sigma_1/E$。对于三向应力状态，$\sigma_1$、$\sigma_2$ 和 σ_3 为危险点由大到小的3个主应力；E、δ 为材料的弹性模量和泊松比（见材料的力学性能部分内容）。由广义胡克定律可以得出：

$$\varepsilon_1 = [\sigma_1 - \delta(\sigma_2 + \sigma_3)]/E \tag{4-4}$$

因此

$$\sigma_1 - \delta(\sigma_2 + \sigma_3) = \sigma_b \tag{4-5}$$

故该理论的破坏条件可用主应力表示为

$$\sigma_1 - \delta(\sigma_2 + \sigma_3) \leqslant [\sigma] \tag{4-6}$$

第二强度理论主要适用于脆性材料，且最大压应力绝对值大于最大拉应力的情形。

3. 第三强度理论

第三强度理论又称为最大剪应力理论或特雷斯卡屈服准则。法国的 C.-A. de

库仑于1773年、H. 特雷斯卡于1868年分别提出和研究过这一理论。该理论假定最大剪应力是引起材料屈服的原因，即不论在什么样的应力状态下，只要材料内某处最大剪应力 τ_{max} 达到了单向拉伸屈服时剪应力极限值 τ_y，材料就在该处出现显著塑性变形或屈服。Ansys 中 stress intensity（应力强度）是根据第三强度理论推导出的当量应力。

由于

$$\tau_{max} = \frac{1}{2}[\sigma_1 - \sigma_3], \tau_y = \sigma_y/2,$$

所以该理论的塑性破坏条件为

$$\sigma_1 - \sigma_3 \geq \sigma_y \qquad (4-7)$$

式中，σ_y 为屈服正应力。

4. 第四强度理论

第四强度理论又称为最大形状改变比能理论。它是波兰的 M. T. 胡贝尔于1904年从总应变能理论改进而来的。德国的 R. von 米泽斯于1913年、美国的 H. 亨奇于1925年都对这一理论做过进一步的研究和阐述。该理论适用于塑性材料，由这个理论导出判断塑性破坏的条件为

$$\sqrt{\frac{1}{2}[(\sigma_1 - \sigma_3)^2 + (\sigma_2 - \sigma_3)^2 + (\sigma_3 - \sigma_1)^2]} \geq \sigma_y \qquad (4-8)$$

在二向应力状态下 $\sigma_3 = 0$，因此破坏条件为

$$\sigma_1^2 - \sigma_1\sigma_2 + \sigma_2^2 = \sigma_y^2 \qquad (4-9)$$

若以 σ_1 和 σ_2 为直角坐标轴，这个破坏条件可表示为图4.1所示的椭圆。图中不等边六边形表示第三强度理论的破坏条件。由图4.1可见，第三、第四强度理论给出的破坏条件是很接近的。实际上，第四强度理论也是一种剪应力理论。

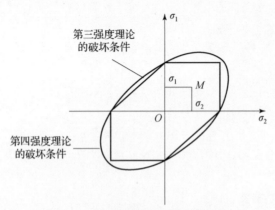

图4.1 二向应力状态下的破坏条件

5. 4个强度理论的对比

第三和第四强度理论因涉及材料屈服强度，所以都适用于塑性材料。综上，各强度理论的应用范围与局限列于表4.1中。

表4.1 各强度理论的应用范围与局限

应用范围与局限	第一强度理论	第二强度理论	第三强度理论	第四强度理论
应用范围	材料无裂纹脆性断裂失效形式（脆性材料二向或三向受拉状态；最大压应力值不超过最大拉应力值或超过不多）	脆性材料的二向或三向应力状态且压应力很大（大于最大拉应力）的情形	材料的屈服失效形式	材料的屈服失效形式
局限	没考虑σ_2、σ_3对材料的破坏影响，对无拉应力的应力状态无法应用	只与极少数的脆性材料在某些受力形式下的试验结果吻合	没考虑σ_2对材料的破坏影响，计算结果偏于安全	与第三强度理论相比更符合实际，但公式较复杂

6. 莫尔强度理论

上面几个强度理论只适用于拉伸或压缩破坏抵抗能力相同或相近的材料。但是，有些材料（如岩石、铸铁、混凝土以及土壤）对于拉伸和压缩破坏的抵抗能力存在很大差别，抗压强度远远大于抗拉强度。为了校核这类材料在二向应力状态下的强度，德国的O.莫尔于1900年对最大拉应力理论做了修正，提出了一个判断材料剪切破坏的强度理论，后被称为莫尔强度理论。

O.莫尔用应力圆（即莫尔圆）表达他的理论，方法是对材料做3个破坏试验，即单向拉伸破坏试验、单向压缩破坏试验和薄壁圆管的扭转（纯剪应力状态）破坏试验。根据试验测得破坏时的极限应力，在以正应力σ为横坐标、以剪应力τ为纵坐标的坐标系中绘出莫尔圆。例如图4.2是根据拉伸和压缩破坏性能相同的材料绘出的，其中圆Ⅰ、圆Ⅱ和圆Ⅲ分别由单向拉伸破坏、单向压缩破坏和纯剪破坏极限应力绘出，这些圆称为极限应力圆，而最大极限应力圆（即圆Ⅲ）称为极限主圆。当校核用被试材料制成的构件进行强度测量时，若危险点应力状态是单向拉伸，则只要其工作应力圆不超出极限应力圆Ⅰ，材料就不破坏。若是单向压缩或一般二向应力状态，则根据材料中的应力是否超出极限力圆Ⅱ或Ⅲ判断是否发生破坏。

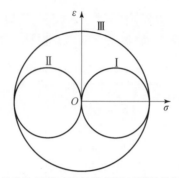

图 4.2 拉伸和压缩破坏性能相同时材料的极限应力圆

对于拉伸和压缩破坏性能有明显差异的材料,压缩破坏极限应力远大于拉伸破坏极限应力,因此圆 II 的半径比圆 I 的半径大得多,如图 4.3 所示。在二向应力状态下,只要再作一个纯剪应力状态下破坏的极限应力圆 III,则 3 个极限应力圆包络线就是极限应力曲线。与图 4.2 相比,此处圆 III 已不是极限主圆,而图 4.2 中极限主圆在这里变成了对称于 σ 轴的包络曲线。当判断由给定材料(拉压强度性能不同者)制成的构件在工作应力下是否会发生破坏时,将构件危险点的工作应力圆同极限应力圆进行比较,若工作应力圆不超出包络线范围,就表明构件不会破坏。有时为了省去一个纯剪应力状态(薄壁圆管扭转)破坏试验,也可以用圆 I 和圆 II 的外公切线近似地代替包络曲线段。

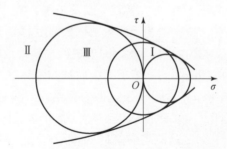

图 4.3 拉伸和压缩破坏性能不相同时材料的极限应力圆

为了考查上述各种强度理论的适用范围,自 19 世纪以来,不少学者进行了一系列试验。结果表明,想建立一种统一的、适用于各种工程材料以及各种不同应力状态的强度理论是不可能的。上述强度理论主要是针对各向同性均匀连续材料而言,所有这些理论都只侧重可能破坏点本身的应力状态,在应力分布不均匀情况下,对可能破坏点附近应力梯度未予考虑。

5. 4个强度理论的对比

第三和第四强度理论因涉及材料屈服强度，所以都适用于塑性材料。综上，各强度理论的应用范围与局限列于表4.1中。

表4.1 各强度理论的应用范围与局限

应用范围与局限	第一强度理论	第二强度理论	第三强度理论	第四强度理论
应用范围	材料无裂纹脆性断裂失效形式（脆性材料二向或三向受拉状态；最大压应力值不超过最大拉应力值或超过不多）	脆性材料的二向或三向应力状态且压应力很大（大于最大拉应力）的情形	材料的屈服失效形式	材料的屈服失效形式
局限	没考虑σ_2、σ_3对材料的破坏影响，对无拉应力的应力状态无法应用	只与极少数的脆性材料在某些受力形式下的试验结果吻合	没考虑σ_2对材料的破坏影响，计算结果偏于安全	与第三强度理论相比更符合实际，但公式较复杂

6. 莫尔强度理论

上面几个强度理论只适用于拉伸或压缩破坏抵抗能力相同或相近的材料。但是，有些材料（如岩石、铸铁、混凝土以及土壤）对于拉伸和压缩破坏的抵抗能力存在很大差别，抗压强度远远大于抗拉强度。为了校核这类材料在二向应力状态下的强度，德国的O.莫尔于1900年对最大拉应力理论做了修正，提出了一个判断材料剪切破坏的强度理论，后被称为莫尔强度理论。

O.莫尔用应力圆（即莫尔圆）表达他的理论，方法是对材料做3个破坏试验，即单向拉伸破坏试验、单向压缩破坏试验和薄壁圆管的扭转（纯剪应力状态）破坏试验。根据试验测得破坏时的极限应力，在以正应力σ为横坐标、以剪应力τ为纵坐标的坐标系中绘出莫尔圆。例如图4.2是根据拉伸和压缩破坏性能相同的材料绘出的，其中圆Ⅰ、圆Ⅱ和圆Ⅲ分别由单向拉伸破坏、单向压缩破坏和纯剪破坏极限应力绘出，这些圆称为极限应力圆，而最大极限应力圆（即圆Ⅲ）称为极限主圆。当校核用被试材料制成的构件进行强度测量时，若危险点应力状态是单向拉伸，则只要其工作应力圆不超出极限应力圆Ⅰ，材料就不破坏。若是单向压缩或一般二向应力状态，则根据材料中的应力是否超出极限力圆Ⅱ或Ⅲ判断是否发生破坏。

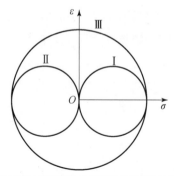

图 4.2　拉伸和压缩破坏性能相同时材料的极限应力圆

对于拉伸和压缩破坏性能有明显差异的材料，压缩破坏极限应力远大于拉伸破坏极限应力，因此圆Ⅱ的半径比圆Ⅰ的半径大得多，如图 4.3 所示。在二向应力状态下，只要再作一个纯剪应力状态下破坏的极限应力圆Ⅲ，则 3 个极限应力圆包络线就是极限应力曲线。与图 4.2 相比，此处圆Ⅲ已不是极限主圆，而图 4.2 中极限主圆在这里变成了对称于 σ 轴的包络曲线。当判断由给定材料（拉压强度性能不同者）制成的构件在工作应力下是否会发生破坏时，将构件危险点的工作应力圆同极限应力圆进行比较，若工作应力圆不超出包络线范围，就表明构件不会破坏。有时为了省去一个纯剪应力状态（薄壁圆管扭转）破坏试验，也可以用圆Ⅰ和圆Ⅱ的外公切线近似地代替包络曲线段。

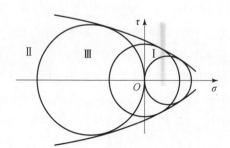

图 4.3　拉伸和压缩破坏性能不相同时材料的极限应力圆

为了考查上述各种强度理论的适用范围，自 19 世纪以来，不少学者进行了一系列试验。结果表明，想建立一种统一的、适用于各种工程材料以及各种不同应力状态的强度理论是不可能的。上述强度理论主要是针对各向同性均匀连续材料而言，所有这些理论都只侧重可能破坏点本身的应力状态，在应力分布不均匀情况下，对可能破坏点附近应力梯度未予考虑。

4.1.2 线性本构关系

4.1.2.1 广义胡克定律

1. 胡克定律

影响结构材料性能的因素有很多（应力、应变、变形率、温度、湿度、时效等），而通常建立本构方程时仅考虑应力、应变两个物理参数，强度分析、校核分析通常不涉及材料的塑性段，弹性固体本构方程可表示为应力张量 T_{ij} 和应变张量 E_{kl} 呈线性关系。认为两者呈线性关系的经典弹性理论，即著名的胡克定律，而线性本构通常也可称为广义胡克定律。该模型在强度校核中被大量使用。

胡克定律是力学弹性理论中的一条基本定律，表述为：固体材料受力之后，材料中应力与应变（单位变形量）呈线性关系。满足胡克定律的材料称为线弹性材料或胡克型材料。从物理角度看，胡克定律源于多数固体（或孤立分子）内部原子在无外载作用下处于稳定平衡的状态。

许多实际材料，如一根长度为 L、横截面积为 A 的棱柱形棒，在力学上都可以用胡克定律来模拟——其单位伸长（或缩减）量（应变）在常系数 E（称为弹性模量）下，与拉（或压）应力 σ 成正比例，即 $F = -k \cdot x$ 或 $\Delta F = -k \cdot \Delta x$，其中 k 是常数，是物体的劲度系数（倔强系数/弹性系数）。在国际单位制中，F 的单位是牛；x 的单位是米，它是形变量（弹性形变）；k 的单位是牛/米。劲度系数在数值上等于弹簧伸长（或缩短）单位长度时的弹力，即弹簧在发生弹性形变时，弹簧的弹力 F 和弹簧的伸长量（或压缩量）x 成正比，即 $F = -k \cdot x$，k 是物质的弹性系数，它只由材料性质决定，与其他因素无关。负号表示弹簧所产生的弹力与其伸长（或压缩）方向相反，如图 4.4 所示。

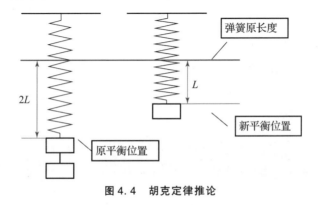

图 4.4　胡克定律推论

胡克定律是一个重要的物理理论，它是对现实世界中复杂非线性本构关系的线性简化，而实践又证明了它在一定程度上是有效的。然而，现实中也存在着大量不满足胡克定律的实例。胡克定律的重要意义不只在于它描述了弹性体形变与力的关系，更在于它开创了一种研究的重要方法：将现实世界中复杂的非线性现象做线性简化，这种方法的使用在理论物理学中是屡见不鲜的。

2. 广义胡克定律

胡克定律的内容为：在材料线弹性范围内（材料应力－应变曲线的比例极限范围内），固体单向拉伸变形与所受外力成正比；也可表述为：在应力低于比例极限的情况下，固体中应力 $\boldsymbol{\sigma}$ 与应变 $\boldsymbol{\varepsilon}$ 成正比，即 $\boldsymbol{\sigma}=E\boldsymbol{\varepsilon}$，式中 E 为常数，上文已介绍，E 可称为弹性模量或杨氏模量。把胡克定律推广应用于三向应力和应变状态，则可得到广义胡克定律。广义胡克定律为弹性力学的发展奠定了基础，各向同性材料的广义胡克定律有两种常用数学形式：

$$\begin{cases} \boldsymbol{\sigma}_{11} = \lambda(\boldsymbol{\varepsilon}_{11}+\boldsymbol{\varepsilon}_{22}+\boldsymbol{\varepsilon}_{33})+2G\boldsymbol{\varepsilon}_{11}, & \boldsymbol{\sigma}_{23}=2G\boldsymbol{\varepsilon}_{23} \\ \boldsymbol{\sigma}_{22} = \lambda(\boldsymbol{\varepsilon}_{11}+\boldsymbol{\varepsilon}_{22}+\boldsymbol{\varepsilon}_{33})+2G\boldsymbol{\varepsilon}_{22}, & \boldsymbol{\sigma}_{31}=2G\boldsymbol{\varepsilon}_{31} \\ \boldsymbol{\sigma}_{33} = \lambda(\boldsymbol{\varepsilon}_{11}+\boldsymbol{\varepsilon}_{22}+\boldsymbol{\varepsilon}_{33})+2G\boldsymbol{\varepsilon}_{33}, & \boldsymbol{\sigma}_{12}=2G\boldsymbol{\varepsilon}_{12} \end{cases} \quad (4-10)$$

式中，$\boldsymbol{\sigma}_{ij}$ 为应力分量；$\boldsymbol{\varepsilon}_{ij}$ 为应变分量 $(i,j=1,2,3)$；λ 和 G 为拉梅常量，G 又称为剪切模量。这些关系可写为

$$\begin{cases} \boldsymbol{\varepsilon}_{11} = \frac{1}{E}[\boldsymbol{\sigma}_{11}-v(\boldsymbol{\sigma}_{22}+\boldsymbol{\sigma}_{33})], & \boldsymbol{\varepsilon}_{23}=\frac{1}{2G}\boldsymbol{\sigma}_{23} \\ \boldsymbol{\varepsilon}_{22} = \frac{1}{E}[\boldsymbol{\sigma}_{22}-v(\boldsymbol{\sigma}_{33}+\boldsymbol{\sigma}_{11})], & \boldsymbol{\varepsilon}_{31}=\frac{1}{2G}\boldsymbol{\sigma}_{31} \\ \boldsymbol{\varepsilon}_{33} = \frac{1}{E}[\boldsymbol{\sigma}_{33}-v(\boldsymbol{\sigma}_{11}+\boldsymbol{\sigma}_{22})], & \boldsymbol{\varepsilon}_{12}=\frac{1}{2G}\boldsymbol{\sigma}_{12} \end{cases} \quad (4-11)$$

式中，E 为弹性模量（或杨氏模量）；v 为泊松比。λ，G，E 和 v 之间的联系可通过表 2.1 得到。

根据上述介绍可知，金属类各向同性材料的广义胡克定律如下：

$$\boldsymbol{\sigma}_{ij}=\boldsymbol{D}_{ijkl}\boldsymbol{\varepsilon}_{kl} \quad \text{或} \quad \boldsymbol{\varepsilon}_{ij}=\boldsymbol{C}_{ijkl}\boldsymbol{\sigma}_{kl} \quad (4-12)$$

式中，$\boldsymbol{D}_{ijkl}$ 和 $\boldsymbol{C}_{ijkl}$ 分别为弹性矩阵和柔度矩阵。

由剪应力互等定理，弹性矩阵 $\boldsymbol{D}_{ijkl}(9\times9)$ 独立材料参数个数由 81 个减少为 21 个，进而正交异性材料参数为 9 个独立参数，对于各向同性材料，有

$$\mathrm{d}\boldsymbol{\varepsilon}_{ij}^{e}=\frac{1}{2G}\mathrm{d}S_{ij}+\frac{1-2v}{E}\mathrm{d}\boldsymbol{\sigma}_{0}\boldsymbol{\delta}_{ij}, \quad G=\frac{E}{2(1+v)} \quad (i,j=1,2,3) \quad (4-13)$$

上式中仅有两个独立材料常数，即 E 和 v，其中 E 为弹性模量，v 为泊松比。

4.1.2.2　小变形情况下的线性几何方程

对于线性（小变形）关系，有

$$\varepsilon_{ij} = \frac{1}{2}(U_{i,j} + U_{j,i}) = (\Delta)^{\mathrm{T}}\{U\} \quad (4-14)$$

位移边界条件：S_u 边界上 $U = \bar{U}$，其中 U 为位移矢量，$\bar{U}$ 为边界 S 上的指定位移，$(\Delta)^{\mathrm{T}}$ 为微分算子。

对于实际结构可根据它们的几何特点，将三维问题简化为二维问题，这里主要有：平面应力、平面应变和轴对称状态。

1. 平面应力（薄壁结构）

平面应力，是指只在平面内有应力，与该面垂直方向的应力可忽略，例如薄板拉压问题，即外力仅作用在平面内，两表面无外力作用（如离心力作用下圆盘）且两表面应力分量在整个厚度方向上。具体来说，平面应力是指所有应力都在一个平面内，如果平面是 Oxy 平面，那么只有正应力 σ_x，σ_y，剪应力 τ_{xy}（它们都在一个平面内），即 $\sigma_{yz} = \sigma_{xz} = \sigma_{zz} = 0$，而 σ_{xx}，σ_{yy}，σ_{xy} 沿厚度均匀分布，如图 4.5 所示。平面应力问题讨论的弹性体为薄板，薄壁厚度远远小于结构另外两个方向的尺寸。薄板中面为平面，其所受外力，包括体力，均平行于中面面内，并沿厚度方向不变，而且薄板的两个表面不受外力作用。

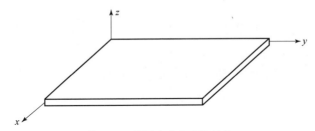

图 4.5　平面应力的薄板结构

按照胡克定律，有

$$\begin{cases} \varepsilon_{xx} = \dfrac{\partial u}{\partial x} \\ \varepsilon_{yy} = \dfrac{\partial v}{\partial y} \\ \varepsilon_{xy} = \dfrac{1}{2}\left(\dfrac{\partial v}{\partial x} + \dfrac{\partial u}{\partial y}\right) \\ \varepsilon_{zz} = -\left(\dfrac{v}{1-v}\right)(\varepsilon_{xx} + \varepsilon_{yy}) \\ \varepsilon_{zx} = \varepsilon_{xz} = \varepsilon_{yz} = 0 \end{cases} \quad (4-15)$$

可以得到如下弹性矩阵：

$$[D] = [E/(1-v^2)] \begin{bmatrix} 1 & v & 0 \\ v & 1 & 0 \\ 0 & 0 & \dfrac{1-v}{2} \end{bmatrix} \qquad (4-16)$$

2. 平面应变（沿轴线的几何形状和外载荷无明显变化的物体）

平面应变（Plane Strain），是指变形前后应变椭球体中间主应变轴长度不变的应变状态，即只在平面内有应变，与该平面垂直方向的应变可忽略，例如水坝侧向水压问题、挡土墙等很长物体相关问题等，如图 4.6 所示。

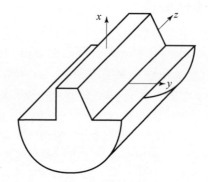

图 4.6 平面应变

平面应变是指所有应变都在一个平面内，同样如果平面是 Oxy 平面，则只有正应变 ε_x，ε_y 和剪应变 γ_{xy}，而没有 ε_z，γ_{yz}，γ_{zx}。在金属材料断裂韧度测试试验中，对于张开型裂纹扩展，在拉伸或弯曲时，其裂纹尖端附近处于复杂应力状态，最典型的是平面应变和平面应力两种应力状态。前者出现于厚板中，后者则出现于薄板。

由图 4.6 可见，在离两端一定距离处，可以假定任意横截面上位移、应力、应变等力学量仅是 x，y 的函数，沿物体纵向无变化，进一步假设沿 z 方向位移 w 为常数或 0，则有

$$\varepsilon_{zz}=0,\ \varepsilon_{yy}=\frac{\partial v}{\partial y},\ 2\varepsilon_{xz}=\left(\frac{\partial u}{\partial z}+\frac{\partial w}{\partial x}\right) \qquad (4-17)$$

$$[D]=\frac{E}{(1+v)(1-2v)}\begin{bmatrix} 1-v & v & 0 \\ v & 1-v & 0 \\ 0 & 0 & \dfrac{1-2v}{2} \end{bmatrix} \qquad (4-18)$$

$$\sigma_z = v(\sigma_y + \sigma_x) \qquad (4-19)$$

3. 轴对称问题

对于厚壁筒、高压罐和炮筒等轴对称问题，可用轴坐标代替直角坐标，如图 4.7 所示，那么有

$$\varepsilon_r = \frac{\partial u}{\partial r}, \quad \varepsilon_z = \frac{\partial w}{\partial z}, \quad \varepsilon_\theta = \frac{u}{r}, \quad \varepsilon_{rz} = \frac{1}{2}\left(\frac{\partial u}{\partial z} + \frac{\partial w}{\partial r}\right) \quad (4-20)$$

$$[D] = \frac{E(1-v)}{(1+v)(1-2v)} \begin{bmatrix} 1 & \frac{v}{1-v} & 0 & \frac{v}{1-v} \\ \frac{v}{1-v} & 1 & 0 & \frac{v}{1-v} \\ 0 & 0 & \frac{1-2v}{2(1-v)} & 0 \\ \frac{v}{1-v} & \frac{v}{1-v} & 0 & 1 \end{bmatrix}_{(6)_2} \quad (4-21)$$

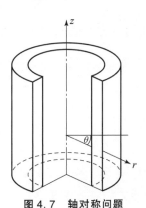

图 4.7　轴对称问题

4.2　静/动态载荷作用下的结构强度校核基础

静/动态载荷作用下的结构强度校核是目前有限元分析最常用领域，在武器装备设计中得到广泛应用。在具体应用时，可以进行一些结构的简化，各类方程与物理参量之间的联系如图 4.8 所示。下面对静/动态载荷作用下强度校核中的两类平面问题、各理论方程进行简单介绍。

4.2.1　两类平面问题

实际受力物体都是三维空间物体，作用在其上的外力通常也是一个空间力

系，其应力分量、应变分量和位移也都是 x，y，z 三个变量的函数。但是，当所考察物体具有某种特殊形状和特殊受力状态时，就可以将其简化为平面问题进行处理。

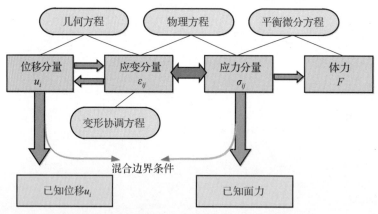

图 4.8　各类方程与物理参量之间的联系

弹性力学中的平面问题有两类，一类是平面应力问题，一类是平面应变问题，下面分别进行介绍。

4.2.1.1　平面应力问题

当物体的长度与宽度尺寸远大于其厚度（高度）尺寸，并且仅受有沿厚度方向均匀分布、在长度和宽度平面内的力作用时，与该物体相关的问题就可以简化为弹性力学中的平面应力问题（图 4.9）。

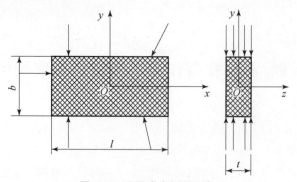

图 4.9　平面应力问题示意

分析应力特征如下。

当 $z = \pm t/2$ 时，有 $\sigma_z = 0$，$\tau_{zx} = 0$，$\tau_{zy} = 0$。

由于板较薄（相对于长度和宽度尺寸），外力沿板厚又是均匀分布，根据应力应连续假定（弹性力学中的基本假定），可以认为整个板各点均有 $\sigma_z = 0$，$\tau_{zx} = 0$，$\tau_{zy} = 0$。这样，描述空间问题的 6 个应力分量就变为 3 个，即

$$\{\boldsymbol{\sigma}\} = \begin{bmatrix} \sigma_x & \sigma_y & \tau_{xy} \end{bmatrix}^{\mathrm{T}} \tag{4-22}$$

而且这些应力分量仅是 x，y 两个变量的函数。

4.2.1.2 平面应变问题

当物体是一个很长的柱形体，其横截面沿长度方向保持不变，承受平行于横截面且沿长度方向均匀分布的力时，与该物相关的问题就可以简化为平面应变问题处理（图 4.10）。

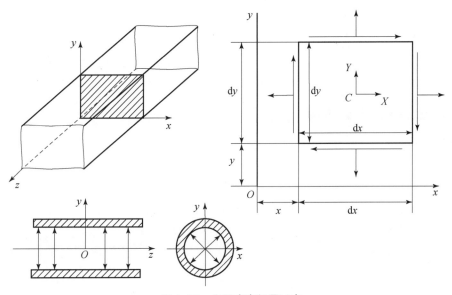

图 4.10 平面应变问题示意

分析其应力特征，假定其长度方向为无限长，那么任一横截面都可看作物体的对称面，如此则有该面上的点都有 $w = 0$，也就是横截面上的所有点都不会发生 z 方向位移。由这一点可以推出 $\varepsilon_z = 0$，$\tau_{zx} = 0$，$\tau_{zy} = 0$。

和平面应力相比，平面应变是 $\varepsilon_z = 0$，那么是否也就有 $\sigma_z = 0$ 呢？

可能有的读者认为因为 $\sigma = E\varepsilon$，所以 $\sigma_z = 0$，这是错误的。

平面应变状态下 $\sigma_z \neq 0$。虽然 σ_z 不等于零，但它也不是一个独立变量，它由 σ_x 和 σ_y 的大小决定。这样，独立应力分量同平面应力问题一样也是 3 个：

$$\{\boldsymbol{\sigma}\} = \begin{bmatrix} \sigma_x & \sigma_y & \tau_{xy} \end{bmatrix}^{\mathrm{T}} \tag{4-23}$$

4.2.1.3 两类问题比较

1. 几何特征

平面应力问题：厚度≪长度、宽度。

平面应变问题：厚度≫长度、宽度（为便于说明可将上述长度看作厚度）。

2. 受力特征

外力都必须在其面内且不沿厚度方向变化。

3. 应力特征

平面应力问题：$\sigma_z = 0$，$\tau_{zx} = 0$，$\tau_{zy} = 0$，$\varepsilon_z \neq 0$ 自由变形（无约束）。

平面应变问题：$\sigma_z \neq 0$（但不是自变量），$\tau_{zx} = 0$，$\tau_{zy} = 0$，$\varepsilon_z = 0$。

通过以上比较可以看出，平面应力是真正的二维（平面）应力状态，而平面应变却不是，而是三维应力状态，只不过 σ_z 不是独立变量，而是取决于横截面平面应力分量。独立变化的应力分量只有3个，类似平面应力状态。

4.2.2 平衡微分方程

结构强度校核分析的实质是在受力加载下进行弹性力学求解，弹性力学求解一般从静力学、几何学和物理学三方面综合考虑。因此，微元体首先应该满足的平衡条件是平衡微分方程。

下面以平面问题为例进行推导，介绍平衡微分方程的形式。

首先对平面问题微元体进行受力分析。物体静力平衡条件是 $\sum Fx(y) = 0$，$\sum M = 0$。$\sum Fx = 0$ 满足条件：

$$\left(\sigma_x + \frac{\partial \sigma_x}{\partial x} dx\right) dy \times 1 - \sigma_x \times dy \times 1 + \left(\tau_{yx} + \frac{\partial \tau_{yx}}{\partial y} dy\right) dx \times 1 - \tau_{yx} \times dx \times 1 + X \times dy dx \times 1 = 0 \quad (4-24)$$

展开化简得

$$\left(\frac{\partial \sigma_x}{\partial x}\right) + \left(\frac{\partial \tau_{yx}}{\partial y}\right) + X = 0 \quad (4-25)$$

同理，可求得 $\sum Fy = 0$ 满足条件：

$$\left(\frac{\partial \sigma_y}{\partial y}\right) + \left(\frac{\partial \tau_{xy}}{\partial x}\right) + Y = 0$$

由 $\sum M = 0$，列出方程如下：

$$\left(\tau_{xy} + \frac{\partial \tau_{xy}}{\partial x} dx\right) dy \times 1 \times \frac{dx}{2} + \tau_{xy} dy \times 1 \times \frac{dx}{2} - \left(\tau_{yx} + \frac{\partial \tau_{yx}}{\partial y} dy\right) dx \times 1 \times \frac{dy}{2} - \tau_{yx} dx \times 1 \times \frac{dy}{2} = 0 \quad (4-26)$$

化简后得

$$\tau_{xy} + \frac{1}{2} \cdot \frac{\partial \tau_{xy}}{\partial x}\mathrm{d}x = \tau_{yx} + \frac{1}{2} \cdot \frac{\partial \tau_{yx}}{\partial y}\mathrm{d}y \qquad (4-27)$$

略去微量项，可得 $\tau_{xy} = \tau_{yx}$。这就是前面所讲的剪应力互等。

对于平面应变问题，微元体前后面还有正应力 σ_z，不过它们是互等的，对推导结果没有任何影响，因此平面问题的平衡微分方程为

$$\left(\frac{\partial \sigma_x}{\partial x}\right) + \left(\frac{\partial \tau_{yx}}{\partial y}\right) + X = 0 \qquad (4-28)$$

$$\left(\frac{\partial \sigma_y}{\partial y}\right) + \left(\frac{\partial \tau_{xy}}{\partial x}\right) + Y = 0 \qquad (4-29)$$

写成矩阵形式如下：

$$\begin{bmatrix} \frac{\partial}{\partial x} & 0 & \frac{\partial}{\partial y} \\ 0 & \frac{\partial}{\partial y} & \frac{\partial}{\partial x} \end{bmatrix} \begin{bmatrix} \sigma_x \\ \sigma_y \\ \tau_{xy} \end{bmatrix} + \begin{bmatrix} X \\ Y \end{bmatrix} = \mathbf{0} \qquad (4-30)$$

4.2.3 几何方程

考察平衡微分方程，其中有 3 个未知变量 σ_x，σ_y，τ_{xy}，而只有 2 个方程式，方程有无数个解。这表明仅从静力学关系无法求解该方程。因此，必须从其他方面寻求帮助。

弹性体在受到外力后会发生位移和形变，从几何上描述弹性体各点位移与应变之间的关系，如图 4.11 所示，这就是弹性力学中的又一个重要方程——几何方程。

如图 4.11 所示，仍然选取截面的微元体 $ABCD$，AB，CD 边长为 $\mathrm{d}x$，$\mathrm{d}y$，厚度为"1"。

位移 u，v 都是 x，y 的函数，即 $u(x,y)$，$v(x,y)$，偏导数 $\frac{\partial u}{\partial x}$，$\frac{\partial v}{\partial x}$ 表示位移分量 u，v 沿坐标轴 x 的变化率，偏导数 $\frac{\partial u}{\partial y}$，$\frac{\partial v}{\partial y}$ 表示位移分量 u，v 沿坐标轴 y 的变化率，设 A 点的位移为 u，v，那么 B' 点的位移就是

$$u_{B'} = u + \frac{\partial u}{\partial x}\mathrm{d}x, \quad v_{B'} = v + \frac{\partial v}{\partial x}\mathrm{d}x \qquad (4-31)$$

同理，D' 点的位移分量为

$$u_{D'} = u + \frac{\partial u}{\partial y}\mathrm{d}y, \quad v_{D'} = v + \frac{\partial v}{\partial y}\mathrm{d}y \qquad (4-32)$$

由于 α 角在位移和形变很微小情况下非常小，所以

$$A'B' \approx A'B''$$

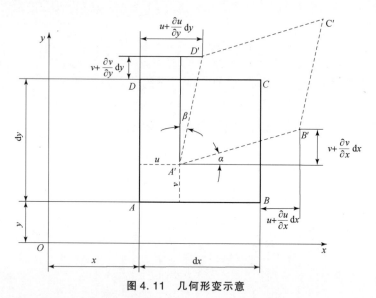

图 4.11 几何形变示意

线段 AB 位移后的总伸长量为

$$A'B' - AB = A'B'' - AB = \mu'_B - \mu_A = \mu + \frac{\partial \mu}{\partial x}dx - \mu = \frac{\partial \mu}{\partial x}dx$$

$$\varepsilon_x = \frac{\partial u}{\partial x}dx / dx = \frac{\partial u}{\partial x} \tag{4-33}$$

同理可得

$$\varepsilon_y = \frac{\partial v}{\partial y}dy / dy = \frac{\partial v}{\partial y} \tag{4-34}$$

剪应变由 α，β 两个角度组成：

$$\alpha \approx \tan \alpha = \frac{B'B''}{A'B''} = \frac{\left(v + \frac{\partial v}{\partial x}dx\right) - v}{dx + \left[u + \frac{\partial u}{\partial x}dx - u\right]} = \frac{\frac{\partial v}{\partial x}}{1 + \frac{\partial u}{\partial x}} \tag{4-35}$$

由于 $\frac{\partial u}{\partial x} < 1$，所以 $\alpha = \frac{\partial v}{\partial x}$，同理可得 $\beta = \frac{\partial u}{\partial y}$，故有

$$\gamma_{xy} = \alpha + \beta = \frac{\partial v}{\partial x} + \frac{\partial u}{\partial y} \tag{4-36}$$

综合以上几何方程，将它们写成矩阵形式为

$$\begin{bmatrix} \varepsilon_x \\ \varepsilon_y \\ \gamma_{xy} \end{bmatrix} = \begin{bmatrix} \frac{\partial}{\partial x} & 0 \\ 0 & \frac{\partial}{\partial y} \\ \frac{\partial}{\partial y} & \frac{\partial}{\partial x} \end{bmatrix} \begin{bmatrix} u \\ v \end{bmatrix} \tag{4-37}$$

由以上方程可以看出,当弹性体位移分量确定后,由几何方程可以完全确定应变;反过来,已知应变却不能完全确定弹性体位移。这是因为物体产生位移的原因有以下两个方面。

(1)变形产生位移。

(2)运动产生位移。

因此,弹性体有位移不一定有应变,因为位移可以是运动产生的,但有应变就一定有位移。

4.2.4 物理方程(本构模型)

这里物理方程即指本构方程,它是描述弹性体内应力与应变关系的方程,前面已经对它进行过详细介绍。弹性力学研究的通常是各向同性材料在三维应力状态下的应力与应变关系,这也是弹性力学研究的物理基础。根据已有研究可知,当弹性体处于小变形条件下时,正应力只会引起微元体各棱边伸长或缩短,而不会影响棱边之间角度的变化,剪应力只会引起角度变化而不会引起各棱边伸长或缩短。因此,运用力的叠加原理、单向胡克定律和材料横向效应(泊松效应),可以很容易地推导出材料在三向应力状态下的胡克定律,也就是通常所说的广义胡克定律:

$$\begin{cases} \varepsilon_x = \dfrac{1}{E}[\sigma_x - \mu(\sigma_y + \sigma_z)] \\ \varepsilon_y = \dfrac{1}{E}[\sigma_y - \mu(\sigma_x + \sigma_z)] \\ \varepsilon_z = \dfrac{1}{E}[\sigma_z - \mu(\sigma_y + \sigma_z)] \\ \gamma_{xy} = \dfrac{1}{G}\tau_{xy}, \gamma_{yz} = \dfrac{1}{G}\tau_{yz}, \gamma_{zx} = \dfrac{1}{G}\tau_{zx} \end{cases} \quad (4-38)$$

式中,E 为材料线弹性模量;G 为材料剪切弹性模量;μ 为材料横向收缩系数,即泊松系数。

三者不是独立的,根据前面的介绍,三者具有以下关系:

$$G = \dfrac{E}{2(1+\mu)} \quad (4-39)$$

上述参数都是材料固有属性系数,可以通过测试或查阅材料手册获得。例如:钢的弹性模量 E 为 196~206 GPa,弹性模量通常取 2.1×10^5 MPa;泊松比 μ 为 0.24~0.28,有时也取 0.3 进行计算;剪切模量 G 取 79 GPa。

将以上空间问题的物理方程运用到两类平面问题中,其形式如下。

1. 平面应力问题的物理方程

由前面的分析可知,平面应力问题有 $\sigma_z = 0$,$\tau_{zx} = 0$,$\tau_{zy} = 0$,因此

$$\varepsilon_x = \frac{1}{E}(\sigma_x - \mu\sigma_y) \qquad (4-40)$$

$$\varepsilon_y = \frac{1}{E}(\sigma_y - \mu\sigma_x) \qquad (4-41)$$

$$\varepsilon_z = \frac{1}{E}(\mu\sigma_x + \mu\sigma_y) \qquad (4-42)$$

$$\gamma_{xy} = \frac{1}{G}\tau_{xy} = \frac{2(1+\mu)}{E}\tau_{xy} \qquad (4-43)$$

以上方程也证明了前面所述的 $\varepsilon_z \neq 0$ 结论的正确性,但由于它是由 x 和 y 方向应力产生的附加无约束变形,所以通常不予考虑。

在有限元分析中更多地运用应变表示应力关系,因此将上式变形如下:

$$\sigma_x = \frac{E}{1-\mu^2}(\varepsilon_x + \mu\varepsilon_y) \qquad (4-44)$$

$$\sigma_y = \frac{E}{1-\mu^2}(\varepsilon_y + \mu\varepsilon_x) \qquad (4-45)$$

$$\tau_{xy} = \frac{E}{2(1+\mu)}\gamma_{xy} \qquad (4-46)$$

则以上方程矩阵表达形式为:

$$\begin{bmatrix} \sigma_x \\ \sigma_y \\ \gamma_{xy} \end{bmatrix} = \frac{E}{1-\mu^2} \begin{bmatrix} 1 & \mu & 0 \\ \mu & 1 & 0 \\ 0 & 0 & \frac{1-\mu}{2} \end{bmatrix} \begin{bmatrix} \varepsilon_x \\ \varepsilon_y \\ \gamma_{xy} \end{bmatrix} \qquad (4-47)$$

简记为

$$[\sigma] = [D][\varepsilon]$$

式中,$[\sigma]$、$[\varepsilon]$ 为该问题的应力、应变矢量;$[D]$ 为弹性矩阵,它是一个对称矩阵,且只与材料的弹性常数有关。

2. 平面应变问题的物理方程

因为 $\varepsilon_z = 0$,所以由空间物理方程第三式得

$$\sigma_z = \mu(\sigma_x + \sigma_y) \qquad (4-48)$$

代入式(4-38)得

$$\varepsilon_x = \frac{1-\mu^2}{E}\left(\sigma_x - \frac{\mu}{1-\mu}\sigma_y\right) \qquad (4-49)$$

$$\varepsilon_y = \frac{1-\mu^2}{E}\left(\sigma_y - \frac{\mu}{1-\mu}\sigma_x\right) \qquad (4-50)$$

$$\gamma_{zy} = \frac{1}{G}\tau_{xy} = \frac{2(1+\mu)}{E}\tau_{xy} = \frac{2\left(1+\dfrac{\mu}{1-\mu}\right)}{\dfrac{E}{1-\mu^2}}\tau_{xy} \qquad (4-51)$$

同理，变形为应变表示应力的形式：

$$\sigma_x = \frac{\dfrac{E}{1-\mu^2}}{1-\left(\dfrac{\mu}{1-\mu}\right)^2}\left(\varepsilon_x + \frac{\mu}{1-\mu}\varepsilon_y\right) \qquad (4-52)$$

$$\sigma_y = \frac{\dfrac{E}{1-\mu^2}}{1-\left(\dfrac{\mu}{1-\mu}\right)^2}\left(\varepsilon_y + \frac{\mu}{1-\mu}\varepsilon_x\right) \qquad (4-53)$$

$$\tau_{xy} = \frac{\dfrac{E}{1-\mu^2}}{2\left(1+\dfrac{\mu}{1-\mu}\right)}\gamma_{xy} \qquad (4-54)$$

矩阵形式为

$$\begin{bmatrix}\sigma_x \\ \sigma_y \\ \gamma_{xy}\end{bmatrix} = \frac{\dfrac{E}{1-\mu^2}}{1-\left(\dfrac{\mu}{1-\mu}\right)^2}\begin{bmatrix}1 & \dfrac{\mu}{1-\mu} & 0 \\ \dfrac{\mu}{1-\mu} & 1 & 0 \\ 0 & 0 & \dfrac{1-\dfrac{\mu}{1-\mu}}{2}\end{bmatrix}\begin{bmatrix}\varepsilon_x \\ \varepsilon_y \\ \gamma_{xy}\end{bmatrix} \qquad (4-55)$$

也可简记为

$$[\sigma] = [D][\varepsilon]$$

平面应变问题的弹性矩阵不同于平面应力问题的弹性矩阵，比较可以发现只需将平面应力问题的弹性矩阵 $[D]$ 中的材料常数 E 换为 $E/(1-\mu^2)$，μ 换为 $\mu/(1-\mu)$ 就得到了平面应变问题的弹性矩阵。其实弹性矩阵的这种转换方法是弹性力学中将平面应力结果转换到平面应变问题结论的一般方法，因为在两种平面问题描述方程中（平衡微分方程、几何方程和物理方程），只有物理方程是不同的。

4.2.5 边界条件

求解弹性力学问题实际就是在确定边界条件的前提下，求解 8 个基本方程（对平面问题而言），以确定 8 个未知变量，因此从数学的角度看，就是求解偏微分方程的边值问题。边界条件的给出通常是各式各样的，大体可以分为三类。

1. 第一类边值问题

第一类边值问题是在给定物体体力和面力的基础上,确定弹性体的应力场和位移场。此类问题边界以力的形式给出,因此也称为应力边界条件。可以考察应力边界的一般形式:$\sigma_{ji}v_j = \overline{T}_i$,$\overline{T}_i$ 是在 S_σ 面上给出的力分量。

如图 4.12 所示,设阴影部分微元体弧长为 ds,厚度为单元厚度"1",其法线与 X 轴的夹角为 θ,由阴影部分微元体的平衡条件可以推出:

$$\begin{cases} \overline{X}\,ds \times 1 - \sigma_x \cdot ds\cos\theta \times 1 - \tau_{xy} \cdot ds\sin\theta \times 1 = 0 \\ \overline{Y}\,ds \times 1 - \sigma_y \cdot ds\sin\theta \times 1 - \tau_{xy} \cdot ds\cos\theta \times 1 = 0 \end{cases} \quad (4-56)$$

化简后得

$$\begin{cases} \sigma_x\cos\theta + \tau_{xy}\sin\theta = \overline{X} \\ \sigma_y\sin\theta + \tau_{xy}\cos\theta = \overline{Y} \end{cases} \quad (4-57)$$

此即平面问题应力边界方程。

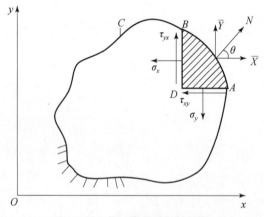

图 4.12 第一类边值问题示意

2. 第二类边值问题

给出弹性体体力和物体表面各点位移条件,确定弹性体的应力场和位移场。由于以位移给出已知边界条件,所以第二类边值问题也称为位移边界问题。

一般得位移边界条件为:$u_i = \overline{u}_i$ 在 S_u 面上。

3. 第三类边值问题

给定弹性体的体力和一定边界上的面力,由其余边界上的位移确定其应力场和位移场。由于边界以力和位移两种形式给出,所以第三类边值问题也称为混合边界问题。

针对不同的边界条件,弹性力学求解方法也有所不同,下面进行简单介绍。

4.2.6 常用解题方法

在没有计算机工具之前,通常用解析法进行求解,对于上述方程,常用解题方法有应力法、应变法。下面分别介绍。

1. 应力法

由于第一类边值问题的边界条件以应力形式给出,所以以应力作为基本未知量的求解过程,就是人们通常所说的应力法。

由于平衡方程中有3个未知量,而只有2个平衡微分方程式,所以必须找出另外一个包含应力分量的方程式,才能求得方程解。

考虑到弹性体变形前是一个连续体,变形后也应是连续体的基本假设,因此要求微元体变形一定要协调,以使变形前、后不发生裂缝、重叠等现象。要使变形协调,就要研究几何方程。

前面介绍平面问题的几何方程如下:

$$\varepsilon_x = \frac{\partial u}{\partial x} \tag{4-58}$$

$$\varepsilon_y = \frac{\partial v}{\partial y} \tag{4-59}$$

$$\gamma_{xy} = \frac{\partial u}{\partial y} + \frac{\partial v}{\partial x} \tag{4-60}$$

分别对 ε_x,ε_y 求 y,x 的二阶偏导,然后相加:

$$\frac{\partial^2 \varepsilon_x}{\partial y^2} + \frac{\partial^2 \varepsilon_y}{\partial x^2} = \frac{\partial^2}{\partial y^2}\left(\frac{\partial u}{\partial x}\right) + \frac{\partial^2}{\partial x^2}\left(\frac{\partial v}{\partial y}\right) = \frac{\partial^2}{\partial x \partial y}\left(\frac{\partial u}{\partial y} + \frac{\partial v}{\partial x}\right) = \frac{\partial^2 \gamma_{xy}}{\partial x \partial y} \tag{4-61}$$

上式表明3个应变分量应满足连续性条件,称之为形变协调方程(相容方程)。通过物理方程,将上述形变协调方程转换成应力表示形式,使之与平衡微分方程就构成应力法中需要求解的方程组。具体如下。

(1) 利用物理方程消去相容方程中的形变分量(以平面应力为例):

$$\frac{1}{E}\left[\frac{\partial^2}{\partial y^2}(\sigma_x - \mu\sigma_y) + \frac{\partial^2}{\partial x^2}(\sigma_y - \mu\sigma_x)\right] = \frac{2(1+\mu)}{E} \cdot \frac{\partial^2 \tau_{xy}}{\partial x \partial y} \tag{4-62}$$

$$\left[\frac{\partial^2}{\partial y^2}(\sigma_x - \mu\sigma_y) + \frac{\partial^2}{\partial x^2}(\sigma_y - \mu\sigma_x)\right] = 2(1+\mu)\frac{\partial^2 \tau_{xy}}{\partial x \partial y} \tag{4-63}$$

(2) 利用平衡微分方程,消去上述公式中的剪应力:

$$\frac{\partial \tau_{xy}}{\partial y} = -\frac{\partial \sigma_x}{\partial x} - X \tag{4-64}$$

$$\frac{\partial \tau_{xy}}{\partial x} = -\frac{\partial \sigma_y}{\partial y} - Y \tag{4-65}$$

式（4-63）对 x 求偏导，式（4-64）对 y 求偏导，然后两者相加，可得

$$2\frac{\partial^2 \tau_{xy}}{\partial x \partial y} = -\frac{\partial^2 \sigma_x}{\partial x^2} - \frac{\partial X}{\partial x} - \frac{\partial^2 \sigma_y}{\partial y^2} - \frac{\partial Y}{\partial y} \tag{4-66}$$

代入相容方程，化简为

$$\frac{\partial^2}{\partial y^2}(\sigma_x - \mu\sigma_y) + \frac{\partial^2}{\partial x^2}(\sigma_y - \mu\sigma_x) = (1+\mu)\left[-\frac{\partial^2 \sigma_x}{\partial x^2} - \frac{\partial X}{\partial x} - \frac{\partial^2 \sigma_y}{\partial y^2} - \frac{\partial Y}{\partial y}\right]$$

$$\frac{\partial^2 \sigma_x}{\partial x^2} + \frac{\partial^2 \sigma_y}{\partial y^2} + \frac{\partial^2 \sigma_y}{\partial x^2} + \frac{\partial^2 \sigma_x}{\partial y^2} = -(1+\mu)\left(\frac{\partial X}{\partial x} + \frac{\partial Y}{\partial y}\right) \tag{4-67}$$

$$\left(\frac{\partial^2}{\partial x^2} + \frac{\partial^2}{\partial y^2}\right)(\sigma_x + \sigma_y) = -(1+\mu)\left(\frac{\partial X}{\partial x} + \frac{\partial Y}{\partial y}\right) \tag{4-68}$$

对于平面应变而言，运用前面所述物理方程转换方法，只需将式（4-68）中的 μ 代以 $\mu/(1-\mu)$ 即可：

$$\left(\frac{\partial^2}{\partial x^2} + \frac{\partial^2}{\partial y^2}\right)(\sigma_x + \sigma_y) = -\frac{1}{1-\mu}\left(\frac{\partial X}{\partial x} + \frac{\partial Y}{\partial y}\right) \tag{4-69}$$

（3）得到最终求解方程组。

平面应力问题：

$$\left(\frac{\partial \sigma_x}{\partial x}\right) + \left(\frac{\partial \tau_{yx}}{\partial y}\right) + X = 0 \tag{4-70}$$

$$\left(\frac{\partial \sigma_y}{\partial y}\right) + \left(\frac{\partial \tau_{xy}}{\partial x}\right) + Y = 0 \tag{4-71}$$

$$\left(\frac{\partial^2}{\partial x^2} + \frac{\partial^2}{\partial y^2}\right)(\sigma_x + \sigma_y) = -(1+\mu)\left(\frac{\partial X}{\partial x} + \frac{\partial Y}{\partial y}\right) \tag{4-72}$$

平面应变问题：

$$\left(\frac{\partial \sigma_x}{\partial x}\right) + \left(\frac{\partial \tau_{yx}}{\partial y}\right) + X = 0 \tag{4-73}$$

$$\left(\frac{\partial \sigma_y}{\partial y}\right) + \left(\frac{\partial \tau_{xy}}{\partial x}\right) + Y = 0 \tag{4-74}$$

$$\left(\frac{\partial^2}{\partial x^2} + \frac{\partial^2}{\partial y^2}\right)(\sigma_x + \sigma_y) = -\frac{1}{1-\mu}\left(\frac{\partial X}{\partial x} + \frac{\partial Y}{\partial y}\right) \tag{4-75}$$

通过 3 个微分方程式、3 个未知变量，再考虑边界条件，即可求解。

对于单连体（只具有唯一的封闭边界）对象，满足以上方程组的解就是实际解。但对于多连体（具有多个封闭边界）对象，其中还包含待定系数，

这些待定系数会导致位移解出现多值性，因此对于多连体问题，还应考虑位移单值条件，才能最终确定解。对于这种情形，可以参考徐芝纶编的《简明弹性力学教程》中圆环受均布压应力的相关内容进行求解。

2. 位移法

位移法主要针对第二类边值问题，具体求解步骤如下。

（1）修改物理方程形式，使之成为应变表示应力的形式。
（2）应用几何方程表示以上得到公式中的应变。
（3）将它们代入平衡微分方程。

经整理最后得到位移法求解平面应力问题的方程为

$$\frac{E}{1-\mu^2}\left(\frac{\partial^2 u}{\partial x^2} + \frac{1-\mu}{2}\cdot\frac{\partial^2 u}{\partial y^2} + \frac{1+\mu}{2}\cdot\frac{\partial^2 v}{\partial x \partial y}\right) + X = 0 \qquad (4-76)$$

$$\frac{E}{1-\mu^2}\left(\frac{\partial^2 v}{\partial y^2} + \frac{1-\mu}{2}\cdot\frac{\partial^2 v}{\partial x^2} + \frac{1+\mu}{2}\cdot\frac{\partial^2 u}{\partial x \partial y}\right) + Y = 0 \qquad (4-77)$$

通过 2 个未知量、2 个方程式，再加上边界条件即可求得平面应力问题的解。

以上介绍的解析法中，应力法和位移法是求解弹性力学问题的基本方法，但都需要解联立的偏微分方程组。其求解过程的数学难度常常导致这种求解无法进行，因此，基于数值法计算显得尤为重要。

由于应力法在体力为常量的情况下可以进一步简化为求解一个单独微分方程问题，所以应力法在解析法中应用相对较多；但即使这样，在使用应力法时，也常常采用逆解法或半逆解法。

4.2.7　常体力情况下应力法的简化及应力函数

结构强度校核分析的核心是求解结构的弹性力学方程。前面讲述了弹性力学三大方程以及应用这三大方程的应力法和位移法的求解步骤，同时说明了求解联立偏微分方程组在数学上是难度很大，在很多情况下根本无法进行求解。那么弹性力学如何在实际中应用？它和材料力学的区别究竟是什么？在此，一方面了解如何应用弹性力学方程来求解问题，另一方面加深对力学概念的深入理解，建立力学分析问题的直观感觉，为建立有限元模型打好基础。

在大多数情况下，分析对象的体力是常数，它不随 x，y 坐标变化，如此，前面讲解的第三个方程（应力表示的相容方程）就可以简化为

$$\left(\frac{\partial^2}{\partial x^2} + \frac{\partial^2}{\partial y^2}\right)(\sigma_x + \sigma_y) = 0 \qquad (4-78)$$

简记为

$$\nabla^2(\sigma_x + \sigma_y) = 0 \qquad (4-79)$$

以上方程称为拉普拉斯微分方程，数学上也称之为调和方程，满足调和方程的函数称为调和函数，即可这里的 $(\sigma_x + \sigma_y)$，式中，∇^2 是拉普拉斯算子。

这样常体力情况下的应力法方程如下：

$$\left(\frac{\partial \sigma_x}{\partial x}\right) + \left(\frac{\partial \tau_{yx}}{\partial y}\right) + X = 0 \quad (4-80)$$

$$\left(\frac{\partial \sigma_y}{\partial y}\right) + \left(\frac{\partial \tau_{xy}}{\partial x}\right) + Y = 0 \quad (4-81)$$

$$\nabla^2 (\sigma_x + \sigma_y) = 0 \quad (4-82)$$

以上方程都不含有材料常数 E，μ，因此平面应力和平面应变两类问题具有相同的方程，这表明：在单连体问题中，只要边界相同、受同样分布外力，则应力分布与材料无关，也与处于平面应力的状态还是处于平面应变的状态无关。以上结论的意义如下：

（1）将弹性力学平面解答的应用范围拓宽。

（2）为应力分析试验提供理论依据（光弹试验）。

下面进一步考察平衡方程。

其解由齐次微分方程 $\left(\frac{\partial \sigma_x}{\partial x}\right) + \left(\frac{\partial \tau_{yx}}{\partial y}\right) = 0$ 的通解，加上任意一组特解组成：

$$\left(\frac{\partial \sigma_y}{\partial y}\right) + \left(\frac{\partial \tau_{xy}}{\partial x}\right) = 0 \quad (4-83)$$

对于特解，可以很容易地找到，如 $\sigma_x = -Xx$，$\sigma_y = -Yy$，$\tau_{xy} = 0$。因此，现在关键是找到齐次微分方程的通解。

由第一个方程，可得

$$\left(\frac{\partial \sigma_x}{\partial x}\right) = -\left(\frac{\partial \tau_{yx}}{\partial y}\right) = \frac{\partial}{\partial y}(-\tau_{xy}) \quad (4-84)$$

由数学微分理论，该式是一个函数全微分的充要条件。所谓全微分，就是有一个函数，如下所示：

$$\mathrm{d}A = \sigma_x \mathrm{d}y + (-\tau_{xy}) \mathrm{d}x \quad (4-85)$$

且

$$\sigma_x = \frac{\partial A}{\partial y}, \quad \tau_{xy} = \frac{\partial A}{\partial x} \quad (4-86)$$

同理，由第二式可得

$$\sigma_y = \frac{\partial B}{\partial x}, \quad \tau_{xy} = \frac{\partial B}{\partial y} \quad (4-87)$$

由剪应力公式可知存在一个函数 φ，可以使 $\mathrm{d}\varphi = B\mathrm{d}y + A\mathrm{d}x$，因此

$$A = \frac{\partial \varphi}{\partial y} \quad (4-88)$$

$$B = \frac{\partial \varphi}{\partial x} \qquad (4-89)$$

于是

$$\sigma_x = \frac{\partial^2 \varphi}{\partial y^2} \qquad (4-90)$$

$$\sigma_y = \frac{\partial^2 \varphi}{\partial x^2} \qquad (4-91)$$

$$\tau_{xy} = -\frac{\partial^2 \varphi}{\partial y \partial x} \qquad (4-92)$$

由于应力与函数 φ 存在这样的关系,所以函数 φ 即应力函数。

在此,用应力函数表示相容方程,如下所示:

$$\left(\frac{\partial^2}{\partial x^2} + \frac{\partial^2}{\partial y^2}\right)(\sigma_x + \sigma_y) = \left(\frac{\partial^2}{\partial x^2} + \frac{\partial^2}{\partial y^2}\right)\left(\frac{\partial^2}{\partial x^2} + \frac{\partial^2}{\partial y^2}\right)\varphi = 0 \qquad (4-93)$$

$$\nabla^2 \nabla^2 \varphi = \nabla^4 \varphi = 0 \qquad (4-94)$$

上式表明 φ 是重调和函数。

在弹性力学的解析求解中,常用逆解法和半逆解法。所谓逆解法,就是设定各种满足相容方程的应力函数,运用 σ_x、σ_y 与应力函数 φ 的关系求得应力分量,再考察其满足何种边界条件,从而知晓这样的应力函数可以解决什么样的问题。

所谓半逆解法,就是根据弹性体的边界形状和受力关系,设定部分应力分量为何种形式的函数,从而确定应力函数 φ,运用应力函数求出所有应力分量,根据边界条件确定应力分量应具有的最终形式。

在此介绍一个半逆解法的例子:运用半逆解法求简支梁受均布载荷应力分布。由材料力学可知,弯曲应力主要由弯矩 M 引起,剪应力由剪力引起,而挤压应力由分布载荷 q 引起。现在 q 为不随 x 变化的常量,因此设 σ_y 不随 x 坐标变化,即 $\sigma_y = f(y)$。

因此,

$$\sigma_y = \frac{\partial^2 \varphi}{\partial x^2} = f(y) \qquad (4-95)$$

在此,对 x 积分:

$$\frac{\partial \varphi}{\partial x} = xf(y) + f_1(y) \qquad (4-96)$$

$$\varphi = \frac{x^2}{2}f(y) + xf_1(y) + f_2(y) \qquad (4-97)$$

上式中 $f_1(y)$,$f_2(y)$ 是待定函数,由于应力函数必须满足相容方程,所以

$$\nabla^4 \varphi = \frac{\partial^4 \varphi}{\partial x^4} + 2\frac{\partial^4 \varphi}{\partial x^2 \partial y^2} + \frac{\partial^4 \varphi}{\partial y^4} = 0 \qquad (4-98)$$

$$\frac{\partial^4 \varphi}{\partial x^4} = 0 \qquad (4-99)$$

$$\frac{\partial^4 \varphi}{\partial x^2 \partial y^2} = \frac{\mathrm{d}^2 f(y)}{\mathrm{d} y^2} \qquad (4-100)$$

把

$$\frac{\partial^4 \varphi}{\partial y^4} = \frac{x^2}{2} \cdot \frac{\mathrm{d}^4 f(y)}{\mathrm{d} y^4} + x\frac{\mathrm{d}^4 f_1(y)}{\mathrm{d} y^4} + \frac{\mathrm{d}^4 f_2(y)}{\mathrm{d} y^4} \qquad (4-101)$$

代入式（4-97），可得

$$\frac{1}{2} \cdot \frac{\mathrm{d}^4 f(y)}{\mathrm{d} y^4} x^2 + x\frac{\mathrm{d}^4 f_1(y)}{\mathrm{d} y^4} + \frac{\mathrm{d}^4 f_2(y)}{\mathrm{d} y^4} + 2\frac{\mathrm{d}^2 f(y)}{\mathrm{d} y^2} = 0 \qquad (4-102)$$

考察上式可以看出它是一个关于 x 的二次方程，因此在一般情况下它只有2个根，也就是说只有2个位置能够满足上式，但对相容方程的要求是绝对满足，也就是要求在整个梁的范围内都满足，因此该方程的系数项和自由项全部为零，即

$$\frac{\mathrm{d}^4 f(y)}{\mathrm{d} y^4} = 0 \qquad (4-103)$$

$$\frac{\mathrm{d}^4 f_1(y)}{\mathrm{d} y^4} = 0 \qquad (4-104)$$

$$\frac{\mathrm{d}^4 f_2(y)}{\mathrm{d} y^4} + 2\frac{\mathrm{d}^2 f_2(y)}{\mathrm{d} y^2} = 0 \qquad (4-105)$$

于是

$$f(y) = Ay^3 + By^2 + Cy + D \qquad (4-106)$$

$$f_1(y) = Ey^3 + Fy^2 + Gy \qquad (4-107)$$

$$\frac{\mathrm{d}^4 f_2(y)}{\mathrm{d} y^4} = -2\frac{\mathrm{d}^2 f(y)}{\mathrm{d} y^2} = -12Ay - 4B \qquad (4-108)$$

$$f_2(y) = -\frac{A}{10}y^5 - \frac{B}{6}y^4 + Hy^3 + Ky^2 \qquad (4-109)$$

式中，A，B，C，$\cdots$，K 都是待定系数。式（4-106）、式（4-108）分别省掉了常数项和一次项。这是由于 $f_1(y)$，$f_2(y)$ 分别是应力函数中 x 的一次项和常数项。这样处理不会对应力分量产生影响。最后，求出应力函数为

$$\varphi = \frac{x^2}{2}(Ay^3 + By^2 + Cy + D) + x(Ey^3 + Fy^2 + Gy) - \frac{A}{10}y^5 - \frac{B}{6}y^4 + Hy^3 + Ky^2$$

$$(4-110)$$

由应力与应力函数的关系，可以求出各个应力分量：

$$\sigma_x = \frac{\partial^2 \varphi}{\partial y^2} = \frac{x^2}{2}(6Ay + 2B) + x(6Ey + 2F) - 2Ay^3 - 2By^2 + 6Hy + 2K$$
(4 – 111)

$$\sigma_y = Ay^3 + By^2 + Cy + D \tag{4 – 112}$$

$$\tau_{xy} = -x(2Ay^2 + 2By + C) - (3Ey^2 + 2Fy + G) \tag{4 – 113}$$

由于以上求得的应力分量满足了平衡方程和相容方程，所以只需根据边界确定系数 A，B，C，$\cdots$，K，就求得了该问题的解。

根据对称性，有 $E = F = G = 0$。通常梁的跨度远大于梁的深度，因此上、下边界是主要边界，它们必须满足：

$$(\sigma_y)_{y=\frac{h}{2}} = 0 \tag{4 – 114}$$

$$(\sigma_y)_{y=-\frac{h}{2}} = -q \quad (\tau_{xy})_{y=\pm\frac{h}{2}} = 0 \tag{4 – 115}$$

将它们代入表达式，并且考虑 $E = F = G = 0$，则有

$$\frac{h^3}{8}A + \frac{h^2}{4}B + \frac{h}{2}C + D = 0 \tag{4 – 116}$$

$$\frac{h^3}{8}A + \frac{h^2}{4}B + \frac{h}{2}C + D = 0 \tag{4 – 117}$$

$$\frac{3}{4}h^2 A + hB + C = 0 \tag{4 – 118}$$

$$\frac{3}{4}h^2 A - hB + C = 0 \tag{4 – 119}$$

对以上 4 个方程解 4 个未知数，可求得

$$A = -\frac{2q}{h^3} \tag{4 – 120}$$

$$B = 0 \tag{4 – 121}$$

$$C = \frac{3q}{2h} \tag{4 – 122}$$

$$D = -\frac{q}{2} \tag{4 – 123}$$

将上述式子代回应力分量表达式，有

$$\sigma_x = -\frac{6q}{h^3}x^2 y + \frac{6q}{h^3}y^3 + 6Hy + 2K \tag{4 – 124}$$

$$\sigma_y = -\frac{2q}{h^3}y^3 + \frac{3q}{2h}y - \frac{q}{2} \tag{4 – 125}$$

$$\tau_{xy} = \frac{6q}{h^3}x^2 y + \frac{3q}{2h}x \tag{4 – 126}$$

对于左、右两个边界，由于前面已经考虑了对称性，所以这里仅有右边

界。因为没有水平力，要求 $x = l$ 时，$\sigma_x = 0$，考察 σ_x 的表达式，除非 $q = 0$，而这违背已知条件。

因此，在这个边界上只能要求部分满足。在此，运用圣维南原理，以等效力系进行替代（这样产生的误差只在力作用点附近较大），所运用的等效力系就是合成力系，其为平衡力系：

$$\int_{-\frac{h}{2}}^{\frac{h}{2}} (\sigma_x)_{x=l} \mathrm{d}y = 0，合力等于 0 \tag{4-127}$$

$$\int_{-\frac{h}{2}}^{\frac{h}{2}} (\sigma_x)_{x=l} y\mathrm{d}y = 0，合力矩等于 0 \tag{4-128}$$

由第一个条件得 $K = 0$（奇函数在对称区间上的积分为零）；由第二个条件得

$$H = \frac{ql^2}{h^3} - \frac{q}{10h} \tag{4-129}$$

可以证明剪应力的合力为 $-ql$，即

$$\int_{-\frac{h}{2}}^{\frac{h}{2}} (\tau_{xy})_{x=l} \mathrm{d}y = -ql \tag{4-130}$$

最终求得结果，加以整理，可得

$$\sigma_x = \frac{6q}{h^3}(l^2 - x^2)y + q\frac{y}{h}\left(4\frac{y^2}{h^2} - \frac{3}{5}\right) \tag{4-131}$$

$$\sigma_y = -\frac{q}{2}\left(1 + \frac{y}{h}\right)\left(1 - \frac{2y}{h}\right)^2 \tag{4-132}$$

$$\tau_{xy} = -\frac{6q}{h^3}x\left(\frac{h^2}{4} - y^2\right) \tag{4-133}$$

由于厚度为 "1"，所以此时其惯性矩 $I = \frac{h^3}{12}$，静矩 $S = \frac{h^2}{8} - \frac{y^2}{2}$，如图 4.13 所示。

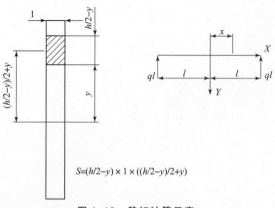

图 4.13 静矩计算示意

任意一点的弯矩为

$$M = ql(l-x) - \frac{q}{2}(l-x)^2 = \frac{q}{2}(l^2 - x^2) \quad (4-134)$$

剪力为

$$Q = -ql + q(l-x) = -qx \quad (4-135)$$

因此,上式中的应力分量可以改写为

$$\sigma_x = \frac{M}{I}y + q\frac{y}{h}\left(4\frac{y^2}{h^2} - \frac{3}{5}\right) \quad (4-136)$$

$$\sigma_y = -\frac{q}{2}\left(1 + \frac{y}{h}\right)\left(1 - \frac{2y}{h}\right)^2 \quad (4-137)$$

$$\tau_{xy} = \frac{QS}{I} \quad (4-138)$$

各项应力分布如图 4.14 所示。

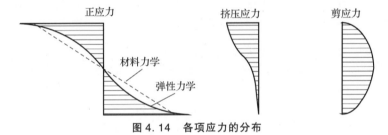

图 4.14 各项应力的分布

σ_x 的第一项为主应力项,σ_x 的第二项为应力修正项,当 $L/h > 4$ 时,其仅占主项的 1/60,当 $L/h = 2$ 时,仅占主项的 1/15,因此,对于深梁工程构件不能忽视第二项影响。

4.2.8 虚功方程

从前一节深梁的例子可以看出,弹性力学解析求解过程是非常复杂的。这样的求解在很多实际工程情况下是不可能完成的,因此长期以来,技术人员一直探求数值求解方法,有限元方法是其中最成功的方法。此外,为了分析单元特性和简化分析过程,还需要了解单元的能量关系,因为在力学上,很多时候从能量的角度可以大大简化分析过程。

下面介绍应变能的概念。

由材料力学知,弹性体在受到外力作用发生变形的过程中,弹性体内部会存储变形势能——应变能。在单向应力场中,单位体积应变能的计算可以表示为

$$\mathrm{d}U = \frac{1}{2}\sigma\varepsilon \quad (4-139)$$

对于平面问题，有 3 个应力分量和与之对应的应变分量。由于在小变形情况下，正交力系互不影响，所以由力的叠加原理可知，该种情况下的应变能为

$$dU = \frac{1}{2}(\sigma_x \varepsilon_x + \sigma_y \varepsilon_y + \tau_{xy} \gamma_{xy}) = \frac{1}{2}[\boldsymbol{\sigma}]^T [\boldsymbol{\varepsilon}] = \frac{1}{2}[\boldsymbol{\varepsilon}]^T [\boldsymbol{\sigma}] \quad (4-140)$$

其中，

$$[\boldsymbol{\sigma}] = [\sigma_x \quad \sigma_y \quad \tau_{xy}]^T \quad (4-141)$$

$$[\boldsymbol{\varepsilon}] = [\varepsilon_x \quad \varepsilon_y \quad \gamma_{xy}]^T \quad (4-142)$$

整个弹性体的应变能为

$$U = \frac{1}{2}\int_v [\boldsymbol{\sigma}]^T [\boldsymbol{\varepsilon}] dv = \frac{1}{2}\int_v [\boldsymbol{\varepsilon}]^T [\boldsymbol{\sigma}] dv \quad (4-143)$$

上式也表示应力在应变上所做的总功。在理论力学中有一个虚功原理，也称为虚位移原理。其基本思想就是：假定加在物体上一个可能的、任意的、微小的位移，因为能量必须守恒，所以在平衡条件下，物体的约束反力所做虚功应等于外力所做虚功，如图 4.15 所示。

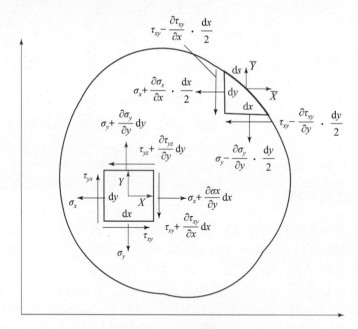

图 4.15 虚功原理示意

在这里所说的可能虚位移是指位移必须满足约束条件。"任意的"是指位移的方向和类型是随意的。把这一原理运用到现在的弹性体中，衡量弹性体应满足的平衡能量关系就是：假定加在弹性体上一个可能的、任意的、微小的位移，在平衡条件下，弹性体内的应变能应等于外力所做虚功。这里应满足的平

衡能量关系同样因为能量必须守恒。

这一原理可以推到有限元分析中广泛用到的虚功方程。假定弹性体发生虚位移 u^*，v^*，则由几何方程可得

$$\varepsilon_x^* = \frac{\partial u^*}{\partial x} \tag{4-144}$$

$$\varepsilon_y^* = \frac{\partial v^*}{\partial y} \tag{4-145}$$

$$\gamma_{xy}^* = \frac{\partial u^*}{\partial y} + \frac{\partial v^*}{\partial x} \tag{4-146}$$

现考察弹性体内部微元体和边界处微元体上的力所做虚功。

（1）内部微元体上力所做的虚功。

左面的应力虚功为

$$-(\sigma_x \mathrm{d}y \times 1) \times u^* \tag{4-147}$$

右面的应力虚功为

$$\left(\sigma_x + \frac{\partial \sigma_x}{\partial x}\mathrm{d}x\right)\mathrm{d}y \times 1 \times \left(u^* + \frac{\partial u^*}{\partial x}\mathrm{d}x\right) \tag{4-148}$$

左、右两面的虚功之和（略去高阶微量，并考虑 $\varepsilon_x^* = \frac{\partial u^*}{\partial x}$）为

$$\left(\sigma_x \varepsilon_x^* + \frac{\partial \sigma_x}{\partial x}u^*\right)\mathrm{d}v_1 \tag{4-149}$$

同理，得到剪应力的虚功之和为

$$\left(\tau_{xy}\frac{\partial u^*}{\partial y} + \frac{\partial \tau_{xy}}{\partial y}u^*\right)\mathrm{d}v_1 \tag{4-150}$$

体力 X 的虚功为 $Xu^* \mathrm{d}v_1$。

同样考虑 y 方向的 σ_y 以及 τ_{yx} 以及体力 y 的虚功，然后叠加成内部微元体上的虚功如下：

$$\mathrm{d}w_1 = \left[\left(\frac{\partial \sigma_x}{\partial x} + \frac{\partial \tau_{xy}}{\partial y} + X\right)u^* + \left(\frac{\partial \sigma_y}{\partial y} + \frac{\partial \tau_{yx}}{\partial x} + Y\right)v^*\right]\mathrm{d}v_1 + (\sigma_x\varepsilon_x^* + \sigma_y\varepsilon_y^* + \tau_{xy}\gamma_{xy}^*)\mathrm{d}v_1 \tag{4-151}$$

（2）边界处微元体上力所做的虚功。

设斜边中点处的虚位移为 u^*，v^*，形心处的应力为 σ_x，σ_y，τ_{xy}，那么在直角边上的应力和位移均有一个负增量，虚功计算方法为

$$-\left(\sigma_x - \frac{\partial \sigma_x}{\partial x} \cdot \frac{\mathrm{d}x}{2}\right)\mathrm{d}y \times 1 \times \left(u^* - \frac{\partial u^*}{\partial x} \cdot \frac{\mathrm{d}x}{2}\right)$$

$$\approx -\left[\sigma_x u^* - \left(\frac{\partial \sigma_x}{\partial x}u^* + \sigma_x\varepsilon_x^*\right)\frac{\mathrm{d}x}{2}\right]\mathrm{d}y \times 1 \quad (\text{略去了高阶微量}) \tag{4-152}$$

同理，dy 直角边上剪应力所做虚功为

$$-\left[\tau_{xy}u^* - \left(\frac{\partial \tau_{xy}}{\partial y}u^* + \tau_{xy}\frac{\partial u^*}{\partial y}\right)\frac{dy}{2}\right]dx \times 1 \qquad (4-153)$$

则体积力所做虚功为 $(Xu^* + Yv^*)dv_2$。

用同样的方法，可求得另一面上正应力与剪应力所做虚功，全部相加即得斜边微元体上的虚功之和为

$$dw_2 = \left[\left(\frac{\partial \sigma_x}{\partial x} + \frac{\partial \tau_{xy}}{\partial y} + X\right)u^* + \left(\frac{\partial \sigma_y}{\partial y} + \frac{\partial \tau_{yx}}{\partial x} + Y\right)v^*\right]dv_2 + (\sigma_x \varepsilon_x^* + \sigma_y \varepsilon_y^* + \tau_{xy}\gamma_{xy}^*)dv_2 +$$

$$[(\bar{X} - \sigma_x\cos\vartheta - \tau_{xy}\sin\vartheta)u^* + (\bar{Y} - \sigma_y\sin\vartheta - \tau_{xy}\cos\vartheta)v^*] \qquad (4-154)$$

支反力处的虚位移为零，因此支反力不做功，将 $dw_1 + dw_2$，并对整个体积积分，可以得到整个弹性体内的总虚功为

$$W_z = \int_v\left[\left(\frac{\partial \sigma_x}{\partial x} + \frac{\partial \tau_{xy}}{\partial y} + X\right)u^* + \left(\frac{\partial \sigma_y}{\partial y} + \frac{\partial \tau_{yx}}{\partial x} + Y\right)v^*\right]dv +$$

$$\int_s[(\bar{X} - \sigma_x\cos\vartheta - \tau_{xy}\sin\vartheta)u^* + (\bar{Y} - \sigma_y\sin\vartheta - \tau_{xy}\cos\vartheta)v^*]ds +$$

$$\int_v(\sigma_x\varepsilon_x^* + \sigma_y\varepsilon_y^* + \tau_{xy}\gamma_{xy}^*)dv \qquad (4-155)$$

根据平衡微分方程和静力边界条件，上式中第一、第二项都是零，因此弹性体的总虚功为

$$W_z = \int_v(\sigma_x\varepsilon_x^* + \sigma_y\varepsilon_y^* + \tau_{xy}\gamma_{xy}^*)dv = \int_v[\boldsymbol{\varepsilon}^*]^T[\boldsymbol{\sigma}]dv \qquad (4-156)$$

根据能量守恒定律，它应与外力的虚功相等，因此有

$$W_z = \int_v(\sigma_x\varepsilon_x^* + \sigma_y\varepsilon_y^* + \tau_{xy}\gamma_{xy}^*)dv = \int_v(Xu^* + Yv^*)dv + \int_s(\bar{X}u^* + \bar{Y}v^*)ds$$

$$(4-157)$$

由于该等式引入了平衡微分方程和边界条件，所以上式虚功方程等价于静力平衡条件（内部和边界微元体）。不同之处在于它是一种能量的表示形式，为了便于在有限元方法中应用，引入广义力和物理方程，虚功方程则变形为

$$[\boldsymbol{\delta}^*][\boldsymbol{F}] = \int_v[\boldsymbol{\varepsilon}^*][\boldsymbol{D}][\boldsymbol{\varepsilon}]dv \qquad (4-158)$$

综合以上推导过程，虚功方程表达的物理概念就是："若弹性体处于平衡状态，那么外力在虚位移上做的虚功应等于应力在应变上做的虚应变功，或者说等于虚应变能。"

4.3 结构强度校核有限元分析方法与实例

结构强度校核是目前有限元分析中最常见,也是应用最成熟的功能,其核心是将载荷加载在结构表面,通过分析查看结构表面单元强度以及节点位移等是否满足材料需用强度和设计要求等,在一般情况下可采用 Ansys 软件直接进行结构强度校核,也可采用动力学分析软件 LS – Dyna 进行结构强度校核,下面分别介绍。

4.3.1 基于 Ansys 软件的结构强度校核

4.3.1.1 基于 Ansys 软件的静力学分析原理及步骤

1. 基于 Ansys 软件的静力学分析原理

结构强度静力学分析的主要作用是分析稳态外载荷所引起的系统或零部件位移、应力、应变和作用力等,很适合求解惯性及阻尼时间等对结构响应影响并不显著的问题,其中稳态载荷主要包括:外部施加的力和压力、稳态惯性力(如重力和旋转速度)、施加的位移、温度和热量等。

静态载荷作用下的结构强度分析需要求解的基本有限元方程可以表示为

$$K\mu = P \tag{4-159}$$

式中,K 为结构刚度矩阵(各个单元刚度矩阵的组合);μ 为位移矢量;P 是作用在结构上的载荷矢量。上式实际上是外力和内力的平衡方程。

如果不施加足够的位移约束来去除模型的所有刚度位移自由度,结构刚度矩阵是奇异的,这时得到的方程解没有实际意义。

平衡方程可以通过直接法求解器或迭代法求解器求解,在默认情况下调用直接法求解器,位移未知量使用高斯消去法求解,高斯消去法会利用结构刚度矩阵 K 的稀疏性和对称性提高计算效率。另外,也可调用迭代法求解器使用共轭梯度法求解。直接法求解器非常稳健、准确、高效,迭代法求解器在实体结构求解速度方面有一定优势。

得到节点位移后可以通过材料的本构关系计算单元应力,对于结构变形仍处在线性阶段(应力是应变的线性函数)的静态强度分析,可以使用胡克定律计算应力。基于上文,胡克定律可以表示为

$$\rho = C\varepsilon \qquad (4-160)$$

式中，应变 ε 是位移的函数；C 是材料的弹性矩阵。

2. 线性静力学分析有限元建模的一般步骤

线性静力学分析有限元建模一般可分为以下 10 个步骤。

（1）Step1：定义材料。

（2）Step2：定义属性并与材料关联。

（3）Step3：定义组件并与属性关联。

（4）Step4：创建有限元模型并为其指定合适的属性。

（5）Step5：定义约束模型并为模型施加约束。

（6）Step6：定义载荷集并施加力。

（7）Step7：定义工况。

（8）Step8：定义附加参数（可选）。

（9）Step9：求解。

（10）Step10：结果及后处理。

线性静力学分析和其他有限元分析一样，其过程一般包括：建立模型、施加载荷并求解、检查结果 3 部分。设置有限元问题时应注意保持单位的一致性，因为计算中使用的单位都是无量纲的，单位的一致性推导公式如下：

$$\text{Force} = \text{Mass} \times \text{Acceleration}$$
$$\text{Mass} = \text{Density} \times \text{Volume}$$
$$\text{Acceleration} = \text{Length}/\text{Time}^2$$

常用单位制及其转换关系列于表 4.2 中。

表 4.2 常用单位制及其转换关系

单位制	基本物理量			导出物理量				
	质量	长度	时间	密度	力	应力	重力加速度	
kg – m – s	kg	m	s	kg/m^3	N	Pa	9.81 m/s^2	
kg – mm – s	kg	mm	s	kg/mm^3	mN	kPa	9 810 mm/s^2	
kg – mm – ms	kg	mm	ms	kg/mm^3	kN	GPa	9.81 ×10^{-3} mm/ms^2	
t – mm – s	t	mm	s	t/mm^3	N	MPa	9 810 mm/s^2	
t – mm – ms	t	mm	ms	t/mm^3	mN	10^6 MPa	9.81 ×10^{-3} mm/ms^2	
10^6 kg – mm – s	10^6 kg	mm	s	10^6 kg/m^3	kN	GPa	9 810 mm/s^2	
g – mm – ms	g	mm	ms	g/mm^3	N	MPa	9.81 ×10^{-3} mm/ms^2	

4.3.1.2 几何清理及网格划分

1. 几何清理

通过 Ansys 软件进行强度分析时，通常由 CAD 软件建立模型，然后导入 Ansys 软件。常见的 CAD 软件有 CATIA、STEP、UG、IGES、solidThinking 等。在建立 CAD 模型时，需要考虑网格划分，如当几何体是薄壁实体结构时，为减少网格计算以避免刚度硬化，可以采用抽中面的方法建立实体结构再进行导入，用二维网格划分效果更好。导入模型数据时常伴随细微偏差或几何信息丢失，部分几何表现如下。

（1）几何线不相连。
（2）存在非常细小的面，肉眼难以发现。
（3）面之间有间隙、重叠或者未对齐，肉眼难以发现。
（4）几何模型细节太多，细微偏差太多。
（5）几何面之间有穿透，但没有体现，肉眼难以发现。

1）几何相关基本概念

将曲面周界定义成边。通常边总共有 4 种类型：自由边、共享边、抑制边、重复边。

边与曲线是有区别的，边的连接关系组成了曲面的几何拓扑关系。如图 4.16 所示，4 种边分别表达了不同曲面的几何拓扑关系。

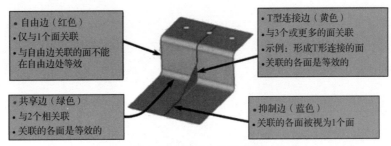

图 4.16　曲面上边的类型

（1）自由边。

自由边表示一条只属于一个曲面的边。在一个清理完毕的曲面二维模型中，自由边应当只出现在零件外周界和内部圆孔一周。注意：若自由边出现在两个相邻曲面之间，则表示这两个曲面之间存在间隙；自动网格划分的功能将在曲面间隙处留下网格间隙。

（2）共享边。

共享边表示一条被两个相邻曲面共享的边。当两个曲面之间的边是共享边时，这两个曲面之间就没有间隙或者重叠——它们在几何上连续。网格划分工具总是沿着共享边放置节点，从而生成没有间隙的网格。网格划分工具不会生成任何被网格跨越的共享边，这也是自动划分网格的难点。

（3）抑制边。

抑制边是被两个曲面共享的边，但是它被网格划分工具忽略。类似共享边，抑制边表明两个曲面在几何上连续，但不同于共享边，网格划分工具将划分网格跨越抑制边，就像它不存在一样。网格划分工具不会沿着抑制边放置节点，因此网格将跨越它。通过抑制不需要的边，可以高效地把曲面合并成更大的可划分网格的区域。

（4）重复边。

重复边属于3个或多个曲面。它通常出现在曲面的T形连接处，或者当两个或多个重复面存在时。网格划分工具总是沿着重复边放置节点以生成没有间隙的连续网格。网格划分工具不会生成任何跨越T形连接边的网格，这些边不能被抑制。

（5）体。

体表示由曲面围成的封闭空间，可以是任何形状。体是三维对象，可以用来划分四面体和六面体网格。它的颜色由它所在的component决定，组成体的曲面可以属于多个component。体以及它的边界曲面仅由体所在的component决定，如图4.17所示。

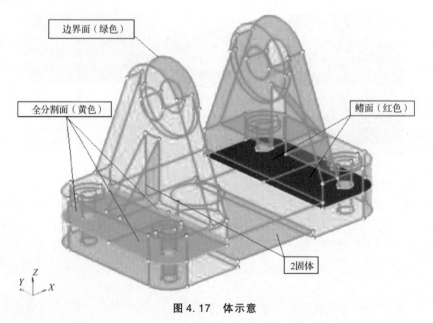

图4.17 体示意

（6）边界面。

边界面是单个体的外表面。边界面是独一无二的，不被其他任何体共享。单个体体积完全由边界面围成而得到。

（7）鳍面。

鳍面很少用，主要在 Hypermesh 中有应用，其每一侧都对应同一个体，即它类似一个体内部的鳍。鳍面可以在手工合并体或者使用内部曲面创建体时产生。

（8）完整切割面。

完整切割面是被两个或多个体共享的曲面。完整切割面可以在切分体或者使用布尔操作连接多个体时产生在共享或者交叉的位置。

针对几何模型中存在的问题，可以根据以下所列策略进行拓扑修补。

（1）理解模型的尺寸和规模。

（2）基于上一步全局网格尺寸确定清理容差。

（3）使用拓扑显示工具确定需要修改的地方。

（4）找出重复面并删除。

（5）尽可能多地合并自由边。

（6）合并剩下的边。

（7）填补缺失曲面。

2）几何体创建及编辑

创建几何体有很多方法，包括从外部 CAD 模型导入几何体，或者通过草绘创建几何体。创建特定几何体的方法取决于对象是否可以导入以及细节要求的水平。

可以创建或者编辑的几何对象有下列几种。

（1）节点。

节点是最基本的有限元实体。一个节点描述了创建在结构上的一个物理位置，并被单元用来定义位置和形状，它也可以被用来当作临时输入以创建几何体对象。

一个节点可能包含一个与其他几何体对象相关的指针，并直接与它们关联。例如，一个节点沿着某个曲面移动，它必须先与这个曲面关联。

节点被显示成圆环或球，取决于网格显示模式。

（2）自由硬点。

自由硬点是空间中零维几何体对象，不与曲面关联。它被显示成一个小的叉，颜色由它所在的 component 决定。自由硬点通常用来描述焊接和焊点的位置。

(3) 固定硬点。

固定硬点是空间中零维几何对象，它与某个曲面关联。它被显示成一个圆圈。网格划分工具在各个固定硬点上放置一个节点，这些节点通常用来描述焊接和焊点的位置。

(4) 线。

线表达空间中的一条曲线，它不与任何曲面或者体关联。线是一维几何对象。

一条线可以由多种线形组成，线中各个线形对应一个分割段，各个分割段的终点与下一个分割段的起点相连；连接处是两个分割段共用的硬点；必须注意的一点是，线与曲面的边是不同的。

(5) 曲面。

曲面表达的是实际存在的对象所对应的几何体。曲面是二维几何对象，可以用于自动网格划分。

曲面由一个或多个表面组成，各个表面都包含部分曲面和边的信息，如果需要，可用于剪切曲面。

(6) 体。

体表示曲面围成的封闭空间，可以是任何形状。体是三维几何对象，可以用来自动划分四面体和六面体网格。

组成体的曲面可以属于多个 component；体以及它的边界曲面仅由体所在的 component 决定。

2. 网格划分

有限元分析的基本思想是在有限数量节点上进行计算，然后通过插值算法将结果映射至整个求解域（物体表面或整体）。然而，对于任何一个包含无限自由度的连续体来说，这种方法是不可能实现的。为此，可通过网格离散技术，将连续体变成有限数量节点和单元的组合体，然后应用有限单元法，进而实现对连续体的分析，具体如图 4.18 所示。

节点数量=∞
每个节点的自由度数=6
总方程数=∞

节点数量=8
每个节点的自由度数=6
总方程数=48

图 4.18 将连续体变成有限数量节点和单元的组合体

(6）边界面。

边界面是单个体的外表面。边界面是独一无二的，不被其他任何体共享。单个体体积完全由边界面围成而得到。

（7）鳍面。

鳍面很少用，主要在 Hypermesh 中有应用，其每一侧都对应同一个体，即它类似一个体内部的鳍。鳍面可以在手工合并体或者使用内部曲面创建体时产生。

（8）完整切割面。

完整切割面是被两个或多个体共享的曲面。完整切割面可以在切分体或者使用布尔操作连接多个体时产生在共享或者交叉的位置。

针对几何模型中存在的问题，可以根据以下所列策略进行拓扑修补。

（1）理解模型的尺寸和规模。

（2）基于上一步全局网格尺寸确定清理容差。

（3）使用拓扑显示工具确定需要修改的地方。

（4）找出重复面并删除。

（5）尽可能多地合并自由边。

（6）合并剩下的边。

（7）填补缺失曲面。

2）几何体创建及编辑

创建几何体有很多方法，包括从外部 CAD 模型导入几何体，或者通过草绘创建几何体。创建特定几何体的方法取决于对象是否可以导入以及细节要求的水平。

可以创建或者编辑的几何对象有下列几种。

（1）节点。

节点是最基本的有限元实体。一个节点描述了创建在结构上的一个物理位置，并被单元用来定义位置和形状，它也可以被用来当作临时输入以创建几何体对象。

一个节点可能包含一个与其他几何体对象相关的指针，并直接与它们关联。例如，一个节点沿着某个曲面移动，它必须先与这个曲面关联。

节点被显示成圆环或球，取决于网格显示模式。

（2）自由硬点。

自由硬点是空间中零维几何体对象，不与曲面关联。它被显示成一个小的叉，颜色由它所在的 component 决定。自由硬点通常用来描述焊接和焊点的位置。

（3）固定硬点。

固定硬点是空间中零维几何对象，它与某个曲面关联。它被显示成一个圆圈。网格划分工具在各个固定硬点上放置一个节点，这些节点通常用来描述焊接和焊点的位置。

（4）线。

线表达空间中的一条曲线，它不与任何曲面或者体关联。线是一维几何对象。

一条线可以由多种线形组成，线中各个线形对应一个分割段，各个分割段的终点与下一个分割段的起点相连；连接处是两个分割段共用的硬点；必须注意的一点是，线与曲面的边是不同的。

（5）曲面。

曲面表达的是实际存在的对象所对应的几何体。曲面是二维几何对象，可以用于自动网格划分。

曲面由一个或多个表面组成，各个表面都包含部分曲面和边的信息，如果需要，可用于剪切曲面。

（6）体。

体表示曲面围成的封闭空间，可以是任何形状。体是三维几何对象，可以用来自动划分四面体和六面体网格。

组成体的曲面可以属于多个 component；体以及它的边界曲面仅由体所在的 component 决定。

2. 网格划分

有限元分析的基本思想是在有限数量节点上进行计算，然后通过插值算法将结果映射至整个求解域（物体表面或整体）。然而，对于任何一个包含无限自由度的连续体来说，这种方法是不可能实现的。为此，可通过网格离散技术，将连续体变成有限数量节点和单元的组合体，然后应用有限单元法，进而实现对连续体的分析，具体如图 4.18 所示。

节点数量=∞
每个节点的自由度数=6
总方程数=∞

节点数量=8
每个节点的自由度数=6
总方程数=48

图 4.18 将连续体变成有限数量节点和单元的组合体

通常，划分的单元类型有：1-D、2-D、3-D 和其他情况，其中 2-D、3-D 涉及第 3 章所讲的结构化网格和非结构化网格，具体如图 4.19 所示。

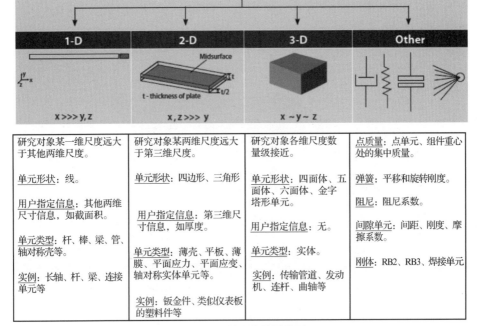

图 4.19 划分的单元类型

在选择单元类型时，需要考虑几何形状和尺寸、分析类型以及项目周期等要素。

1）各要素分析

（1）几何形状和尺寸。

分析时，求解器需要获得分析对象，以确定三维尺寸。

分析对象在几何上可根据其各维尺度的数量级分为一维、二维和三维几何体，单元类型选择方法与之类似。

一维单元用于几何形状某一维尺度远大于其他两维尺度的场合，如图 4.20 所示。

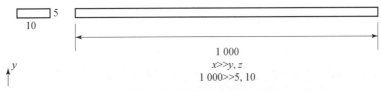

图 4.20 可进行一维单元划分的情况（单位：mm）

一维单元的形状是一条线，将两个节点连接在一起即可创建一个一维单元。此时，Ansys 软件仅得到分析对象的一维尺寸信息，而其他两维尺寸信息，如截面积信息，则需要用户单独指定。

一维单元实例：长轴、杆、梁、点焊、螺栓连接、销连接及轴承等。

二维单元用于几何形状某两维尺度远大于第三维尺度的场合，如图 4.21 所示。

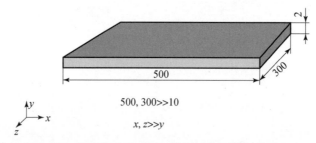

图 4.21　可进行二维单元划分的情况（单位：mm）

二维网格划分过程通常在一个零件的中面上进行。二维单元是平面单元，与纸张、薄壳类似。创建二维单元后，Ansys 软件可以获得分析对象的两维尺寸信息，第三维尺寸信息，如厚度信息，则需要用户单独指定。

三维单元用在几何形状各维尺度数量级接近的场合中，如图 4.22 所示。

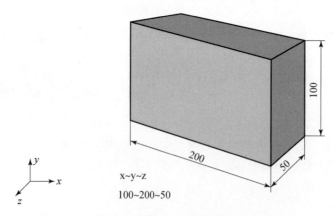

图 4.22　可进行三维单元划分的情况（单位：mm）

三维单元实例：传输管道、离合器、发动机、连杆及曲轴等。

（2）分析类型。

①结构和疲劳分析：四边形和六面体单元优于三角形、四面体和五面体单元。

②碰撞及非线性分析：六面体单元优于四面体单元。

③模流分析：三角形单元优于四边形单元。

④动力学分析：当分析对象可用二维或三维单元表征时，应当优先使用二维单元，因为二维网格可以较少数量的节点和单元获得较高精度的模态振型。

（3）项目周期。

如果项目没有时间限制，建议恰当地选择单元类型并建立高质量的网格模型。如果项目时间紧迫，分析工程师需要快速提交分析报告，则可以考虑以下措施。

①使用自动和批处理网格工具取代那些可创建高质量网格却费时的网格划分方法。

②对于三维网格，使用四面体代替六面体。

③当模型由多个部件构成时，可以只对关键部分进行细致的网格划分，其他部件可简化为粗糙网格或使用一维梁、弹簧单元及点质量单元代替。

可以根据以下几点确定单元尺寸。

（1）类似问题的分析经验：分析结果与试验结果有良好的一致性。

（2）分析类型：线性静态分析可快速计算含有大量节点和单元的模型，而碰撞、非线性、流体或动力学分析则需要耗费大量时间，因此对后一类分析，需要注意控制节点和单元数量。

（3）硬件配置：求解可以调用的硬件资源与显卡性能，有经验的 CAE 工程师可在给定的硬件资源下算出合理的节点和单元数量。

2）在 Ansys 软件中划分网格的步骤

通常，在 Ansys 软件中划分网格的步骤如下。

（1）花费足够的时间研究几何形状。

花费足够的时间研究模型，深入理解模型，并找到模型特征是创建高质量网格模型的第一步。

（2）预估时间。

同一任务所需要时间是相对的，通常，经验不足的人会预估较长时间。同样，第一次处理一项工作将会花费较长时间，但如果遇到类似工作，所需时间将大大缩短。

（3）进行几何检查。

通常，CAD 模型以 ".igs" 格式提供。几何检查是网格划分必不可少的一部分。在开始网格划分工作之前，应仔细检查几何体的以下要素：自由边、特征线、重复面、小圆角、小孔、相交特征。

（4）进行对称检查。

左图整体对称，划分整体模型 1/4 网格，然后通过两次镜像操作即可得到完整模型；右图局部对称，对重复特征执行复制/粘贴命令，划分高亮显示整体模型 1/16 网格，然后通过镜像和旋转操作快速创建其余部分网格。该方法能够保证关键区域（孔）具有统一的网格特征，如图 4.23 所示。

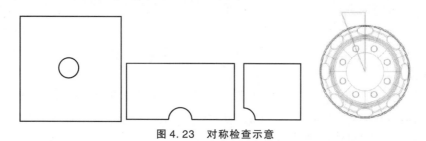

图 4.23 对称检查示意

（5）选择单元类型。

通常，一个模型由不同类型的单元（一维、二维、三维及其他类似单元）组合而成，很少完全使用一种单元类型。

如图 4.24 所示，把手使用梁单元（一维单元）模拟，桶体使用壳单元（二维单元）模拟，两者之间通过 RBE2 单元（刚体单元）连接。

图 4.24 单元类型选择示例

（6）选择网格划分类型。

①基于几何 – 网格与几何模型关联。修改几何模型，网格随之自动更新。边界条件可施加在几何模型表面或边界上。

②基于网格 – 网格与几何模型无关联，边界条件只能施加在单元和节点上。

（7）连接模型。

连接模型方式包括：螺栓连接（孔周围的网格构成有特定要求）、点焊与电弧焊、接触或间隙单元连接（要求被连接表面具有类似的网格构成、粘胶连接）。

（8）分配工作。

可以把一项工作分配给不同的人完成，此时只需保证网格连接位置具有相同网格即可。

3) 关键区域网格划分

关键区域是指出现高应力的区域,该区域推荐使用精细的、结构化(无三角形和五面体单元)的网格。远离关键区域的部分称为一般区域,这些区域推荐使用简化的、粗糙的网格,以便减小模型规模与缩短求解时间。图 4.25 所示为圆角和孔的建模规则。图 4.26 简单地对网格过渡技术进行演示,这些方法都有助于关键区域结构化网格划分。

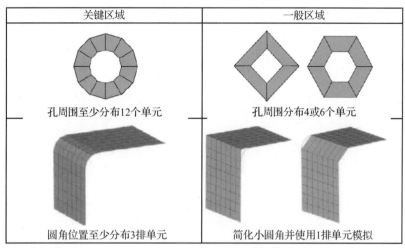

图 4.25 圆角和孔的建模规则

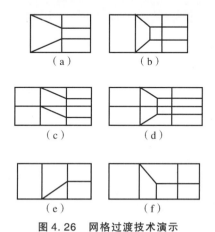

图 4.26 网格过渡技术演示

(a) 1 to 3;(b) 1 to 3;(c) 2 to 4;(d) 2 to 4;(e) 1 to 2;(f) 1 to 2×2

4.3.1.3 Ansys 常用材料模型

在 Ansys 静力学分析中，常用材料模型分类列于表 4.3 中。对于结构强度分析，多用材料的密度及强度等属性参数，常见材料属性参数列于表 4.4 中。

表 4.3 Ansys 静力学分析中常用的材料模型分类

各向同性材料 Isotropic	正交各向异性材料 Orthotropic	各向异性材料 Anisotropic	层合板材料 Laminates
Iso：相同 tropic：方向 • 属性与方向或轴向无关 • 2 个独立常数 (E, v) • 金属	Ortho：3 个 tropic：方向 • 沿 3 个轴向属性不同 • 9 个独立常数 • 木头、混凝土、轧材	• 沿各个晶面属性不同 • 21 个独立常数 • 现实生活中所有材料都为各向异性，简化为各向同性或正交各向同性的材料除外	• 两种或两种以上材料分层粘在一起 • 最简单的例子就是用于各种证件和身份证的层合板 • 主要用于航空应用 • 近年来汽车行业出现材料从金属转向塑料与层合板的趋势

表 4.4 常见材料属性参数

材料	弹性模量 /($N \cdot mm^{-2}$)	泊松比	密度 /($t \cdot mm^3$)	屈服强度 /($N \cdot mm^{-2}$)	极限强度 /($N \cdot mm^{-2}$)
钢	2.10×10^5	0.30	7.89×10^9	250	420
铸铁	1.20×10^5	0.28	7.20×10^9	85	220
熟铁	1.90×10^5	0.30	7.75×10^9	210	320
铝	0.70×10^5	0.35	2.70×10^9	35	90
铝合金	0.75×10^5	0.33	2.79×10^9	165	260
黄铜	1.10×10^5	0.34	8.61×10^9	95	280
青铜	1.20×10^5	0.34	8.89×10^9	105	210
铜	1.20×10^5	0.34	9.10×10^9	70	240
铜合金	1.25×10^5	0.33	9.75×10^9	150	400

续表

材料	弹性模量 /(N·mm^{-2})	泊松比	密度 /(t·mm^3)	屈服强度 /(N·mm^2)	极限强度 /(N·mm^{-2})
镁	0.45×10^5	0.35	1.75×10^9	70	160
钛	1.10×10^5	0.33	4.60×10^9	120	300
玻璃	0.60×10^5	0.22	2.50×10^9	—	100
橡胶	50	0.49	0.92×10^9	4	10
混凝土	0.25×10^5	0.15	2.10×10^9		40

* 上表中的属性为近似值,并推荐按照实际材料成分属性选择。

4.3.1.4 边界与载荷

1. 边界条件

施加的力和/或者约束叫作边界条件。将力施加到结构的一些基本规则如下。

1)集中载荷(作用在一个点或节点上)

将力施加到单个节点上往往会出现不如人意的结果,特别是在查看此区域应力时。通常集中载荷(比如施加到节点的点力)容易产生高应力梯度(图4.27)。

因此,力常常使用分布载荷施加,也就是说线载荷、面载荷更贴近真实情况。

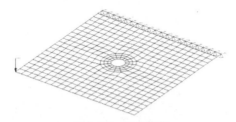

图 4.27 集中载荷

2)在线或边上的力

如图 4.28 所示,平板受到 10 N 的力。力被平均分配到边的 11 个节点上。角上的力只作用在半个单元边上。注意位于板角上的红色"热点"。局部最大位移由边界效应引起(例如角上的力只作用在半个单元的边上),应该在板的边线上添加均匀载荷。

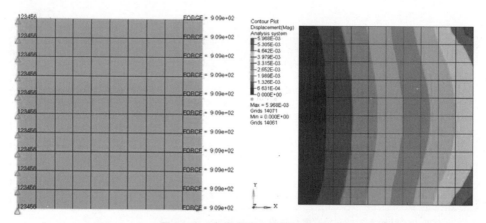

图 4.28　在线或边上的平均点力

如图 4.29 所示,平板依然承受 10 N 的力,但这里角上节点的受力减小为其他节点受力的一半,位移分布更加均匀。

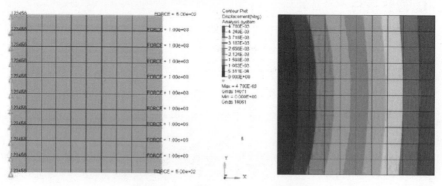

图 4.29　在线或边上的均匀载荷

3）牵引力（或斜压力）

牵引力是作用在一块区域上任意方向的力,而不仅是垂直于此区域的力（图 4.30）。垂直于此区域的力称为压力。

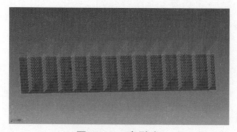

图 4.30　牵引力

4）分布载荷（由公式确定的分布力）

分布载荷（大小随节点或单元坐标变化）可以由一个公式创建（图4.31）。

图4.31 分布载荷（由公式确定的分布力）

5）压力

图4.32显示了一个分布载荷（压力）。其原点位于左上角高亮节点上。

图4.32 分布载荷（压力）

6）静水压力

静水压力在土木工程中的应用如大坝设计，在机械工程中的应用如装液体的船只和水箱。

静水压力在上表面为零，在底部最大（$=\rho \times g \times h$），如图4.33所示，它是线性变化的。

图4.33 静水压力

7）弯矩

约定力用单箭头表示，指向力的作用方向。

力矩用双箭头表示,方向由右手定则确定。

8)扭矩

扭矩是作用在轴向的弯矩(图4.34)。

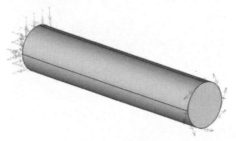

图4.34 扭矩

9)温度载荷

假设金属直尺自由平放在地面上,如果室温上升到50 ℃,则直尺内部是不会有应力产生的,直尺会因高温而膨胀(热应变)。只有妨碍它的变形才会产生应力。考虑另一种情况,这次直尺的另一端被固定在墙上(墙不导热),如果温度上升,它将在固定端产生热应力,如图4.35所示。

图4.35 温度载荷

热应力计算的输入数据包括节点的温度、室温、热传导率和线热膨胀系数。

10)其他载荷

(1)重力载荷:指定重力方向和材料密度,需要一个卡片定义为GRAV载荷集合。

(2)离心载荷:用户需要输入角速度、转动轴和材料密度。

2. 施加约束

1)二维物体约束

如图4.36(a)所示,A 点约束了物体的移动自由度,与 B 点一起限制了物体的转动自由度。这个物体可以以任意方式自由扭曲,约束不会带来任何变形限制。

图4.36(b)是图4.36(a)的简化。AB 线段平行于全局 y 轴。A 点约束

了 x 和 y 方向的移动自由度，B 点约束了 x 方向的移动自由度。如果 B 点的滚动支座改成图 4.36（c）所示，就可能产生绕 A 点的刚体转动（例如转动方向垂直于 AB）。刚体位移将产生刚度矩阵奇异。

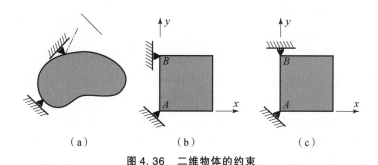

图 4.36　二维物体的约束

2）三维物体约束

如图 4.37 所示，A 点约束 3 个方向的自由度，消除了刚体移动，但是还需要约束 3 个方向的转动。B 点约束了 x 方向的位移，消除了绕 z 轴的转动，C 点约束了 z 方向的位移，从而消除了绕 y 轴的转动，D 点约束 y 方向的位移，从而消除了绕 x 轴转动。

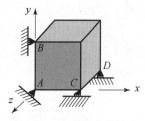

图 4.37　三维物体的约束

4.3.1.5　Ansys 软件中的后处理判断原则

1. 判断和检查结果的准确性

FEA 精度分析如图 4.38 所示。

图 4.38　FEA 精度分析

（1）进行肉眼检查，关键区域如果有应力不连续或者突变，那么应该对该区域进行细化。

（2）FEA 和试验之间有 10%～15% 的差距被认为是比较好的相关性。

（3）超过 15% 偏离的原因可能是：错误的边界条件、材料属性、残余应力、局部效应（如焊接）、螺栓预紧、试验误差等。

2. 判断和理解结果

1）第一重要原则

首先要查看位移和变形动画，然后查看其他输出。查看结果之前，想象在给定载荷情况下部件应该如何变形。Ansys 软件计算所得结果应该与其一致，部件不合理的位移和变形表明有些地方可能设置有误。

为了能用肉眼看到部件的变形，图 4.39 中的位移结果被放大了。由于位移值很小，真实位移（1 倍）可能无法被观察到。因此，多数后处理软件提供了放大结果功能（并非改变结果的真实大小）。

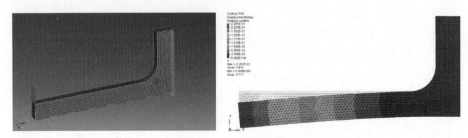

图 4.39 从位移判断结果

2）反力、力矩、残余应变能等的检查

比较施加载荷的合力或力矩、反力和反力矩、内功和外功、残余应变能有助于估计结果数值的精确性。

3）应力绘图

对最大应力值附近位置的应力应该仔细观察。关键区域应力的不连续或突然变化表明局部网格应该细化。商业有限元软件提供了不同的应力查看选项，比如节点、单元、角点和中心点、高斯点、平均和非平均的应力等。非平均、角点或节点应力一般来说高于平均、中心点的单元应力。应力绘图如图 4.40 所示。

4）对称结构网格划分

对称结构网格应该划分得对称，否则分析将得到不对称的结果（即使载荷和约束对称）。如图 4.41 所示，虽然载荷、约束和几何都是对称的，但是其中一个孔的应力要更高些。这是因为划分网格时使用了自动网格划分选项，得到了不对称网格，即使两个孔周围都指定了相同数量的单元。

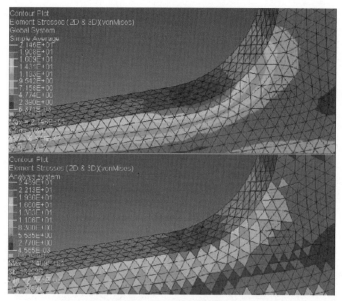

图 4.40 应力绘图

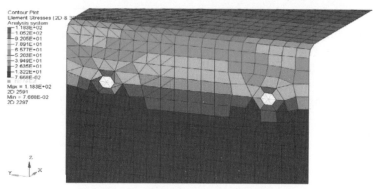

图 4.41 对称结构不对称网格仿真

5）重复单元的检查

在进行分析之前一定要检查重复单元。重复单元是很危险的，而且使用自由边检查很难检查到（如果很分散，而且不在外边缘或结构的边界上）。重复单元增加了多余厚度、应力和位移结果（在分析中不会有任何警告或错误的提示）。

6）合适应力类型的选择

VonMises 应力用于韧性材料，最大主应力用于脆性（铸造）材料。对于非线性分析，应该将注意力放在真实应力和工程应力上。真实应力定义为载荷与截面瞬时面积之比。工程应力截面积是常数。

4.3.1.6 实例分析——榴弹弹体发射强度校核

使用 Ansys 软件进行武器装备结构强度分析是最为常见的情况。在此，以榴弹为例，利用 Ansys 软件展开弹体发射强度校核。使用 Ansys 软件对弹体进行网格划分、载荷加载以及后处理，将得出的应力结果与屈服极限进行比较分析。具体过程如下。

1. 弹体发射强度校核理论及模型简化

弹体发射强度校核主要指弹体在膛内发射时最大膛压时刻的强度计算，以检测弹体能否承受该强度。弹体发射时在膛内受到的载荷主要有火药气体压力、填装物压力、弹带压力、摩擦力等，其中火药气体压力为主要载荷。火药气体压力作用过程并不是恒定过程，而是随着弹体发射进程不断变化的，对此载荷作用下弹体发射强度进行校核需要分析其最大临界状态值。

弹体受力和变形最大时刻处于弹体发射过程中的第二临界状态，在这一时期火药气体压力最大，弹体加速度最大。弹头部和圆柱部产生径向膨胀变形，轴向墩粗变形；弹带及弹尾部会发生径向压缩变形；弹底部在火药气体压力作用下可能产生向内凹陷变形。这些变形中尤以弹尾和弹底部变形较为严重，这也是弹体发射强度校核的侧重点。弹体发射压力时程曲线及 3 个临界状态如图 4.42 所示。

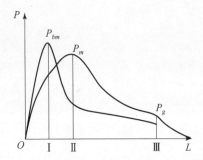

图 4.42 弹体发射压力时程曲线及 3 个临界状态

2. 有限元模型建立

1）几何模型建立及载荷施加分析

建立有限元模型有两种方法：导入法和创建法。导入法是直接输入由其他 CAD 软件创建好的实体模型，创建法是在 Ansys 软件中从无到有地创建实体模型，两者并不是完全独立的。本实例采用导入法建立有限元模型，在建立模型时，默认单位制为国际单位制（kg-m-s）。

弹体结构属于标准的回转体结构，因此在进行有限元分析时，建立轴对称模型即可进行分析。按 Ansys 二维轴对称分析输入要求，使用 AutoCAD 软件建立弹体轴对称截面模型，保证模型关于 Y 轴对称，且全部图形处于 X 轴正向。使用面域功能将所绘制的图形面域化。将绘制好的图形以 SAT 文件格式导出，保存并命名为"×××发射强度校核"。弹体截面 CAD 模型如图 4.43 所示。

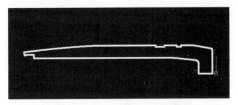

图 4.43 弹体截面 CAD 模型

对于材料（主要是弹体材料），根据钢材料性能，设置弹性模量 $E = 210$ GPa，泊松比 $\mu = 0.3$，屈服强度为 931 MPa。在模型弹底部对称面轴线上施加 X 轴方向固定位移约束，以模拟轴对称模型对称面位移约束；在弹底及弹尾部施加 3 249 kg/cm^2（324.9 MPa）的均布载荷模拟最大膛压。

2）导入 CAD 几何模型

（1）将所建立的几何模型导入 Ansys 软件（图 4.44），执行"File"→"Import"→"ACIS"命令。

（2）如果看不到导入模型图，可执行"Plot"→"Areas"命令。

（3）改变背景颜色，"Utility Menu"→"PlotCtrls"→"Style"→"Colors"→"Reverse Video"命令。

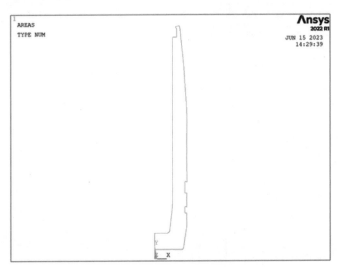

图 4.44 弹体截面导入 Ansys 软件

3）定义工作文件名和标题

（1）定义工作文件名。执行"File"→"Chang Jobname"命令，在"Chang Jobname"对话框中输入"强度校核"，如图4.45所示。

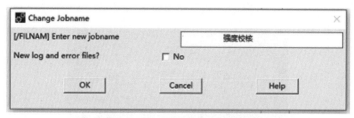

图4.45 定义工作文件名

（2）定义工作标题。执行"File"→"Change Tile"命令，在"Change Tile"对话框中输入"发射强度校核"，如图4.46所示。

图4.46 定义工作标题

（3）定义分析类型。执行"Main Menu"→"Preferences"命令，在"Preferences for GUI Filtering"对话框中操作，如图4.47所示。

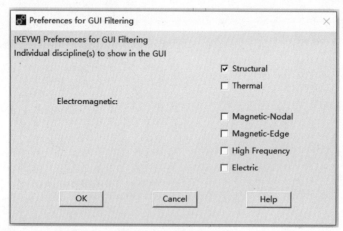

图4.47 定义分析类型

4）定义单元类型

本实例选用四节点四边形板单元PLANE182。PLANE182不仅可用于计算平面应力问题，还可以用于分析平面应变和轴对称问题。

（1）定义单元类型。执行"Main Menu"→"Preprocessor"→"Element Type"→"Add"命令，弹出"Element Types"对话框，选择"Solid"→"Quad4 and 182"选项，单击"OK"按钮，如图4.48所示。

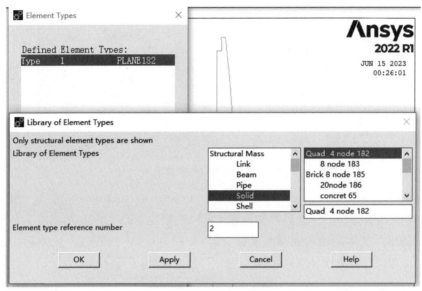

图4.48　定义单元类型

（2）单击"Options"按钮，打开图4.49所示对话框，在"Element behavior"（单元行为方式）下拉列表中选择"Axisymmetric"（轴对称）选项。

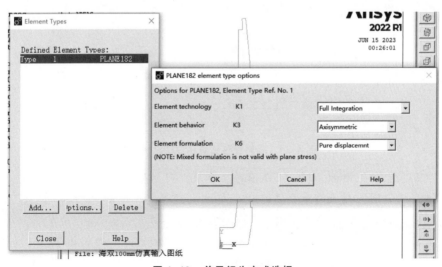

图4.49　单元行为方式选择

5)定义材料属性

执行"Main Menu"→"Preprocessor"→"Material Props"→"Material Models"命令,在"Define Material Model Behavior"对话框中,选择"Structural"→"Linear"→"Elastic"→"Isotropic"选项,可直接定义材料属性,如图4.50所示。

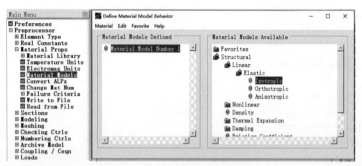

图4.50 材料本构模型选择

(1)选择"Structural"→"Linear"→"Elastic"→"Isotropic"选项,展开材料属性树形结构。打开材料弹性模量EX和泊松比PRXY定义对话框,在对话框的"EX"文本框中输入弹性模量"2.1E+11",在"PRXY"文本框中输入泊松比"0.3",如图4.51所示。

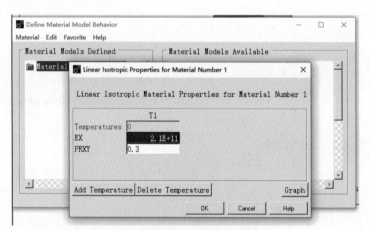

图4.51 材料弹性模量和泊松比输入

(2)选择"Structural"→"Density"选项,打开定义材料密度对话框,在"DENS"文本框中输入密度值"7850",如图4.52所示,再单击"OK"按钮。

6)网格划分

(1)执行"Main Menu"→"Preprocessor"→"Meshing"→"Mesh Tool"命令,打开"Mesh Tool"(网格工具)对话框,如图4.53所示。

第4章 静/动态载荷下的武器装备结构强度校核基础理论与实例

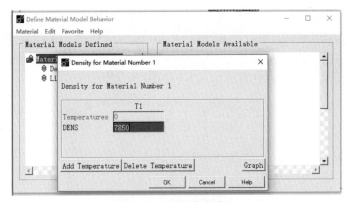

图4.52 材料密度输入

图4.53 "Mesh Tool"(网格工具) 对话框

（2）在"Mesh"下列列表中选择"Areas"选项，弹出"Elem Size at Picked Areas"对话框，选中待划分区域，区域边框变色，如图4.54所示。单击"OK"按钮，弹出网格尺寸控制条件对话框，单个网格尺寸边长控制为0.001 m，网络划分后的结果如图4.55所示。

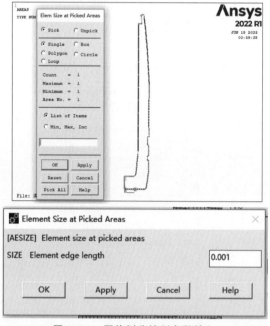

图4.54 网格划分控制参数输入

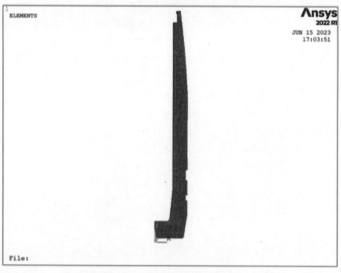

图4.55 网格划分后的结果

3. 加载及求解

1）添加对称约束及固定约束

（1）执行"Mainmenu"→"Solution"→"DefineLoad"→"Apply"→"Structural"→"Displacement"→"SymmetyB. C."→"On Lines"命令，选择对称轴线进行添加，如图4.56所示。

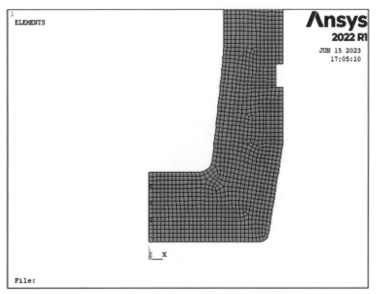

图4.56 添加对称约束

（2）执行"Main Menu"→"Solution"→"DefineLoad"→"Apply"→"Structural"→"Displacement"→"On Lines"命令，在本实例中对弹带槽下沿部位添加轴向位移固定约束，以表达临界状态瞬间较低的轴向移动速度和高摩擦力状态。单击"OK"按钮，出现"Apply U, ROT on Lines"对话框，选择"UY"选项，单击"OK"按钮，如图4.57所示。

2）添加载荷

执行"Main Menu"→"Solution"→"Define Load"→"Apply"→"Structural"→"Pressure"→"On Lines"命令，打开选择线对话框，选择弹底部、弹尾部（3段线）添加火炮发射膛压，单击"OK"按钮，出现"Apply PRES on lines"对话框，在"VALUE Load PRES value"文本框中输入"3.25e8"（325 MPa），单击"OK"按钮，添加载荷，如图4.58所示。

添加载荷后的结果如图4.59所示。

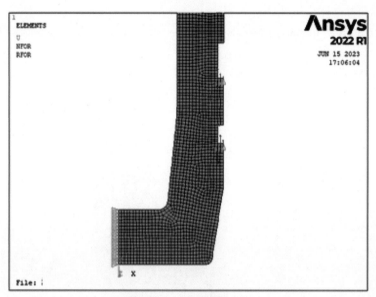

图 4.57　添加固定约束

图 4.58　添加载荷

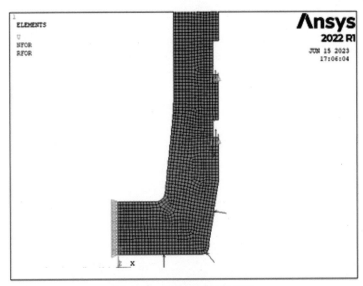

图 4.59 添加载荷后的结果

3）求解

执行"Main Menu"→"Solution"→"Solve"→"Current LS"命令进行求解。求解完成后会出现"Note"对话框，如图 4.60 所示。

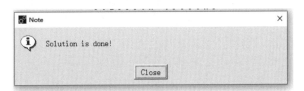

图 4.60 求解完成后出现"Note"对话框

4. 后处理

各个方向应力、应变位移都已经求解完成，为了更好地观察变形，可以生成云图，利用 Ansys 软件生成结果文件（对于静力分析，就是"Jobname. RST"）进行后处理。静力分析中通常通过 POST1 后处理器就可以进行后处理和显示大多数感兴趣的结果数据。

1）查看弹体应变图

（1）执行"Main Menu"→"General Postproc"→"Plot Results"→"Contour Plot"→"Nodal"命令，打开"Contour Nodal Solution Data"（等值线显示节点解数据）对话框，如图 4.61 所示。

（2）在"Item to be contoured"（等值线显示结果项）域中选择"Stress"（应力解）选项。

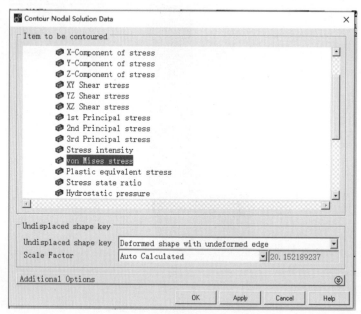

图 4.61　结果数据类型选择

（3）选择"von Mises stress"（等效应力）选项。

（4）选择"Deformed shape with undeformed edge"（变形后和未变形轮廓线）选项。

（5）单击"OK"按钮，在图形窗口中显示等效应力云图，包含变形前轮廓线，如图 4.62 所示。图中下方色谱表示不同颜色对应数值。

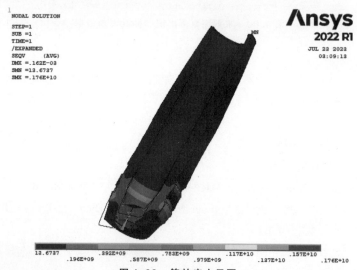

图 4.62　等效应力云图

(6) 弹底局部放大如图 4.63 所示。

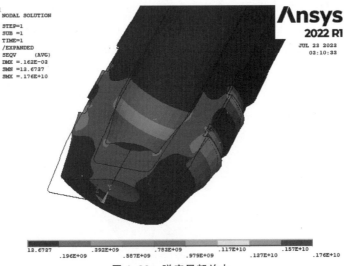

图 4.63 弹底局部放大

2) 查看弹体形变图

(1) 选择 "Main Menu" → "General Postproc" → "Plot Results" → "Contour Plot" → "Nodal" 命令，打开 "Contour Nodal Solution Data" （等值线显示节点解数据）对话框，如图 4.64 所示。

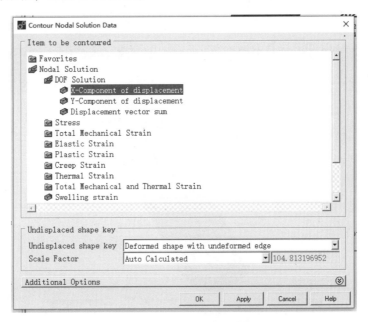

图 4.64 结果数据类型选择

(2) 在"Item to be contoured"(等值线显示结果项)域中选择"DOF Solution"(位移解)选项。

(3) 选择"X – Component of displacement"(X方向形变)选项。

(4) 选择"Deformed shape with undeformed edge"(变形后和未变形轮廓线)选项。

(5) 单击"OK"按钮,在图形窗口中显示X方向位移云图,包含变形前轮廓线,如图4.65所示。图中下方色谱表示不同颜色对应的数值。

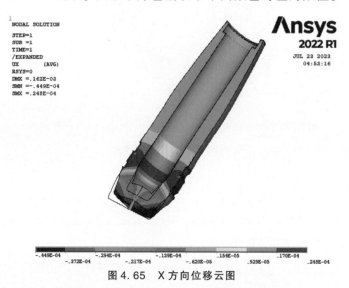

图4.65　X方向位移云图

(6) 用同样方法显示Y方向位移云图,如图4.66所示。

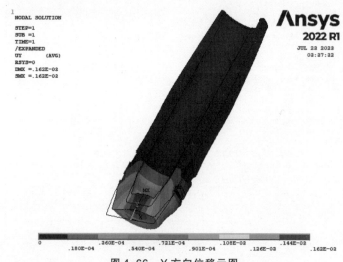

图4.66　Y方向位移云图

3）查看关注节点结果信息

（1）选择"Main Menu"→"General Postproc"→"Query Results"→"Subgrid Slou"命令，打开"Query Subgrid Solution Data"（关注节点求解数据）对话框，如图4.67所示。

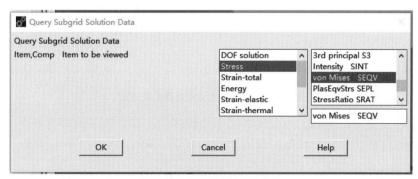

图4.67　结果数据类型选择

（2）在"Item to be viewed"（关注节点结果项）域中选择"Stress"（应力解）选项。

（3）选择"von Mises SEQV"（等效应力）选项，单击"OK"按钮。

（4）弹出"Query Subgrid Results"对话框，单击"Pick"按钮，并在图像上选中关注节点，即可获取该节点结果信息（图4.68）。

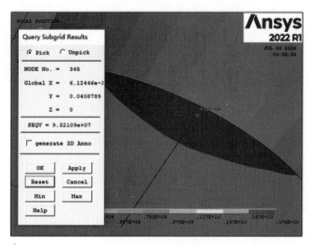

图4.68　关注节点结果信息

（5）用同样方法修改步骤（2）、（3）的选项，即可获取有关位移等信息。

4）发射强度校核分析

进行发射强度校核时，在整个弹体上找出风险断面，即图4.69所示上定心部下 1—1 断面，下定心部下 2—2 断面以及下弹带槽下沿 3—3 断面。

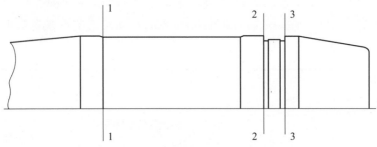

图 4.69　发射强度校核理论风险断面

通过上述分析可知，弹体的 3 处风险断面在计算条件下的应力值在 196～783 MPa 区间内，小于弹体材料的屈服强度 931 MPa。因此，发射条件下弹体圆柱部强度满足要求。

在轴向载荷作用下弹底部发生向上弯曲变形，计算弹底部强度时，取底面某些危险位置，如图 4.70 所示。

通过上述方法获取关注节点结果信息可得，弹底部风险位置 1 处应力约为 93 MPa；风险位置 2 处应力约为 373 MPa；风险位置 3 处应力约为 565 MPa。3 处风险位置处最大应力均

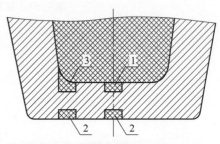

图 4.70　发射强度校核关键位置

小于弹体材料屈服强度，因此发射条件下弹底部强度满足要求。

通过上述位移云图，在发射条件下，弹底部内凹，弹尾部墩粗。最大径向位移为 0.025 mm，最大轴向变形量为 0.162 mm，均在合理变形范围内。至此，弹体发射强度校核的仿真工作结束。

4.3.2　基于 LS – Dyna 的强度校核

利用动力学分析软件 LS – Dyna 同样可以进行强度校核，但需要采用结构化网格。在此，根据已有结构设计方案，进行复合材料连接强度数值仿真，以获得单侧固定、双侧固定 2 种连接方式，A3（Q235）钢、7039 – T6 铝和高强度碳纤维 3 种不同连接材料的强度是否满足结构设计要求。

1. 数值仿真几何模型

1）数值仿真结构尺寸

采用横梁厚度为 10 mm、竖梁厚度为 10 mm、连接件厚度为 8 mm 的结构

进行数值仿真,具体结构尺寸列于表 4.5 中,根据表中尺寸建立几何模型,如图 4.71、图 4.72 所示。

表 4.5 数值仿真的具体结构尺寸

部件类型	材料	数量/件		尺寸/mm
横梁	高强钢	2		2 000×10×120
竖梁	A3（Q235）钢/ 7039-T6 铝/高强度碳纤维	6		2 500×10×20
固定件	A3（Q235）钢/ 7039-T6 铝/高强度碳纤维	单侧固定	24	60×10×20
			12	40×10×20
		双侧固定	48	60×8×20
			24	40×8×20
螺栓	45#钢	100		M8
螺母	45#钢	100		M8
靶板	Kevlar	25		360×450×10

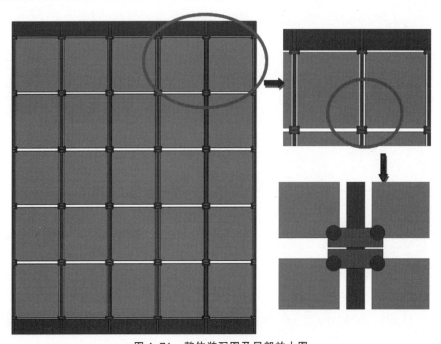

图 4.71 整体装配图及局部放大图

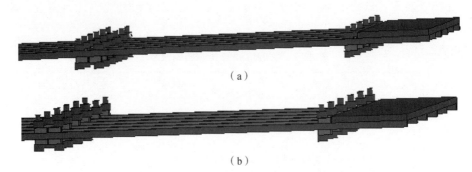

图 4.72 双侧固定与单侧固定示意
(a) 双侧固定；(b) 单侧固定

2）数值仿真计算工况

数值仿真的主要内容为研究整个结构中连接件、固定件在重力作用下的静力学响应和结构强度。根据固定件的不同连接方式及采用的不同材料，设计计算工况，见表 4.6。

表 4.6 计算工况

工况	固定件			横/竖梁材料
	固定方式	厚度/mm	材料	
1	双侧固定	8	A3（Q235）钢	船用钢
2			高强度碳纤维	高强度碳纤维
3			7039-T6 铝	7039-T6 铝
4	单侧固定	10	A3（Q235）钢	船用钢
5			高强度碳纤维	高强度碳纤维
6			7039-T6 铝	7039-T6 铝

2. 离散化模型

离散化网格越密集、单元划分越细腻，计算结果越精确、越贴近实际情况，然而这也意味着计算量大大增加，计算时间大大延长。为了保证计算结果的精确性，同时减小计算量、节省计算时间，必须根据实际问题对网格疏密进行合理规划。在本实例中，主要考虑整个结构在重力作用下的静力学响应，因此部件与部件间的连接处，也就是接触部分是整个计算的重点，需要将其网格加密，而如复合材料板、横梁、竖梁等主体部分则不需要太密集的网格，可以适当增大其网格尺寸。有限元模型的网格数量见表4.7。

表4.7　有限元模型的网格数量

计算方案	单元数	节点数
单侧固定	776 040	1 170 000
双侧固定	934 440	1 400 000

3. 材料模型

本构模型

Ansys/LS–Dyna软件中包含各向同性、随动及混合硬化弹塑性材料模型。图4.73所示为弹塑性动态硬化模型应力–应变关系。图中，E为弹性模量，σ_0为初始屈服极限，β为硬化参数（$\beta=0$为随动硬化，$\beta=1$为各向同性硬化，$0<\beta<1$为混合硬化）。

对于简单的Von Mises塑性模型，其屈服应力与压力无关。在三维应力状态主应力空间中，Von Mises屈服面是一个圆柱表面，如图4.74所示。柱面轴线$\sigma_1=\sigma_2=\sigma_3$是一条与主应力$\sigma_1$，$\sigma_2$，$\sigma_3$坐标轴夹角相等并过原点的直线。通过坐标原点，且与轴线$\sigma_1=\sigma_2=\sigma_3$垂直的平面称为$\Pi$平面，Von Mises屈服面在$\Pi$平面上的截线是一个圆，在计算中涉及的各部件材料本构模型均为弹塑性动态硬化模型，具体参数见表4.8。

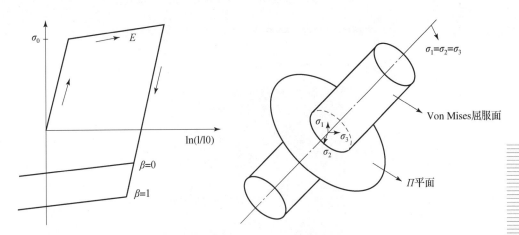

图4.73　弹塑性动态硬化模型应力–应变关系　　图4.74　Von Mises屈服面

表 4.8　各部件材料参数

材料	密度/(g·cm^{-3})	泊松比	杨氏模量/GPa	屈服强度/MPa
45#钢	7.85	0.28	210	350
高强钢	7.85	0.28	193.32	498
A3（Q235）	7.85	0.28	210	235
7039-T6 铝	2.8	0.3	70	270
Kevlar	1.35	0.3	137	3 600
高强度碳纤维	1.8	0.17	260	3 500

典型部件几何模型离散化示意如图 4.75 所示。

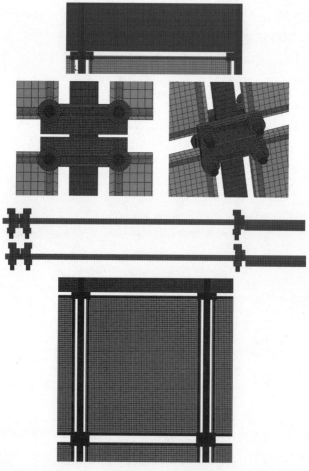

图 4.75　典型部件几何模型离散化示意

4. 分析参量

起到连接、固定作用的部件是整个结构中的最易损部件，如螺栓、固定件等。仅在重力作用下，由塑性应变引起部件结构损伤或局部失稳的可能性很小，因此比较不同材料连接部件在受力情况下的等效应力、应变值便可判断出结构强度是否足够，从而为结构设计提供有效参考。

5. 边界条件

结构全局赋予重力加速度 g（9.8 m/s^2），在结构顶端和底端进行固支约束。

4.3.3 仿真结果分析

针对上述 6 种工况进行数值仿真，获得相应仿真结果。对于仿真结果随机选取同一结构中不同位置固定件上的单元，如图 4.76 所示，等效应力曲线、压力曲线及最大主应力曲线如图 4.77 所示。

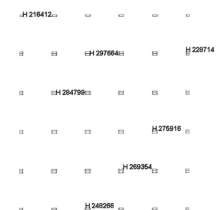

图 4.76 不同位置固定件上的单元选取示意

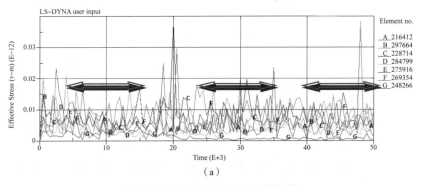

图 4.77 不同固定件单元力学曲线

(a) 等效应力曲线

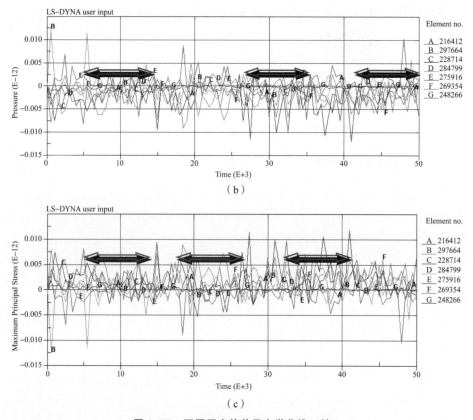

图 4.77 不同固定件单元力学曲线（续）

（b）压力曲线；（c）最大主应力曲线

由图 4.77 可见，同一结构不同位置固定件的力学曲线幅值差异较大，而响应频率及响应周期具有一定的相似性、一致性。因此，可以对不同工况下同一位置部件的力学响应进行分析，比较不同材料的结构响应。

由计算结果可见，不同工况下计算等效应变值均为 0，说明未产生结构形变，3 种材料都能够满足结构强度要求。

由表 4.9 和图 4.78 可得到以下结论。

（1）在同等条件下，单侧固定和双侧固定方式对连接件上应力、压力值影响不大，两种连接方式均满足静载要求。

（2）在不同材料的单侧固定结构中，钢、铝和碳纤维 3 种材料均足可以满足静载要求，其中铝的综合力学性能最好，其最大等效应力分别是碳纤维的 38%、钢的 43.6%，最大压力分别是碳纤维的 51.46%、钢的 42.5%。

表4.9 不同工况下的最大等效应力和最大压力

工况	固定件		最大等效应力/Mbar	最大压力/Mbar
	固定方式	材料		
1	双侧固定	A3（Q235）钢	1.08273×10^{-10}	7.14436×10^{-11}
2		高强度碳纤维	1.50632×10^{-10}	5.34583×10^{-11}
3		7039-T6铝	4.12087×10^{-11}	9.27947×10^{-12}
4	单侧固定	A3（Q235）钢	1.82109×10^{-13}	8.7862×10^{-14}
5		高强度碳纤维	2.08346×10^{-13}	7.25606×10^{-14}
6		7039-T6铝	7.9408×10^{-14}	3.73427×10^{-14}

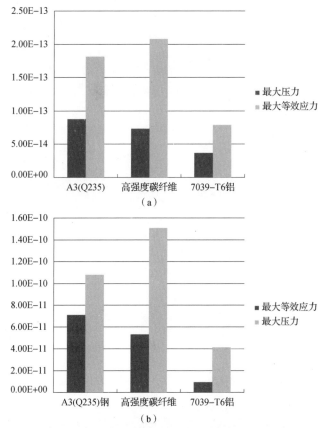

图4.78 不同材料的最大压力、最大等效应力对比
（a）单侧固定；（b）双侧固定

第 5 章
气动力分析基础理论与实例

5.1 弹体飞行所关注的空气动力学问题

5.1.1 概述

在榴弹、火箭、导弹等弹药设计、研制与试验时,为了达到所需要的射程、精度,需要进行大量弹道计算、分析与试验。榴弹、火箭、导弹在空气中飞行时的力学分析是外弹道研究的基础。弹体飞行过程中的受力特征通常可以通过风洞试验、理论分析与数值仿真计算获得。虽然定量化数值计算和可视化图像计算对计算机的运算速度要求很高,但现今随着计算机硬件水平高速发展,很多计算周期已经缩短到可接受的程度。

5.1.2 空气动力和力矩

弹体在空中运动时将受到空气作用而产生一些作用力和作用力矩,称为空气动力和力矩,它们对弹体飞行运动轨迹产生极其重要的影响,可以说弹体飞行轨迹计算的准确性在很大程度上取决于空气动力数据获取的准确性。一般弹体在飞行中受到作用的空气动力和力矩主要有阻力、升力、侧向力、翻转力矩(或静稳定力矩)、赤道阻尼力矩、极阻尼力矩、马格努斯力矩等。下面分别做简单介绍。

5.1.2.1 空气阻力

当弹体在空中飞行时,作用在弹体上的空气动力合力在弹体飞行速度方向上的分量、方向与飞行速度方向相反的力,称为空气阻力。在诸空气动力中,以空气阻力对弹体飞行运动的影响最大、最明显,已有研究表明空气阻力一般由以下几个部分构成。

1. 摩擦阻力

当弹体在空气中运动时,空气黏性使弹体表面附近的一薄层气体也产生随弹体向前运动的速度,且在这一薄层气体内越靠近弹体表面,随弹体向前运动的速度越大(与弹体的相对速度越小),因此沿弹表面向外存在速度梯度,这一薄层气体称为附面层。由于在附面层内存在速度梯度,所以层与层之间将产生相互作用力,即黏性力。弹体表面也将受到空气的黏性力,其方向与弹体表面平行、与弹体运动方向相反,称为摩擦阻力。

摩擦阻力的大小主要与弹体运动速度、弹体表面粗糙程度、弹体侧表面积的大小及空气黏性等有关。

2. 底部阻力(涡阻)

弹体向前运动时,弹体表面气流在绕流弹体至弹底部截面处时,绕流弹底部折转难以完全充满弹底空间,且在弹底部附近气流折转过程中流线破碎,出现许多漩涡,流动非常复杂,如图 5.1 所示。此时在弹底部形成一个空气较稀薄、压力较低的涡流区,进而形成底部阻力(也称为涡阻)。

底部阻力在弹体空气中占相当高的比例,它的大小主要与弹体运动速度、弹尾部形状、空气黏性等有关。

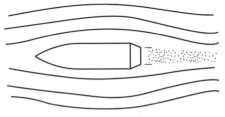

图 5.1 气流绕流弹底部时状况

3. 激波阻力

弹体在向前运动的过程中,弹头部将压缩前面的空气,使空气的密度和压强产生微小变化,这些微小扰动将形成疏密波以声速向周围传播。当弹体的运动速度远小于声速时,这些微小的扰动能向前方、后方及时传播,弹头部附近空气密度和压强不会出现大的变化。但当弹体运动速度达到或大于声速时，这些扰动来不及向前方传播，弹头部众多疏密波将被压缩形成一个厚度极小的空气层，气流经过此空气层后压强和密度都有突跃，此空气层称为激波，它随弹体一同向前运动，使激波后弹体表面上保持很高的压强，形成一个阻力，称为激波阻力。在实际中，当气流绕流弹尾部产生折转压缩时、当气流绕流弹体表面一些形状突变的沟槽时（如弹带），均会产生激波，如图5.2所示，对应出现激波阻力。通常将弹头部、弹尾部出现的激波称为弹头波、弹尾波。

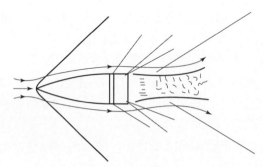

图 5.2 超声速下气流绕流弹体表面状况

弹体飞行速度 v 与当地声速 C 的比值定义为马赫数，用 Ma 表示。当马赫数等于1或略大于1时，弹头激波在弹顶部前面不与弹顶部接触，且弹顶部波面与运动方向垂直，称为脱体激波。随着马赫数不断增大，脱体激波与弹顶部之间的距离不断缩小，且激波面越来越倾斜，当马赫数增大到某一值以后，脱体激波开始附体，整个波面近似为一圆锥面，此圆锥的半锥角称为激波角，它随马赫数的增大而减小。按照激波阻力产生的原因，似乎仅当弹体飞行速度大于或等于声速才会产生激波阻力，而在实际中，当弹体飞行速度虽未达到声速，但接近于声速时，也会出现激波阻力。这是由于当气流在绕流弹体表面的过程中，在某些区域存在气流膨胀、加速，以致在弹体表面局部区域流速达到声速以上，此时若存在一些强干扰源（如弹体表面凸起、沟槽等），则对应产生激波，从而出现激波阻力。

对于超声速飞行弹体来说，激波阻力占全弹总阻力的大部分，它的大小主要取决于弹体飞行速度、弹体形状等要素。

5.1.2.2 阻力系数与弹形系数

弹体运动中所受阻力对其飞行运动有着重要影响，也是评估弹体气动力性能的重要依据之一。阻力是有量纲的参数，它受弹体尺寸变化等影响，因此，直接对两个不同尺寸的弹体阻力进行比较是很不方便的，为此在弹体空气动力学中引入阻力系数的概念。

根据前面对弹体阻力的介绍,弹体阻力的大小主要与弹体形状与尺寸、表面粗糙度、弹体相对于空气的速度、空气的特性等因素有关。在空气动力学中,理论与试验研究均表明,弹体的空气阻力大小与一特征面积成正比,与空气密度也成正比。其一般表达式为

$$R_x = \frac{\rho v^2}{2} S_m C_{x0} \qquad (5-1)$$

式中,ρ 为空气密度;v 为弹体运动相对于空气的速度,$\rho v^2/2$ 习惯上称为速度头;S_m 为特征面积,通常取弹体的最大横截面积;C_{x0} 为阻力系数,下标 0 表示弹轴与速度矢量夹角为零时的阻力系数。

阻力系数是对不同弹形进行气动力性能比较,以及外弹道计算最常用的空气动力系数之一。它与弹体的形状、运动状况等有关,在具体弹形下,它的大小与马赫数、雷诺数以及一些大气参数等有关,其中雷诺数为

$$Re = \frac{\rho v l}{\mu} \qquad (5-2)$$

式中,ρ 为空气密度;v 为弹体相对于空气的速度;l 为弹体特征长度(如可取为弹长);μ 为空气的黏性系数。

雷诺数主要影响阻力中的摩擦阻力部分,当 $Ma > 0.6 \sim 0.7$ 后,一般开始出现局部激波,此时摩擦阻力仅占总阻力中的很小部分,而当 $Ma < 0.6$ 时,试验表明阻力系数变化很小,近似为常数。因此,在一般阻力系数分析中,通常忽略雷诺数 Re 的影响而近似认为 C_{x0} 仅为 Ma 的函数。图 5.3 所示为典型阻力系数 C_{x0} 随马赫数(Ma)变化的曲线。对各类不同弹体结构形状,其 $C_{x0}-Ma$ 变化曲线规律基本与图 5.3 所示相同,即使近年来出现的一些新型榴弹、火箭弹以及导弹(如长细比较大等),其规律也大致如此,只是对不同具体弹形而言,其 $C_{x0}-Ma$ 曲线中峰值所处的 Ma 值位置、峰值附近变化快慢程度等不同而已。

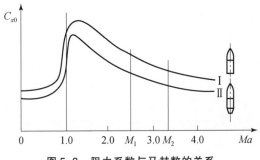

图 5.3　阻力系数与马赫数的关系

阻力系数在阻力计算中起着关键作用,也是进行外弹道计算时必不可少的先决条件。但在过去弹道测试手段和计算方法、条件均较为落后的状况下,对每一个具体弹形都要测出其在各个马赫数(Ma)下的阻力系数是非常困难的,为了解决每一具体弹形气动力和外弹道研究对 $C_{x0}(Ma)$ 的需求与难以对每一弹形均直接测出各马赫数(Ma)值下 C_{x0} 值的矛盾,引入所谓弹形系数的概念。

由前面对阻力系数曲线形状的讨论可知,各种弹体的阻力系数随马赫数(Ma)变化的形状大体是相似的。两条阻力系数曲线在不同马赫数下对应比值的变化范围不大,特别是对于两个弹形相近的弹体结构,两条阻力系数曲线在不同马赫数下的比值近似为常数。这就使早期研究者们想到一种方法,可以选择一种(或若干种)有代表性的弹形为标准弹形,将其阻力系数通过试验仔细测定出来,对其他与此弹形相近的弹体结构,只需测出任意一个马赫数(M_1)值下的阻力系数 C_{x0} 值,将其与标准弹形在相同马赫数(M_1)下的阻力系数值 C_{x0n} 相比,此比值 i 定义为该弹体相对于此标准弹的弹形系数,即

$$i = \frac{C_{x0}(M_1)}{C_{x0n}(M_1)} \quad (5-3)$$

既然这个比值 i 在各马赫数处均近似相等,那么其他任意弹体结构的阻力系数均可利用弹形系数 i 近似计算出来,即

$$C_{x0}(M_1) = iC_{x0n}(M_1) \quad (5-4)$$

由此可以看出,最初引入弹形系数的根本目的,就是利用已测出的标准弹阻力系数,将对某一弹形阻力系数曲线的求解转换成对该弹体结构在某一马赫数下阻力系数的求解问题,极大地减小了问题的复杂性与困难性。对标准弹测出的阻力系数,称为空气阻力定律。

标准弹不同,对应的阻力定律也不同,由弹形系数的定义可见,弹形系数 i 与对应选用的阻力定律有关,目前采用较多的是 43 年阻力定律。给出弹形系数时必须注明是针对何种阻力定律的,通常采用给弹形系数加下标的形式,如 i_{43}。

式(5-3)、式(5-4)所介绍的均是在弹轴与速度矢量夹角为零时的情况,当此夹角(即后面要定义的攻角)不为零时,阻力系数不仅是马赫数(Ma)的函数,而且也是攻角(δ)的函数,即阻力系数可以表示为

$$C_x = C_{x0}(Ma)f(\sigma) \quad (5-5)$$

对于通常研究的轴对称弹体结构,并且在攻角不是很大情况下,阻力的大小与方向和攻角(δ)的正负无关,因此它是攻角(δ)的偶函数,如将 $f(\delta)$ 用泰勒级数在 $\delta = 0$ 处展开,注意到偶函数的特性并且保留到攻角(δ)平方项,则有

$$f(\sigma) = f(\sigma)\big|_0 + \frac{\mathrm{d}^2 f}{\mathrm{d}\sigma^2}\bigg|_0 \frac{\sigma^2}{2}! \quad (5-6)$$

令 $\left.\dfrac{d^2 f}{d\sigma^2}\right|_0 = 2k$，并注意到 $\sigma = 0$ 时 $C_x = C_{x0}$，则式（5-6）或可近似为

$$C_x = C_{x0}(1 + k\sigma^2) \tag{5-7}$$

由式（5-7）可见，攻角增大将使阻力系数迅速增大。对于一些弹种来说，初始扰动较大可造成弹体在一定飞行距离内 δ 随机变化范围较大，从而造成弹体相互间阻力系数值跳动较大，进而造成较大的弹道散布，带来命中点的散布。

需要特别说明的是，用阻力定律和弹形系数来确定弹体结构阻力系数是一种很简便，或者说是不得已而为之的方法。实际中弹形系数并非常数，它随马赫数的变化而变化，特别是现代的一些弹形与以往的标准弹形状差异较大，对应弹形系数变化就更大。在实际中完全采用弹形系数进行外弹道计算就会引入较大的误差。但是否由此就可说弹形系数在今天已失去作用，可以从有关外弹道的研究中将其删去呢？其实不然。在对不同弹形进行空气动力研究、分析比较时可以发现，弹形系数在定性和定量分析弹体阻力特性、水平状况等方面有其独特优点。在一些特定场合需要立即进行一些估算，或在方案选取初始阶段进行方案对比，利用弹形系数非常方便。无论如何，在实际中采用阻力定律与弹形系数进行外弹道计算时要慎之又慎，因为在现代计算机与风洞技术高速发展的条件下，无论是通过测试还是数值计算获取弹体结构的阻力系数都不十分困难，而且随着科技水平的发展，对榴弹、火箭弹、航弹等的性能提出了越来越高的要求。采用弹形系数计算外弹道造成的误差已难以满足研制水平的要求，一些科技人员在平时的科学研究，乃至型号研制中仍自始至终采用传统弹形系数方法进行外弹道计算，这不仅会影响研究质量，还常常会出现事倍功半的效果，这一点应特别引起有关研究人员重视。

5.1.2.3 空气阻力加速度与弹道系数

根据空气阻力表达式，可以求出空气阻力加速度为

$$a_x = \frac{R_x}{m} = \frac{g}{G} \cdot \frac{\rho v^2}{2} \cdot \frac{\pi d^2}{4} C_{x0}(Ma) \tag{5-8}$$

将式（5-4）代入并分类组合为

$$a_x = \left(\frac{id^2}{G} \times 10^3\right) \frac{\gamma}{\gamma_{0n}} \left(\frac{\pi}{8\,000} \cdot \gamma_{0n} v^2 C_{x0n}(Ma)\right) \tag{5-9}$$

式中，G 为弹体质量；γ 为空气重度（单位体积的流体所具有的质量），$\gamma = \rho g$。

式（5-9）由 3 个部分组成，第一个部分表示弹体本身特征对弹体运动的影响，定义为弹道系数，并用 C 表示：

$$C = \frac{id^2}{G} \times 10^3 \tag{5-10}$$

第二个部分为气重函数，即

$$H(y) = \frac{\gamma}{\gamma_{0n}} \tag{5-11}$$

第三个部分，主要表示弹体相对于空气的运动速度对弹体运动的影响，通常称为空气阻力函数，表示为

$$F(v, C_s) = 4.737 \times 10^{-4} v^2 C_{x0n}(Ma) \tag{5-12}$$

为了使用方便，同时也引进 $G(v, C_s)$, $K(v, C_s)$ 作为空气阻力函数，它们与 $F(v, C_s)$ 的关系为

$$F(v, C_s) = vG(v, C_s) = v^2 K(v, C_s) \tag{5-13}$$

上面诸空气阻力函数均是 v 与 C_s 的函数，这样对它们编表、查算均不方便，为此可进行变换。令

$$M = \frac{v}{C_s} = \frac{v_\tau}{C_{s0n}} \tag{5-14}$$

则

$$v_\tau = v \frac{C_{s0n}}{C_s} = v \sqrt{\frac{\tau_{0n}}{\tau}} \tag{5-15}$$

这样就得到

$$F(v, C_s) = 4.737 \times 10^{-4} v^2 C_{x0n}(Ma) = 4.737 \times 10^{-4} v_\tau^2 C_{x0n}\left(\frac{v_\tau}{C_{0n}}\right)\frac{\tau}{\tau_{0n}} \tag{5-16}$$

即

$$F(v, C_s) = F(v_\tau) \frac{\tau}{\tau_{0n}} \tag{5-17}$$

同理可得

$$G(v, C_s) = G(v_\tau) \sqrt{\frac{\tau}{\tau_{0n}}} \tag{5-18}$$

这样两个变量的函数就变成两个单变量函数 $F(v_\tau)$, $G(v_\tau)$ 与 $\frac{\tau}{\tau_{0n}}$ 和 $\sqrt{\frac{\tau}{\tau_{0n}}}$ 的乘积，使用起来很方便。此时阻力加速度公式为

$$\begin{aligned} a_x &= CH(y)F(v, C_s) = C\pi(y)F(v_\tau) \\ &= CH(y)vG(v, C_s) = CH_\tau(y)vG(v_\tau) \end{aligned} \tag{5-19}$$

式中，

$$\pi(y) = H(y)\frac{\tau}{\tau_{0n}}$$

$$H_\tau(y) = H(y)\sqrt{\frac{\tau}{\tau_{0n}}} = \pi(y)\sqrt{\frac{\tau_{0n}}{\tau}}$$

5.1.2.4 弹体纵轴与速度矢量不重合时的空气动力和力矩

弹体在飞行时弹体纵轴与速度矢量往往不重合，两者间会出现一个夹角。通常定义速度矢量与指向前方弹轴间的夹角为攻角 δ（通常规定指向弹顶部的炮弹纵轴在速度矢量上方时攻角为正，反之为负），由速度矢量与弹体纵轴组成的平面称为攻角平面（也称为阻力面）。

在弹体飞行中攻角 $δ≠0$ 时，弹体周围压力就会出现不对称分布，对弹体全表面积进行压力分布积分求出的空气动力合力 R 既不与弹体纵轴平行，也不与速度轴平行，它与弹体纵轴相交于某点，此点称为压力中心（简称压心）。按理论力学中的法则，此力平移至弹体质心处后等效于一合力 R_1 与一力矩 M_z，合力 R_1 又可分解为平行和垂直于速度矢量的两个分量 R_x、R_y，R_x 即前面介绍的阻力，R_y 称为升力。当压心在质心之前时 M_z 称为翻转力矩，当压心在质心之后时 M_z 称为稳定力矩，翻转力矩和稳定力矩统称为静力矩。图 5.4 所示为 $δ≠0$ 时作用于弹体上的升力、翻转力矩示意。

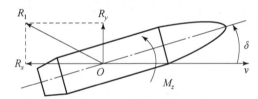

图 5.4 $δ≠0$ 时作用于弹体上的升力、翻转力矩示意

阻力的表达式前面已详细介绍，在弹体空气动力学中升力的表达式为

$$R_y = \frac{\rho v^2}{2} S_m C_y \tag{5-20}$$

静力矩的表达式为

$$M_z = \frac{\rho v^2}{2} S_m l m_z \tag{5-21}$$

式中：S_m 为弹体结构特征面积（一般取弹体最大横截面积）；l 为弹体特征长度（一般取弹长）；C_y 为升力系数；m_z 为静力矩系数。

升力在阻力面内时，M_z 与阻力面垂直，指向取决于压心在质心前或后，当压心在质心前时，M_z 指向使攻角增大，m_z 为正；当压心在质心后时，M_z 指向使攻角减小，m_z 为负。压心与质心之间的距离习惯上称为质阻心距。

与 C_x 不同，C_y 与 m_z 均为 δ 的奇函数，进行 C_x 的级数展开求解方式并均只保留前两项，可得

$$C_y = C'_y \sigma + \frac{C'''_y}{6} \sigma^3 \tag{5-22}$$

$$m_z = M'_z \sigma + \frac{m'''_z}{6}\sigma^3 \qquad (5-23)$$

试验结果表明，当攻角 δ 不大时，式（5-22）、式（5-23）中攻角三次方项非常小，一般可忽略不计，故实际中常用的是

$$C_y = C'_y \sigma \qquad (5-24)$$

$$m_z = m'_z \sigma \qquad (5-25)$$

式中，C'_y 为升力系数导数；m'_z 为静力矩导数。

这里要指出的是，有些研究人员在日常研究中喜欢采用式（5-22）、式（5-23）来确定 C_y、m_z，认为保留高次项在实际应用中总是可以提高一些精度。但实际上，即使在今天要较为准确地确定 C'''_y、m'''_z 也是非常困难的（特别是在攻角不太大时）。因此，如果采用较大误差的三次方系数来代入计算，其对计算精度的负作用可能早已超过保留高次项对改善精度的影响，所以是否需要保留高次项需视情况而定。

根据已有研究，在弹体飞行中除了存在攻角外，在绕弹体纵轴转动或绕过弹体质心横轴摆动时，还会产生其他空气动力和力矩，下面进行简单介绍。

1. 赤道阻尼力矩

当弹体以某一角速度 φ 绕其赤道轴（过质心与弹体纵轴垂直的轴）摆动时，在弹体迎风一面必因空气受压而压力增大，另一面则因弹体离去、空气稀薄而压力减小。另外，由于空气黏性的作用，在弹体表面也存在阻碍其摆动的摩擦力，这些都使弹体在绕赤道轴摆动时对应出现一阻尼摆动的合力矩，称为赤道阻尼力矩，通常用 M_{zz} 表示，其空气动力表达式为

$$M_{zz} = \frac{\rho v^2}{2} S_m l m_{zz} \qquad (5-26)$$

式中，m_{zz} 为赤道阻尼力矩系数，其公式为

$$m_{zz} = m'_{zz}\left(\frac{d\varphi}{v}\right) \qquad (5-27)$$

式中，d 为弹径；m'_{zz} 为赤道阻尼力矩系数导数。

赤道阻尼力矩永远与摆动角速度 φ 反向，对于弹体飞行稳定性来说，赤道阻尼力矩有利于改善弹体飞行稳定性。

2. 极阻尼力矩

当弹体绕其纵轴自转时，由于空气黏性，在接近弹体表面周围有一薄层空气随着弹体自转而旋转，消耗弹体的自转动能，体现为空气对自转弹体产生一个阻碍其旋转的摩擦阻尼力矩，此力矩称为极阻尼力矩，用 M_{xz} 表示，其表达式为

$$M_{xz} = \frac{\rho v^2}{2} S_m l m_{xz} \qquad (5-28)$$

式中，m_{xz} 为极阻尼力矩系数，表达式为

$$m_{xz} = m'_{xz}\left(\frac{dw}{v}\right) \qquad (5-29)$$

式中，w 为弹体自转角速度；m'_{xz} 为极阻尼力矩系数导数。

极阻尼力矩方向永远与弹体自转角速度方向相反，起着使弹体转速衰减作用。

3. 马格努斯力和力矩

当弹体自转并存在攻角时（或弹体具有非对称横截面时），还会产生所谓的马格努斯力和力矩。

对产生马格努斯力和力矩的传统解释是：当弹体自转时，空气黏性使弹体表面附近一薄层空气也跟随弹体转动，如图 5.5（a）所示。又由于存在攻角 δ，所以存在与弹体纵轴垂直方向上的速度分量（或横流）$v_\perp = v\sin\delta$，此横流与由空气黏性产生的弹体表面旋转气流合成，合成结果是弹体表面一侧气流速度大，另一侧速度小，如图 5.5（b）所示。根据流体力学中的伯努利定理可知：速度小的一侧压力大于速度大的一侧压力，这样在全弹侧表面上积分就形成一个与阻力面垂直的力，它的指向由弹体纵轴自转角速度矢量 w 向速度矢量 v 旋转（按右手法则定出）。此力称为马格努斯力，用 R_z 表示。马格努斯力的作用点经常不在弹体质心上，因此对质心形成一个力矩，称为马格努斯力矩，用 M_y 表示。此力矩的指向因马格努斯力作用点在重心前、后而不同，如图 5.5（c）所示（图中马格努斯力作用点在重心前）。

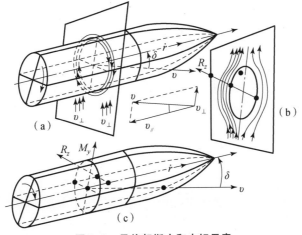

图 5.5 马格努斯力和力矩示意

在现代弹体运动空气动力学中,认为马格努斯力和力矩主要是由于弹体表面附面层的不对称而产生的,即使弹体不旋转或无攻角,但只要其表面附面层存在不对称情况(如弹体具有非对称横截面),也会产生马格努斯力和力矩。

马格努斯力和力矩的表达式为

$$R_z = \frac{\rho v^2}{2} S_m C_z \quad (5-30)$$

$$M_y = \frac{\rho v^2}{2} S_m l m_y \quad (5-31)$$

式中,C_z 为马格努斯力系数,$C_z = C_z''\left(\dfrac{dw}{v}\right)\sigma$;$C_z''$ 为马格努斯力系数导数;M_y 为马格努斯力矩系数,$m_y = m_y''\left(\dfrac{dw}{v}\right)\sigma$;$m_y''$ 为马格努斯力矩系数导数。

马格努斯力和力矩对弹体飞行稳定性一般产生不利影响,相对于 C_x、C_y'、m_z' 等空气动力和力矩系数来说,C_y''、m_y'' 要远远小于它们,由于 C_y''、m_y'' 产生的机理较复杂,系数值又很小,目前要较为准确地计算出 C_y''、m_y'' 还是非常困难的。

5.1.2.5 弹道方程中常用的空气动力和力矩系数

前面介绍了作用在弹体上的空气动力、力矩和它们在弹体运动空气动力学中的表达式,将它们直接代入外弹道方程即可。但在外弹道学中,为了使模型更简洁、便于推导和分析等,常采用弹道空气动力和力矩系数,它们和原空气动力、力矩系数的关系如下。

(1)阻力:

$$R_x = \frac{\rho v^2}{2} S_m C_x = m b_x v^2$$

$$b_x = \frac{\rho S_m}{2m} C_x \quad (5-32)$$

(2)升力:

$$R_y = \frac{\rho v^2}{2} S_m C_y' \sigma = m b_y v^2$$

$$b_y = \frac{\rho S_m}{2m} C_y' \quad (5-33)$$

(3)马格努斯力:

$$R_z = \frac{\rho v^2}{2} S_m \left(\frac{dw}{v}\right) C_z'' \sigma = m b_z v w \sigma$$

$$M_{xz} = \frac{\rho v^2}{2} S_m l m_{xz} \qquad (5-28)$$

式中，m_{xz} 为极阻尼力矩系数，表达式为

$$m_{xz} = m'_{xz}\left(\frac{dw}{v}\right) \qquad (5-29)$$

式中，w 为弹体自转角速度；m'_{xz} 为极阻尼力矩系数导数。

极阻尼力矩方向永远与弹体自转角速度方向相反，起着使弹体转速衰减作用。

3. 马格努斯力和力矩

当弹体自转并存在攻角时（或弹体具有非对称横截面时），还会产生所谓的马格努斯力和力矩。

对产生马格努斯力和力矩的传统解释是：当弹体自转时，空气黏性使弹体表面附近一薄层空气也跟随弹体转动，如图5.5（a）所示。又由于存在攻角 δ，所以存在与弹体纵轴垂直方向上的速度分量（或横流）$v_\perp = v\sin\delta$，此横流与由空气黏性产生的弹体表面旋转气流合成，合成结果是弹体表面一侧气流速度大，另一侧速度小，如图5.5（b）所示。根据流体力学中的伯努利定理可知：速度小的一侧压力大于速度大的一侧压力，这样在全弹侧表面上积分就形成一个与阻力面垂直的力，它的指向由弹体纵轴自转角速度矢量 w 向速度矢量 v 旋转（按右手法则定出）。此力称为马格努斯力，用 R_z 表示。马格努斯力的作用点经常不在弹体质心上，因此对质心形成一个力矩，称为马格努斯力矩，用 M_y 表示。此力矩的指向因马格努斯力作用点在重心前、后而不同，如图5.5（c）所示（图中马格努斯力作用点在重心前）。

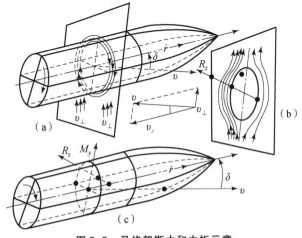

图 5.5 马格努斯力和力矩示意

在现代弹体运动空气动力学中，认为马格努斯力和力矩主要是由于弹体表面附面层的不对称而产生的，即使弹体不旋转或无攻角，但只要其表面附面层存在不对称情况（如弹体具有非对称横截面），也会产生马格努斯力和力矩。

马格努斯力和力矩的表达式为

$$R_z = \frac{\rho v^2}{2} S_m C_z \tag{5-30}$$

$$M_y = \frac{\rho v^2}{2} S_m l m_y \tag{5-31}$$

式中，C_z 为马格努斯力系数，$C_z = C''_z \left(\dfrac{dw}{v}\right)\sigma$；$C''_z$ 为马格努斯力系数导数；M_y 为马格努斯力矩系数，$m_y = m''_y \left(\dfrac{dw}{v}\right)\sigma$；$m''_y$ 为马格努斯力矩系数导数。

马格努斯力和力矩对弹体飞行稳定性一般产生不利影响，相对于 C_x、C'_y、m'_z 等空气动力和力矩系数来说，C''_y、m''_y 要远远小于它们，由于 C''_y、m''_y 产生的机理较复杂，系数值又很小，目前要较为准确地计算出 C''_y、m''_y 还是非常困难的。

5.1.2.5 弹道方程中常用的空气动力和力矩系数

前面介绍了作用在弹体上的空气动力、力矩和它们在弹体运动空气动力学中的表达式，将它们直接代入外弹道方程即可。但在外弹道学中，为了使模型更简洁、便于推导和分析等，常采用弹道空气动力和力矩系数，它们和原空气动力、力矩系数的关系如下。

（1）阻力：

$$R_x = \frac{\rho v^2}{2} S_m C_x = m b_x v^2$$

$$b_x = \frac{\rho S_m}{2m} C_x \tag{5-32}$$

（2）升力：

$$R_y = \frac{\rho v^2}{2} S_m C'_y \sigma = m b_y v^2$$

$$b_y = \frac{\rho S_m}{2m} C'_y \tag{5-33}$$

（3）马格努斯力：

$$R_z = \frac{\rho v^2}{2} S_m \left(\frac{dw}{v}\right) C''_z \sigma = m b_z v w \sigma$$

$$b_z = \frac{\rho S_m}{2m} d C''_z \qquad (5-34)$$

(4)静力矩:

$$M_z = \frac{\rho v^2}{2} S_m l m'_z \sigma = A k_z v^2 \sigma$$

$$k_z = \frac{\rho S_m}{2A} l m'_z \qquad (5-35)$$

(5)赤道阻尼力矩:

$$M_{zz} = \frac{\rho v^2}{2} S_m l \left(\frac{dw}{v}\right) m'_{zz} = A k_{zz} v \varphi$$

$$k_{zz} = \frac{\rho S_m}{2A} l d m'_{zz} \qquad (5-36)$$

(6)极阻尼力矩:

$$M_{xz} = \frac{\rho v^2}{2} S_m l \left(\frac{dw}{v}\right) m'_{xz} = C k_{xz} v w$$

$$k_{xz} = \frac{\rho S_m}{2C} l d m'_{xz} \qquad (5-37)$$

(7)马格努斯力矩:

$$M_y = \frac{\rho v^2}{2} S_m l \left(\frac{dw}{v}\right) m''_y \sigma = C k_y v w \sigma$$

$$k_y = \frac{\rho S_m}{2C} l d m''_y \qquad (5-38)$$

5.1.2.6　有限元计算的空气动力参数

上述介绍了多个空气动力参数,并不是所有参数均可以采用有限元分析模型进行计算,通常可采用有限元计算的空气动力参数有:表面压力、阻力系数、升力系数。具体计算方法将在后面介绍。

5.2　气动动力有限元分析基础理论

5.2.1　弹体外流场概述

当弹体以一定的速度在大气中运动时,弹体外表面各部分都会受到空气动力作用。空气动力的大小取决于弹体外形结构、飞行速度、飞行姿态以及环境大气条件。空气动力作用对弹体射程、飞行稳定性以及散布特性产生重大的影响。因此,在设计过程中必须充分考虑作用在弹体上的空气动力。最重要的空气动力特性参数有 3 个:阻力系数、升力系数、压力中心系数。精确的空气动力数据必须由风洞试验测得,但在弹体设计初始阶段,具体参数还没有完全确定,无法进行风洞试验,在总体结构参数基本确定的情况下,利用仿真计算可以预先得到弹体的气动力特性。

大多数弹体的外形为圆锥体和圆柱体组合体,当然目前还有一些异形弹体结构,弹体在高马赫运行时伴随着脱离流动分离、强激波,头部表面气流受到脱体激波压缩。在来流马赫数大于 0.6 时,已不能忽略气体压缩性对弹体外流场特性的影响。由于可压缩性的影响,弹体背风面压力变得很低。马赫数大于 0.4 之后,气体黏性基本只在边界层位置对弹体有影响,其他位置黏性对气动特性的影响基本可以忽略不计。

5.2.2 流体力学基础

计算流体力学(Computational Fluid Dynamics,CFD)分析,即通过计算机进行数值计算,应用各种离散化的数学方法,对流体力学的各类问题进行数值计算、计算机模拟和分析研究,其核心是用有限个变量的集合代替连续物理场,通过求解离散变量的方程组得到问题的近似解,用以近似反映实际流体流动情况。计算流体力学是一门集流体力学、数值分析、偏微分方程数学理论于一体的交叉学科。目前,流体力学问题主要通过理论、试验以及 CFD 分析技术这 3 种方法来分析和解决。CFD 分析作为理论与试验之外的第三种方法有其简便性,也有一定的局限性。虽然 CFD 分析可以有效地补充理论和试验计算所带来的缺陷,但不能取代这两种方法,它只是这两种方法在应用过程中的延续。

5.2.2.1 流体力学基本方程

流体问题的计算,实质是关于流体力学基本控制方程的求解。任何流动都必须遵守质量守恒、动量守恒、能量守恒 3 个基本物理学原理,其所对应的数学描述即流体力学基本方程:连续性方程、动量方程、能量方程。流体力学问题都是建立在这些方程的基础之上的。在直角坐标系下,各方程通用格式可表示如下。

(1) 连续性方程:

$$\frac{\partial \rho}{\partial t} + \mathrm{div}(\rho \boldsymbol{u}) = 0 \qquad (5-39)$$

(2) 动量方程：

$$\frac{\partial(\rho u)}{\partial t} + \mathrm{div}(\rho u \boldsymbol{u}) = \mathrm{div}(\mu \mathrm{grad}\boldsymbol{u}) - \frac{\partial p}{\partial x} + S_u$$

$$\frac{\partial(\rho v)}{\partial t} + \mathrm{div}(\rho v \boldsymbol{u}) = \mathrm{div}(\mu \mathrm{grad}\boldsymbol{v}) - \frac{\partial p}{\partial y} + S_v \qquad (5-40)$$

$$\frac{\partial(\rho w)}{\partial t} + \mathrm{div}(\rho w \boldsymbol{u}) = \mathrm{div}(\mu \mathrm{grad}\boldsymbol{w}) - \frac{\partial p}{\partial z} + S_w$$

其中，

$$S_u = F_x + \frac{\partial}{\partial x}\left(\mu \frac{\partial u}{\partial x}\right) + \frac{\partial}{\partial y}\left(\mu \frac{\partial v}{\partial x}\right) + \frac{\partial}{\partial z}\left(\mu \frac{\partial w}{\partial x}\right) + \frac{\partial}{\partial x}(\lambda \mathrm{div}\boldsymbol{u})$$

$$S_v = F_y + \frac{\partial}{\partial x}\left(\mu \frac{\partial u}{\partial y}\right) + \frac{\partial}{\partial y}\left(\mu \frac{\partial v}{\partial y}\right) + \frac{\partial}{\partial z}\left(\mu \frac{\partial w}{\partial y}\right) + \frac{\partial}{\partial y}(\lambda \mathrm{div}\boldsymbol{u})$$

$$S_w = F_z + \frac{\partial}{\partial x}\left(\mu \frac{\partial u}{\partial z}\right) + \frac{\partial}{\partial y}\left(\mu \frac{\partial v}{\partial z}\right) + \frac{\partial}{\partial z}\left(\mu \frac{\partial w}{\partial z}\right) + \frac{\partial}{\partial z}(\lambda \mathrm{div}\boldsymbol{u})$$

式中，ρ 为密度；p 为压强；$\boldsymbol{u}$，$\boldsymbol{v}$，$\boldsymbol{w}$ 为速度矢量在 x，y，z 方向上的分量。

(3) 能量方程：

$$\frac{\partial(\rho T)}{\partial t} + \frac{\partial(\rho uT)}{\partial x} + \frac{\partial(\rho vT)}{\partial y} + \frac{\partial(\rho wT)}{\partial z} = \frac{\partial}{\partial x}\left(\frac{k}{Cp}\cdot\frac{\partial T}{\partial x}\right) + \frac{\partial}{\partial y}\left(\frac{k}{Cp}\cdot\frac{\partial T}{\partial y}\right) + \frac{\partial}{\partial z}\left(\frac{k}{Cp}\cdot\frac{\partial T}{\partial z}\right) + S_T \qquad (5-41)$$

连续性方程、动量方程、能量方程共同构成了弹体外流场特性计算所需求解的方程组。

5.2.2.2 湍流模型

理论研究认为，湍流运动由各种尺度的连续涡旋叠加而成，物理量如速度、压力等在时间和空间上有随机脉动的特点。时间平均法是目前考察物理量随时间和空间变化的常用方法，它将湍流运动分离为两部分，一部分是随时间平均变化的量，另一部分是在时间上有脉动的量。流体力学计算常用的湍流数值模拟方法主要有直接数值模拟方法、大涡模拟方法和 Reynolds 平均法。用雷诺平均法处理速度等物理量随时间的变化，可得到时间平均的控制方程，写成张量形式即

$$\frac{\partial \rho}{\partial t} + \frac{\partial}{\partial x}(\rho u_i) = 0 \qquad (5-42)$$

$$\frac{\partial}{\partial t}(\rho u_i) + \frac{\partial}{\partial x_j}(\rho u_i u_j) = -\frac{\partial p}{\partial x_i} + \frac{\partial p}{\partial x_j}\left(\mu \frac{\partial u_i}{\partial x_j} - \rho \overline{u_i' u_j'}\right) + S_i \qquad (5-43)$$

在用雷诺平均法对湍流运动简化和近似的过程中，出现了新的未知物理

量 $-\rho u'_i u'_j$，致使原来有常数解的方程组不再封闭，无法获得常数解。要想获得常数解，必须要对雷诺应力做出某种假设来使方程封闭，这就出现了多种湍流模型。如今各种 CFD 数值模拟软件使用的典型湍流模型如图 5.6 所示。

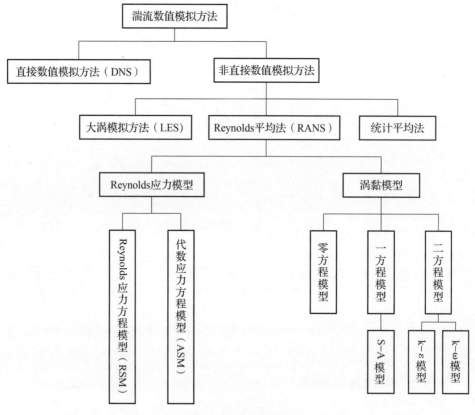

图 5.6　典型湍流模型

不同的湍流模型一般只适用于特定流体运动，流动过程中所包含的物理问题、精确性要求、计算资源和求解时间等决定了选择何种模型进行数值模拟。在弹体外流场特性仿真计算中，弹体气动力分析推荐 S – A 模型，水动力分析推荐 k – ε 模型。在一般情况下，主要湍流模型的适用场合见表 5.1。

表 5.1　主要湍流模型的适用场合

模型	描述	用法
Spalart – Allmaras	单一输运方程模型，直接求解修正湍流黏性	典型应用场合为航空领域的绕流模拟

续表

模型	描述	用法
Standard k - ε	双方程模型，用 k 方程和 ε 方程作为对时均化雷诺方程的补充，适用于高雷诺数湍流	计算量适中，一般工程计算均使用该模型，其收敛性和计算精度可满足一般要求，但不适用于大曲率和大压力梯度的复杂流动
RNG k - ε	Standard k - ε 模型的变形，改善了 ε 方程	适用于计算高应变流动问题，一般应用于模拟射流、分离流、旋流
Realizable k - ε	Standard k - ε 模型的另一变形，用于模拟中等强度旋流	除 RNG k - ε 模型的应用场合外，还可以预测圆形射流问题
Standard k - ω	双方程模型，求解 k 方程和 ω 方程来封闭雷诺平均方程；对绕流问题等有界壁面和低雷诺流动问题有较准确的模拟性能	适用于壁面边界层流动、自由剪切流动、低雷诺流动等问题
SST k - ω	标准 k - ω 模型的变形，标准 k - ε 与标准 k - ω 模型的结合	应用场合基本与 Standard k - ω 模型相同，但因为对壁面距离有较强的依赖性，所以不适用于模拟存在自由剪切流的问题
Reynolds Stress	没有使用黏性假设，直接求解输运方程来解出雷诺应力项，在计算强旋流问题方面有一定优势	最复杂的 RNGS 模型，需要较多计算资源和时间，不易收敛；适用于求解复杂的三维强旋流流动

5.2.2.3 数值计算方法

1. 控制方程离散化

理论来说，建立在计算域上的偏微分方程是有数值真解的，但是计算机无法直接求解偏微分方程，必须借助一定的数值计算方法使偏微分方程为计算机所识别。由流体力学中的基本控制方程得到可以借助计算机运算的离散方程，要经过一系列变换。有限体积法通过在网格界面上对流体力学偏微分方程积分来得到可数值计算的离散方程。

在三维非结构网格上，控制体积如图 5.7 所示，控制方程在网格控制单元

上进行体积积分,可以得到通用格式控制方程:

$$\int_{\Delta V} \frac{\partial (\rho \phi)}{\partial t} dV + \int_{\Delta S} \rho \phi u_i v_i dS = \int_{\Delta S} \Gamma \frac{\partial \phi}{\partial x_i} v_i dS + \int_{\Delta V} S dV \qquad (5-44)$$

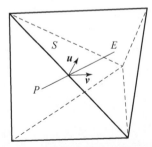

图 5.7　三维非结构网格控制体积

以离散网格控制节点上的物理信息来代替整个控制体积积分,就可以建立节点物理量与控制方程之间的关系,各项计算如下。

(1) 瞬态项: $\int_{\Delta V} \frac{\partial (\rho \phi)}{\partial t} dV = \frac{(\rho \phi)_P + (\rho \phi)_P^0}{\Delta t} \Delta V$;

(2) 源项: $\int_{\Delta S} \rho \phi u_i v_i dS = S_C \Delta V + S_P \phi_P \Delta V$;

(3) 扩散项: $\int_{\Delta S} \Gamma \frac{\partial \phi}{\partial x_i} v_i dS = \sum_{E=1}^{N_S} \{ [(\phi_E - \phi_P)/\sqrt{\delta x^2 + \delta y^2}] \times [\Gamma(v_x \Delta y - v_y \Delta x)] \}_E + C_{\text{diff}}$;

(4) 对流项: $\int_{\Delta V} S dV = \sum_{E=1}^{N_S} [\rho \phi (u \Delta y - v \Delta x)]_E$。

对扩散项和源项做线性处理,再对控制方程在时间上做积分,得到稳态问题的通用方程:

$$\alpha_p \phi_p = \sum_{E}^{N_S} \alpha_n \phi_n + b_p \qquad (5-45)$$

2. 节点插值格式

积分过程主要是在网格界面和节点上对对流项和扩散项做插值处理,扩散项一般用线性插值,插值格式的不同主要体现在对流项上。三维问题的离散比较复杂,以下以一维离散为例讲述各离散方法,控制节点及其上游节点和下游节点位置如图 5.8 所示。

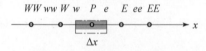

图 5.8　一维网格控制节点

对于一阶问题，控制节点 P 的物理量 $\alpha_P = \alpha_w + \alpha_E + (F_e - F_w)$，对于二阶问题，控制节点 P 的物理量 $\alpha_P = \alpha_w + \alpha_{ww} + \alpha_E + \alpha_{EE} + (F_e - F_w)$。常见的各种离散格式包括中心插分、一阶迎风格式、二阶迎风格式、QUICK 格式等，其中中心插分、一阶迎风格式具有一阶精度，二阶迎风格式具有二阶精度，插值格式的精度直接影响计算结果的精度，一般认为二阶插值格式得到的计算结果精度要高于一阶插值格式。

3. 控制面插值格式

控制体界面上的压力要由控制节点反映，在一般情况下，Fluent 默认使用 Standard 格式得到界面压力值。除标准压力插值外，Fluent 还提供了线性插值、二阶插值、体积力加权插值和 PRESTO 插值来计算界面压力。线性插值通过对相邻控制节点压力值取平均来计算界面压力，二阶格式比标准格式和线性格式有所改善，类似二阶迎风格式。体积力加权插值一般在需考虑体积力的问题中可以得到较精确的解。PRESTO 插值基于交错网格技术，多用于四边形或者六面体网格。

4. 梯度插值格式

关于流场压力、速度等物理量梯度插值方法，Fluent 提供了 green - gauss cell - based、green - gauss node - based、least - squares cell - based 三种。green - gauss cell - based 是一种基于控制体单元的梯度插值方法，对网格质量要求较高，若网格长宽比和扭曲度控制不好，在求解过程中很容易出现伪扩散。green - gauss node - based 通过控制网格节点上的值来计算梯度，可以减小伪扩散，适用于三角形和四面体非结构网格问题求解。least - squares cell - based 是对控制体界面上的物理值采用最小二乘法处理来得到梯度值，与 green - gauss node - based 具有相同的计算精度，主要用于多面体网格梯度插值。

5. 离散方程组的求解计算

理论上，建立在计算域上的控制方程可以有真解，对于复杂的流动问题，求解非线性控制方程非常困难，不借助一定的计算方法根本无法获得数值解。在离散方程求解过程中采用一定的求解方式对方程的计算顺序做出调整，以使方程组可以得到数值解。在弹体外特性仿真计算中，对于气动特性计算，压力方程通过求解气体状态方程得到，压力 - 速度属于耦合式 Coupled Sover 求解，压力 - 速度耦合方式为 density - based，求解有显式和隐式之分，一般选择隐式求解。对于水动力特性计算，压力 - 速度方程属于分离式求解，压力 - 速度耦合方式为 pressure - based，必须通过压力速度修正方程求解，一般选择 SIMPLE 或 SIMPLEC，为半隐式求解。

6. 亚松弛技术

在 Fluent 的一系列算法中，修正方程引入的假设会对迭代过程的收敛产生一定影响，甚至可能导致迭代过程发散。亚松弛技术引入一个亚松弛因子来控制变量修正。亚松弛技术最简单的形式为 $A = A^* + \alpha \Delta A$，其中压力和速度的改进计算式为 $p = p^* + \alpha \Delta p$，$u = u^* + \alpha \Delta u$。其中，$\alpha$ 是一个松弛因子：$\alpha = 1$ 为不松弛；$\alpha > 1$ 为超松弛；$\alpha < 1$ 为亚松弛。在迭代计算中，需要选择一个适当的松弛因子，在保证计算稳定和结果精度的基础上尽量缩短计算时间。

5.2.3 仿真计算

计算流体力学的实质是通过数值方法求解流体力学控制方程组，通过对离散方程的求解，计算得到物理场分布，分析物理量。仿真过程与第 1 章介绍的一样，一般包括计算前处理、求解计算、后处理。此外，在流体计算时为了确定计算域，还应该进行问题定义。因此，仿真计算流程如下。

（1）问题定义：确定模拟目的，确定计算域；

（2）前处理：创建代表计算域的几何实体，设计并划分网格；

（3）求解：设置物理问题（物理模型、材料属性、域属性、边界条件……），定义求解器（数值格式、收敛控制……），求解并监控；

（4）后处理：查看并分析计算结果。

在来流速度高于 $0.6\ Ma$ 的工况下，空气的压缩性已不可忽视，而水的压缩性较小，即使在高马赫条件下，水仍可以认为是不可压缩流体。由于空气、水在高马赫条件下的物性参数方程不同，所以仿真分析所用计算方法也不同。表 5.2 给出了弹体在气体中飞行的推荐计算模型。

表 5.2　弹体在气体中飞行的推荐计算模型

名称	气动力分析模型
求解器	Density – based
湍流模型	S – A/k – ε/k – ω
物性描述	Density：ideal gas/real gas Viscosity：Sutherland
边界条件	Pressure – far – field
求解方法	Coupled – Implicit/Coupled – Explicit

5.3 弹体飞行有限元分析方法与实例

5.3.1 破片飞行仿真

首先,对破片的运动动力学仿真进行介绍。针对球体、立方体等不同结构破片,采用 Fluent 流体仿真软件,介绍破片在空气中飞行时空气阻力和阻力系数的仿真计算过程,具体如下。

5.3.1.1 球体破片

在此,以 6 mm 直径球体为例,介绍球体破片在空气中飞行时空气阻力和阻力系数仿真计算过程。球体破片空气阻力仿真计算与风洞测试过程类似,球体处于静止状态,给定球体外部一定来流速度,保证球体与外流有一定的相对运动速度,以此模拟球体在空气中的运动过程。建立一个围绕球体的圆柱体流场计算域,球体前部(迎风面)计算域约为球体直径的 30 倍,球体后部(背风面)计算域约为球体直径的 60 倍,整个计算域直径约为球体直径的 30 倍,该计算域基本可消除边界对仿真结果的影响,整个流场计算域如图 5.9 所示。对计算域进行网格划分;同时,给定球体一定的网格边界层,越靠近球体区域网格节点布置需要越密集,反之逐渐稀疏。网格生成方法也可自行参考相关书籍。本实例所介绍的网格划分方法仅供参考。

图 5.9 流场计算域

1. 划分网格

在此,计算域采用 ICEM - CFD 软件进行网格划分。通过三维绘图软件导出流场计算域 ".x_t" 文件。

1) 导入流场计算域 ".x_t" 文件

导入流场计算域 ".x_t" 文件,执行 "File" → "Import Geometry" → "Legacy" → "Parasolid" 命令,在弹出的对话框中选择网格文件 "6mm.x_t";

打开后，弹出"Import Geometry from Parasolid"对话框，单位选择"Milimeter"，单击"Apply"按钮，如图5.10所示。

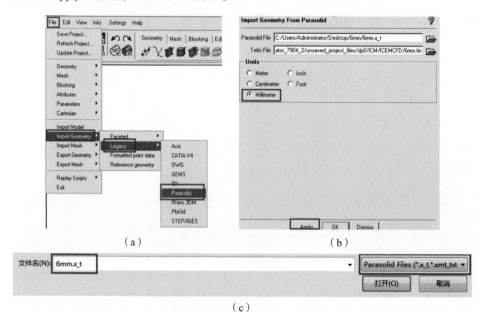

图5.10 导入流场计算域".x_t"文件

导入流场计算域后模型如图5.11所示。

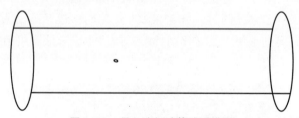

图5.11 导入流场计算域后模型

2）修复几何模型

在标签栏中选择"Geometry"选项，单击图标，在弹出的对话框中单击"Apply"按钮，如图5.12所示。

修复后几何模型如图5.13所示。

3）创建Part

首先，勾选模型（Model）树中"Geometry"→"Surfaces"分支；然后勾选模型树中的"Parts"分支，单击鼠标右键执行"Create Part"命令，分别创建球边界和流场边界Part，命名为"sphere"和"farfield"，如图5.14所示。

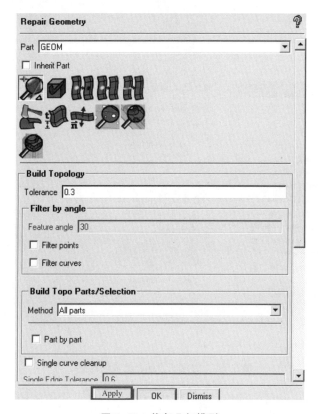

图 5.12 修复几何模型

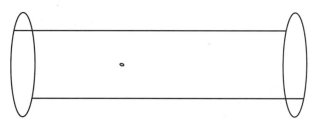

图 5.13 修复后几何模型

4）创建 Block

（1）步骤一：创建整体 Block。

首先，取消模型树中"Geometry"→"Surfaces"的勾选，然后选择标签栏中的"Blocking"选项，单击 图标，在弹出的对话框中，在"Part"框中输入"FLUID"，在"Type"下拉列表中选择"3D Bounding Box"选项，勾选"Project vertices"复选框，单击"Apply"按钮，如图 5.15 所示。

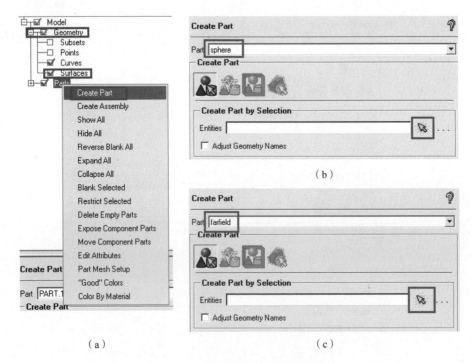

图 5.14 创建球边界和流场边界 Part

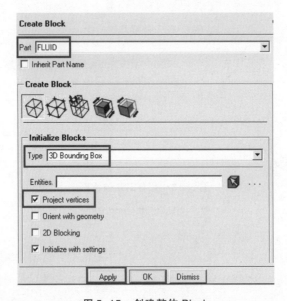

图 5.15 创建整体 Block

流场计算域整体 Block 如图 5.16 所示。

图 5.16　流场计算域整体 Block

（2）步骤二：创建 Ogrid Block。

选择标签栏中的"Blocking"选项，弹出"Split Block"对话框，如图 5.17 所示。在弹出的对话框中，单击图标，然后单击"Select Face"右侧图标，单击选择圆柱远场两个端面，然后鼠标中键确定，在"Offset"框中输入"2.2"，单击"Apply"按钮，完成创建 Ogrid Block。

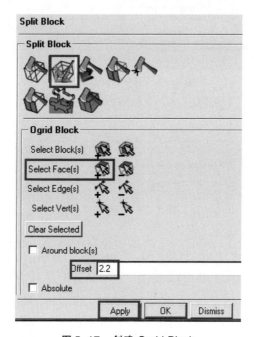

图 5.17　创建 Ogrid Block

（3）步骤三：划分 Ogrid Block。

在"Split Block"对话框中，单击图标划分 Ogrid Block，如图 5.18 所示。在"Split Method"下拉列表中选择"Prescribed point"选项，然后单击"Edge"框右侧图标分别选取 Edge 和 sphere 两个节点，单击"Apply"按钮，划分结果如图 5.19 所示。

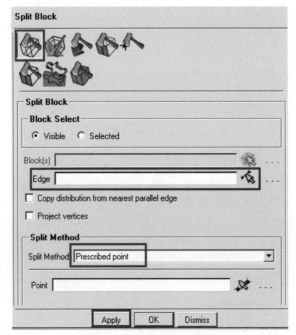

图 5.18 划分 Ogrid Block

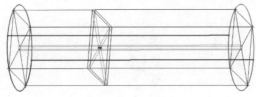

图 5.19 划分结果

（4）步骤四：删除 Block。

勾选模型树中的"Blocking"→"Blocks"分支，单击鼠标右键选择"solid"选项，然后用鼠标右键单击"Blocking"分支执行"Index Control"命令，显示需要删除的 Block；选择标签栏中的"Blocking"选项，单击图标 ✗，弹出"Delete Block"对话框，勾选"Delete permanently"复选框，单击选择图中的 Block，单击鼠标中键删除，单击"Reset"按钮，完成多余 Block 的删除，如图 5.20、图 5.21 所示。

5）建立映射关系

选择标签栏中的"Blocking"选项，单击图标 ；可单击图标 建立空气域和 Block 之间的映射关系；可单击图标 建立球表面和 Block 之间的映射关系，如图 5.22 所示。

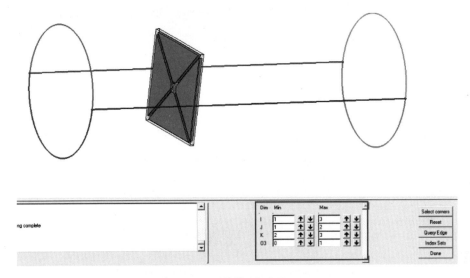

图 5.20　显示需要删除的 Block

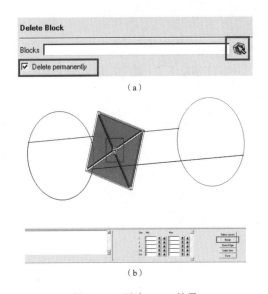

图 5.21　删除 block 结果

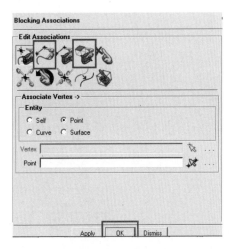

图 5.22　建立映射关系

6）定义网格节点数

选择标签栏中的"Blocking"选项，单击图标进入设定节点数操作（图 5.23）。如图 5.24 所示，单击图标定义 Edge 节点参数；单击图标选择 Edge_5-8，定义 Nodes=44，在"Mesh law"下拉列表中选择"Exponential2"选项，定义 Spacing 2=0.04，Ratio 2=1.2，勾选"Copy Parameters"复选框，在

"Method"下拉列表中选择"To All Parallel Edges"选项,单击"Apply"按钮确定。使用上述方法,按照表5.3中的参数定义其余Edge节点分布。

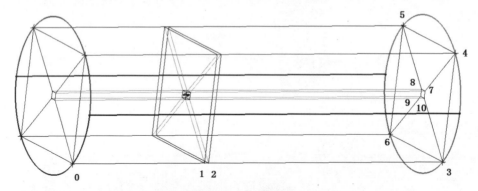

图 5.23　节点编号

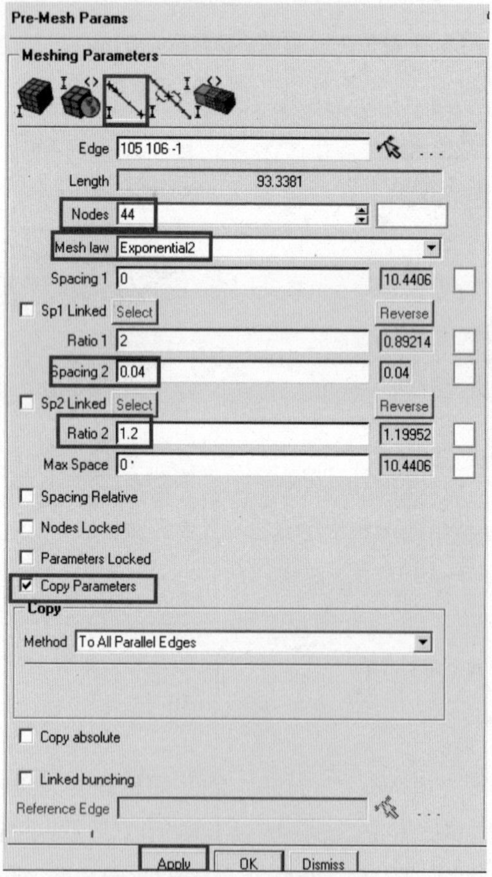

图 5.24　定义 Edge 节点分布

表 5.3　Edge 节点分布参数

Edge	Mesh law	Nodes	Spacing 1	Ratio1	Spacing 2	Ratio 2
Edge_0 – 1	Exponential2	50	0	0	0.04	1.2
Edge_1 – 2	BiGeometric	20	0	0	0	0
Edge_2 – 3	Exponential1	55	0.04	1.2	0	0
Edge_3 – 4	BiGeometric	20	0	0	0	0
Edge_4 – 5	BiGeometric	20	0	0	0	0

7）生成网格

（1）步骤一：生成初始网格。

勾选模型树中的"Model"→"Geometry"→"Pre – mesh"分支，生成初始网格，如图5.25所示。

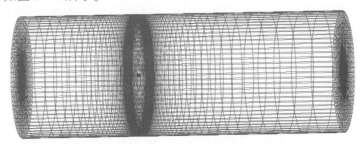

图 5.25　生成初始网格

（2）步骤二：检查网格质量。

选择标签栏中的"Blocking"选项，单击图标 检查网格质量，在"Criterion"下拉列表中分别选择"Determinant 2×2×2"和"Angle"选项作为网格质量的判定标准，其余采用默认设置，单击"Apply"按钮，网格质量分布如图5.26、图5.27所示，所有网格的Determinant 2×2×2值大于0.8，所有网格的Angle值大于35°，可以认为网格质量满足要求。

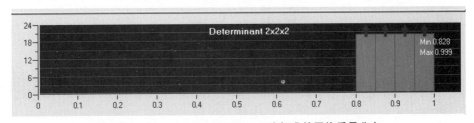

图 5.26　以 Determinant 2×2×2 为标准的网格质量分布

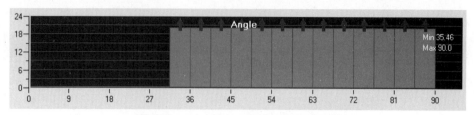

图 5.27　以 Angle 为标准的网格质量分布

（3）步骤三：保存网格。

用鼠标右键单击模型树的"Model"→"Blocking"→"Pre-Mesh"分支，选择"Convert to Unstruct Mesh"选项，当信息窗口中提示"Current Coordinate system is global"时表明网格转换已经完成。执行"File"→"Mesh"→"Save Mesh As"命令，保存当前网格文件为"6mmsphere.uns"。

（4）步骤四：选择求解器。

在标签栏中选择"Output"选项，单击图标 ![icon]，选择求解器。在"Output-Solve"下拉列表中选择"ANSYS Fluent"选项，单击"Apply"按钮确定，如图 5.28 所示。

图 5.28　选择求解器

（5）步骤五：导出用于 Fluent 计算的网格文件。

在标签栏中选择"Output"选项，单击图标 ![icon]，保存 fbc 和 atr 文件为默认名，在弹出的对话框中单击"No"按钮不保存当前项目文件，在随后弹出的窗口中选择步骤三中保存的"6mmsphere.uns"。随后弹出对话框，在"Grid

Dimension"栏中选择"3D"选项,在"Output file"栏中将文件名改为"6mmsphere",单击"Done"按钮导出网格。导出完成后可在"Output file"栏所示的路径下找到"6mmsphere.msh"。

2. Fluent 求解

1)导入模型

以 3D、双精度求解器启动 Fluent(图 5.29),执行"File"→"Read"→"Mesh"命令,在弹出的对话框中选择网格文件"6mmsphere.msh",如图 5.30 所示。

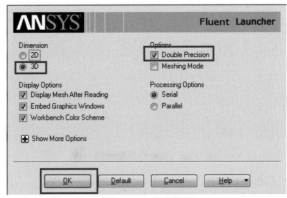

图 5.29 启动界面

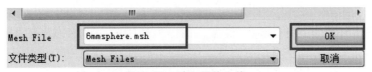

图 5.30 读入网格文件

2)检查网格

单击 General 节点,在右侧面板中通过"Scale""Check""Report Quality"按钮检查网格,模型尺寸可以通过缩放 Scale 到适当单位设置。默认长度量纲为 m,在此实例中计算域的创建单位为 mm,需要缩小 1 000 倍,如图 5.31 所示。

(a)　　　　　　　　　　　　　(b)

图 5.31 检查网格

3）设置求解器

在"General"对话框的"Solver"域中，设置求解器为"Density – Based"（图 5.32），对于高速可压缩气动特性计算，压力 – 速度耦合性较强，通常需要选择耦合式求解器"Density – Based"。

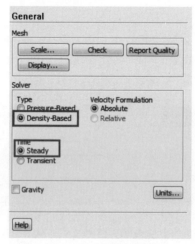

图 5.32　设置求解器

4）设置物理模型

（1）步骤一：设置湍流模型。

执行"Model"→"Viscous – laminar"→"Spalart – Allmaras"命令。湍流模型选取"Spalart – Allmaras"模型，该模型是比较简单的方程模型，只需求解湍流黏性运输方程，常用于弹体、弹体绕流流场的空气动力学特性问题，对于有逆压梯度的边界层问题有很好的模拟效果，如图 5.33 所示。

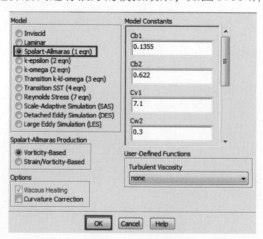

图 5.33　设置湍流模型

（2）步骤二：激活能量方程。

执行"Model"→"Energy"→"On"命令。在高马赫运行状态下，球体迎风面由于压力激增，温度会迅速上升，需要求解能量方程（图5.34）。

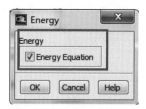

图5.34 激活能量方程

5）设置材料属性

执行"Material"→"Fluid"→"air"→"Creat/Edit"命令，设置气体密度为"ideal-gas"，"ideal-gas"为理想气体类型，压力、密度、温度关系采用理想气体方程求解，可反应出气体的可压缩性（图5.35）。弹体气动问题属于高速可压缩问题，通常其流体物性与温度关系较大，仿真中做了一定的简化，气体比热、热传导率都假定为常量。气体黏性对弹体表面黏性力的计算较为关键，对气体黏性选择"sutherland"模型，该模型可反应气体黏性与温度的关系。

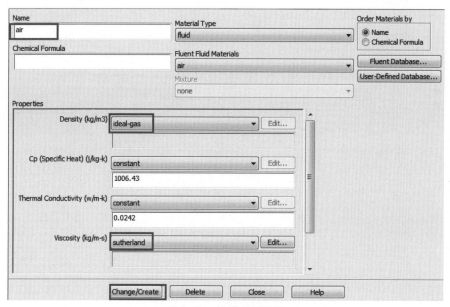

图5.35 设置材料属性

6）设置边界条件

（1）步骤一：设置控制条件。

执行"Define"→"Operating Conditions"命令，可设置"Operating Pressure"为 0 Pa（图 5.36）。设置操作压力为零表示在计算中边界条件设置的压力均为绝对压力，标准大气压为 101 325 Pa。

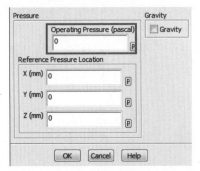

图 5.36　设置控制条件

（2）步骤二：设置计算域属性。

计算域属性设置主要包括计算域工作介质、计算域运动状态等的设置。执行"Cell Zone Conditions"→"Fluid"→"Edit"命令，保持默认材料为"air"即可，如图 5.37 所示。

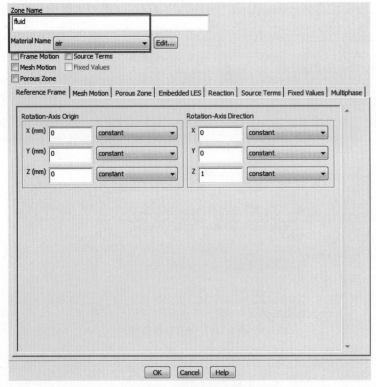

图 5.37　设置计算域属性

(3) 步骤三：设置边界条件。

在"Boundary Conditions"对话框中选择"sphere"→"Type"→"wall"选项，即设置球体边界为无滑移光滑绝热壁面边界条件；在"Boundary Conditions"对话框中选择"farfield"→"Type"→"pressure - far - field"选项，即设置计算域边界为压力远场边界条件；然后，单击"Edit"按钮，设置表压为101 325 Pa，马赫数为4，速度矢量为直角坐标方式"Cartesian"，矢量为（0,0,1），湍流指定方式（Specification Method）为"Intensity and Diameter"，指定湍流黏度比（Turbulent Viscosity Ratio）为809；切换至"Thermal"选项卡，设置温度（Temperature）为288.15 K，如图5.38所示。

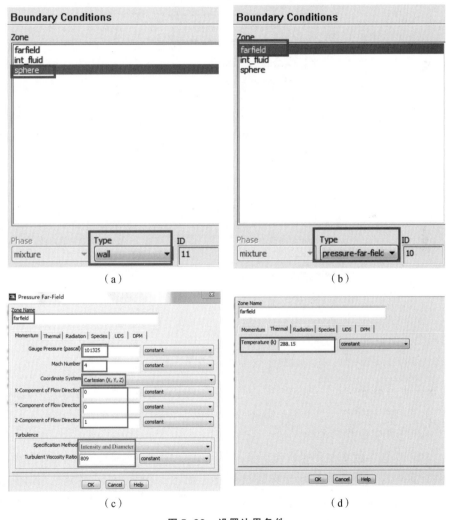

图5.38 设置边界条件

7）设置计算参考值

单击模型树中的"Reference Values"分支，设置计算参考值。计算参考值主要用于阻力系数计算：$C_D = \dfrac{F_D}{0.5\rho v^2 S}$。在"Area"框内设置迎风面积、在"Density"框内设置密度。迎风面积、密度、速度（Velocity）设置值分别为 0.000 028 27，1.225 032，1 360.628，如图 5.39 所示。

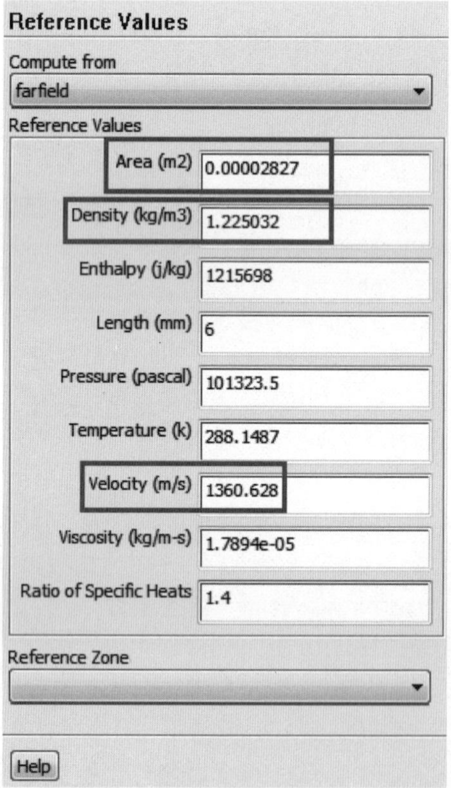

图 5.39　设置计算参考值

8）进行计算

单击模型树中的"Solution Controls"分支，采用默认参数进行计算。

9）设置求解控制参数

求解控制参数主要用于控制计算的收敛性，主要通过物理量的亚松弛因子控制计算的稳定性。在初始计算时，一般先给定一个较小的库朗数，待计算稳定后可以逐步加大库朗数。球体的结构比较简单，单击模型树中的"Solution Controls"分支，采用默认参数计算即可。

10）设置监控参数

单击模型树中的"Monitors"分支,设置监视器。

(1) 步骤一:监控残差因子。

选择"Monitor"→"Residual"选项,判断计算收敛性,保持默认即可。

(2) 步骤二:监控阻力。

对弹体阻力系数进行监控,分别定义阻力监视器,阻力方向为(0,0,1)(图5.40)。

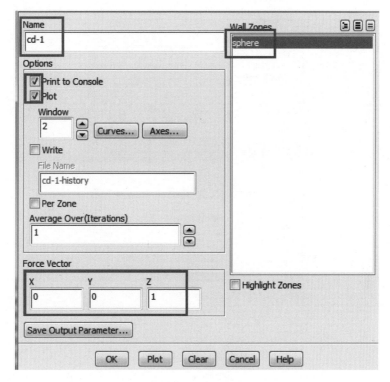

图5.40 监控阻力

11）计算初始化

单击模型树中的"Solution Initialization"分支,在弹出的对话框的"Computer From"下拉列表中选择"farfield"选项,用压力远场设置参数对整个流场进行初始化,如图5.41所示。

12）自动保存设置

单击模型树中的"Calculations Activities"分支,在"Calculations Activities"对话框的"Autosave (Iterations)"栏中设置,设置每隔50步保存一次(图5.42)。在计算过程中可能出现初始状态下收敛导致计算不稳定的状况,

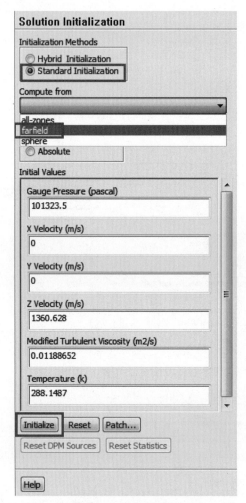

图 5.41 计算初始化

设置自动保存中间计算结果，以防需要重新计算时可以从中间结果处继续计算。

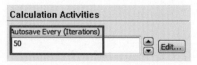

图 5.42 自动保存设置

13）求解计算

单击模型树中的"Run Calculation"分支，设置"Number of Iterations"为"500"，单击"Calculate"按钮进行求解计算，如图 5.43 所示。

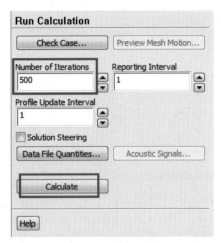

图 5.43 求解计算

14）提取结果

（1）提取阻力计算结果。

执行"Reports"→"Forces"命令，输入阻力方向角（0，0，1）计算阻力，得到球体阻力系数为 0.927 834 19，同时得到弹体所受压阻为 29.452 934 N，黏性阻力为 0.290 595 26 N，如图 5.44 所示。

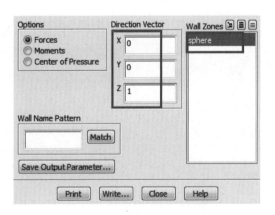

图 5.44 提取阻力计算结果

（2）提取压力分布计算结果。

单击模型树中的"Graphics and Animations"→"Graphics"→"Contours"分支,创建一个面用于查看压力场、速度场。在"Surfaces"下拉列表中选择"plane-3"选项,创建一个平行于球体运动方向的面,如图5.45所示。

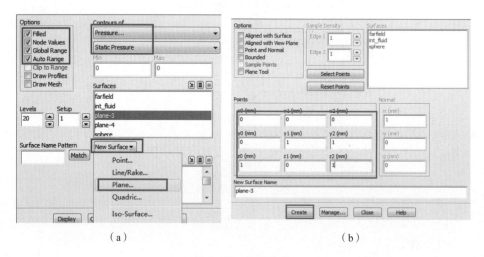

(a)　　　　　　　　　　　　　　(b)

图5.45　参数设置

选择创建的"plane-3"面,单击"Display"按钮显示压力分布场,如图5.46所示。

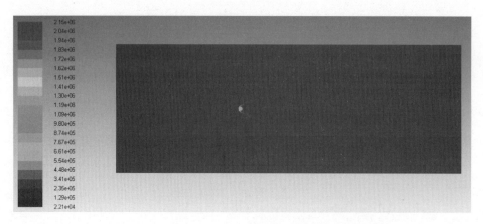

图5.46　显示压力分布场

(3)提取速度分布计算结果。

执行"Graphics and Animations"→"Contours"→"Set up"命令,选择"Velocity-Mach number"选项,选择创建的"plane-3"面(图5.47)。单击"Display"按钮显示速度分布场,如图5.48所示。

第 5 章 气动力分析基础理论与实例

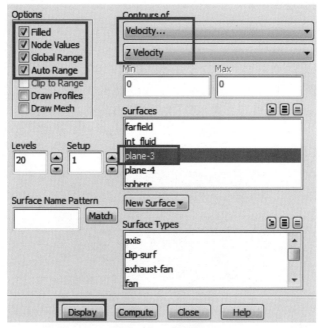

图 5.47 参数设置

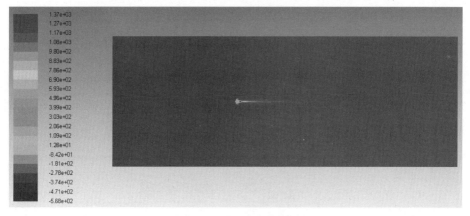

图 5.48 显示速度分布场

5.3.1.2 立方体破片

上述介绍了球体破片，对于其他结构破片飞行过程中气体动力学参数计算也与之相似。在此，以棱长为 7 mm 的立方体破片为例，介绍使用另一种网格划分软件 Fluent Mesh 进行网格划分的方法，并介绍立方体破片在空气中飞行时空气阻力和阻力系数仿真计算过程。立方体破片空气阻力和阻力系数的仿计算与风洞测试过程类似。立方体破片处于静止状态，给定立方体破片外部一定来流速度，保证立方体破片与外流有一定相对运动速度，以此模拟立方体破片在空气中的运动过程。建立一个围绕立方体破片的长方体流场计算域，立方体破片前部（迎风面）计算域约为立方体棱长的 20 倍，立方体破片后部（背风面）计算域约为立方体棱长的 40 倍，计算域截面为正方形，边长为立方体棱长的 30 倍。该计算域基本可消除边界对仿真结果的影响，如图 5.49 所示。对计算域进行网格划分，给定破片一定的网格边界层，越靠近破片区域网格节点布置需要越密集，反之逐渐稀疏。

图 5.49　流场计算域

1. 划分网格

在该计算中，计算域采用 Fluent Mesh 软件进行网格划分。通过三维绘图软件导出流场计算域 ".x_t" 文件。

1）导入几何模型

打开 Fluent 2022R1 的 Workbench 模块，使用流体流动（带有 Fluent 网格划分功能的 Fluent），导入流场计算域 ".x_t" 文件，打开 "几何结构" → "导入几何模型" → "6mm.x_t" 文件，如图 5.50 所示。

图 5.50　导入流场计算域 ".x_t" 文件

用鼠标右键单击"几何结构"选项，在弹出的快捷菜单中选择"在 DesignModeler 中编辑几何结构"选项，如图 5.51 所示，并导入立方体，如图 5.52 所示。

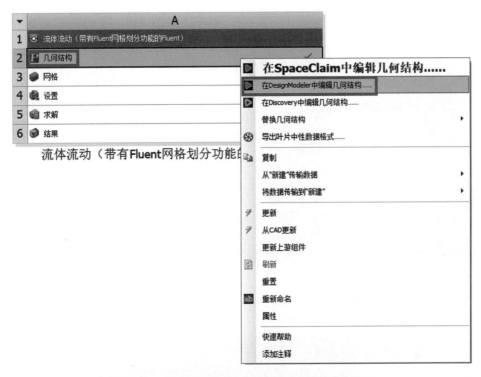

图 5.51 "在 DesignModeler 中编辑几何结构"选项

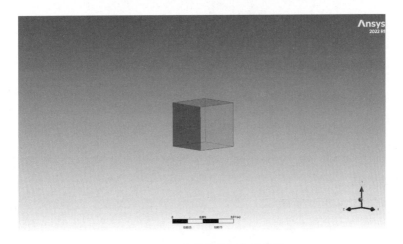

图 5.52 立方体结构导入后模型

2）创建空气域外壳

在标签栏中选择工具，单击空气域外壳，在弹出的对话框中设置空气域外壳参数，如图 5.53 所示。创建的空气域外壳如图 5.54 所示。

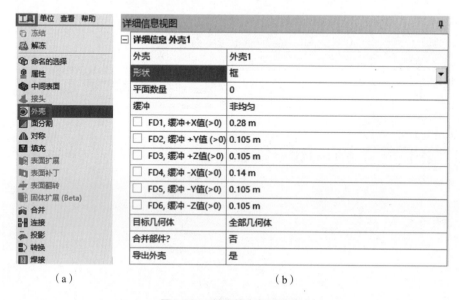

(a)　　　　　　　　　　　(b)

图 5.53　创建的空气域外壳

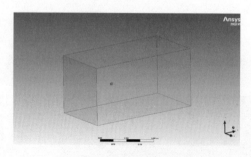

图 5.54　创建的空气域外壳

3）建立局部网格加密区域

为了既提高计算精度又节省计算时间，可进行局部网格加密。首先勾选模型树中的草图绘制，然后选择模型树中的维度，单击选择直径，绘制草图并拉伸，如图 5.55 所示。

4）局部区域布尔运算

在标签栏中选择"创建"→"Boolean"选项，在弹出的对话框中设置布尔运算，如图 5.56 所示。

用鼠标右键单击"几何结构"选项,在弹出的快捷菜单中选择"在DesignModeler中编辑几何结构"选项,如图5.51所示,并导入立方体,如图5.52所示。

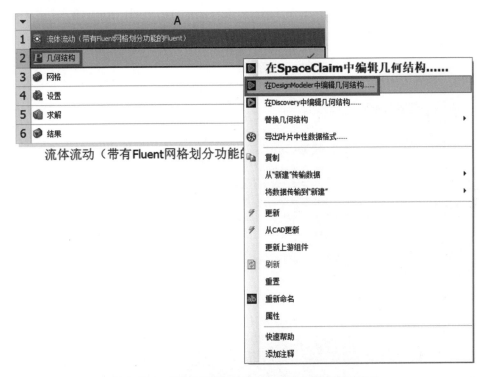

图5.51 "在DesignModeler中编辑几何结构"选项

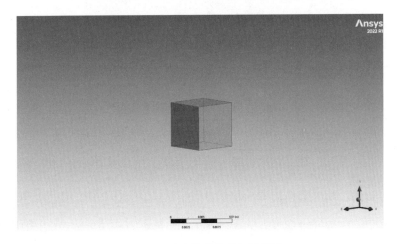

图5.52 立方体结构导入后模型

2）创建空气域外壳

在标签栏中选择工具，单击空气域外壳，在弹出的对话框中设置空气域外壳参数，如图 5.53 所示。创建的空气域外壳如图 5.54 所示。

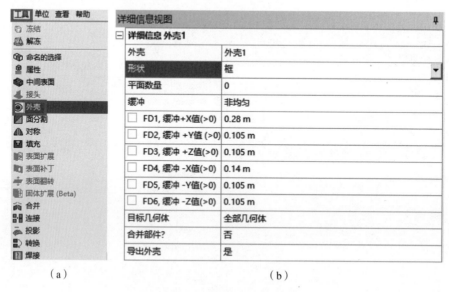

（a）　　　　　　　　　　　　　　（b）

图 5.53　创建的空气域外壳

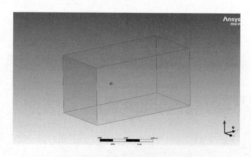

图 5.54　创建的空气域外壳

3）建立局部网格加密区域

为了既提高计算精度又节省计算时间，可进行局部网格加密。首先勾选模型树中的草图绘制，然后选择模型树中的维度，单击选择直径，绘制草图并拉伸，如图 5.55 所示。

4）局部区域布尔运算

在标签栏中选择"创建"→"Boolean"选项，在弹出的对话框中设置布尔运算，如图 5.56 所示。

第5章 气动力分析基础理论与实例

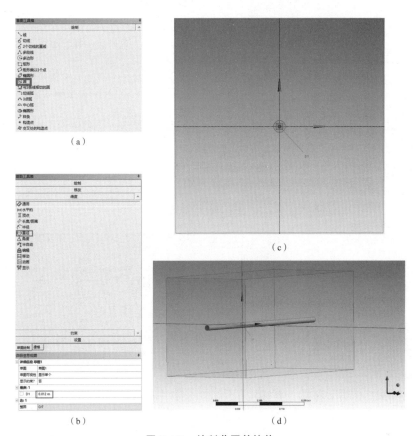

图5.55 绘制草图并拉伸

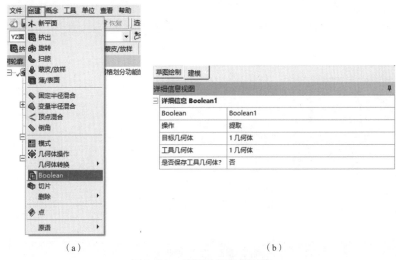

图5.56 局部区域布尔运算

5）创建局部区域切割面

在标签栏中选择"创建"→"切片"选项，在弹出的对话框中设置切片参数，如图 5.57 所示。

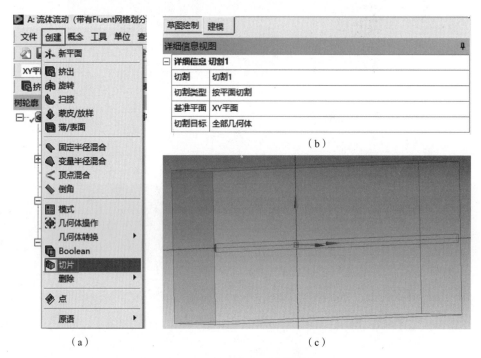

图 5.57　创建局部区域切割面

6）设置边界条件

在流体域中选择相应的面，并执行"命名选择"命令，在弹出的对话框中进行命名，并设置相关参数，如图 5.58 所示。

图 5.58　设置边界条件

7）生成网格

（1）步骤一：进入网格划分界面。

双击模型树中的"网格"选项，进入 Fluent Mesh，如图 5.59 所示。

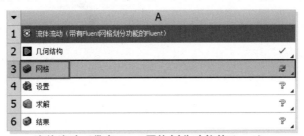

图 5.59　进入 Fluent Mesh

（2）步骤二：导入几何模型。

在工作流程树中，单击图标，导入几何模型，如图 5.60 所示。

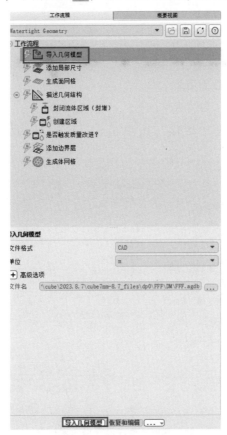

图 5.60　导入几何模型

（3）步骤三：添加局部尺寸。

在工作流程树中，单击图标，添加局部尺寸，并在弹出的对话框中设置局部尺寸参数，如图5.61所示。

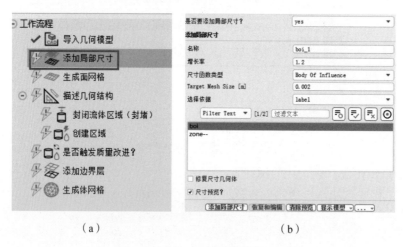

图5.61　添加局部尺寸

（4）步骤四：生成面网格。

在工作流程树中，单击图标，进行面网格生成，并在"生成面网格"对话框中设置局部尺寸参数，如图5.62所示。生成的面网格如图5.63所示。

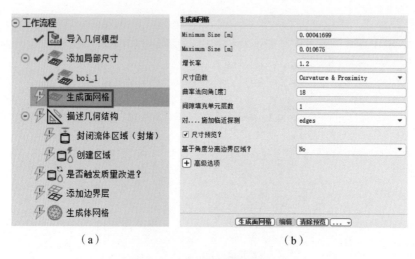

图5.62　"生成面网格"对话框

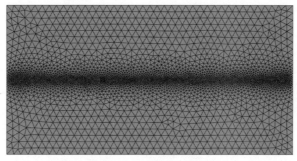

图 5.63　生成的面网格

（5）步骤五：描述几何结构。

在工作流程树中，单击图标 ，描述几何结构，并在弹出的对话框中设置几何结构参数，如图 5.64 所示。

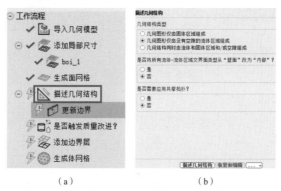

（a）　　　　　　　　　　　　（b）

图 5.64　描述几何结构

（6）步骤六：更新边界。

在工作流程树中，单击图标 ，更新边界，并在弹出的对话框中设置几何结构参数，如图 5.65 所示。

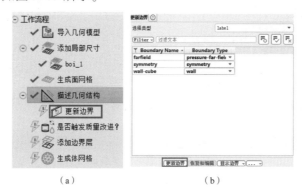

（a）　　　　　　　　　　　　（b）

图 5.65　更新边界

(7)步骤七:添加边界层。

在工作流程树中,单击图标,添加边界层,并在弹出的对话框中设置边界层参数,如图5.66所示。

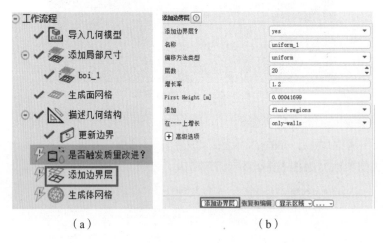

(a)   (b)

图5.66 添加边界层

(8)步骤八:生成体网格。

在工作流程树中,单击图标,生成体网格,并在弹出的对话框中设置体网格参数,如图5.67所示。生成的体网格如图5.68所示。

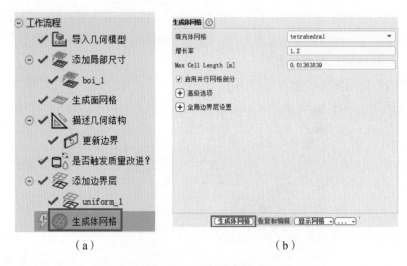

(a)   (b)

图5.67 设置体网格参数

图 5.68　生成的体网格

2. Fluent 求解

1）导入模型

点击工具栏中的"切换到求解模式"按钮（图 5.69），进入 Fluent 求解器。

图 5.69　"切换到求解模式"按钮

2）进入 Fluent 求解界面

Fluent 求解界面如图 5.70 所示。

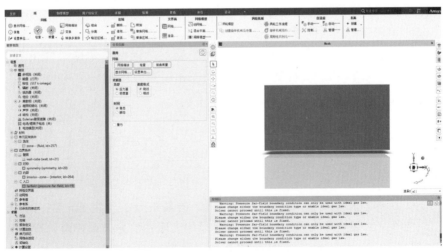

图 5.70　Fluent 求解界面

3）设置求解器

选择通用求解器，设置求解器为"压力基"，将时间设定为"稳态"，如图 5.71 所示。

图 5.71 设置求解器

4）设置物理模型

（1）步骤一：设置湍流模型。

执行"模型"→"粘性"→"Spalart – Allmaras"命令，湍流模型选取"Spalart – Allmaras"模型，该模型也是比较简单的方程模型，只需求解湍流黏性的运输方程，常用于弹体、弹体绕流流场的空气动力学特性问题，对有逆压梯度边界层问题有很好的模拟效果，如图 5.72 所示。

（2）步骤二：激活能量方程。

选择"模型"→"能量"选项，在"能量"对话框中勾选"能量方程"复选框，如图 5.73 所示。在高马赫运行状态下，立方体破片迎风面由于压力激增，温度会迅速上升，需要求解能量方程。

5）设置材料属性

执行"材料"→"流体"→"空气"→"更改/创建"命令，设置气体密度为"ideal – gas"，ideal – gas 为理想气体类型，压力、密度、温度关系采用理想气体方程求解，可反映气体可压缩性；弹体气动问题属于高速可压缩问题，通常其流体物性与温度关系较大，仿真中做了一定的简化，气体比热、热传导率都假定为常量；气体黏性对弹体表面黏性力计算较为关键，对黏性选择"sutherland"模型，该模型可反映气体黏度与温度的关系，如图 5.74 所示。

图 5.72 设置湍流模型

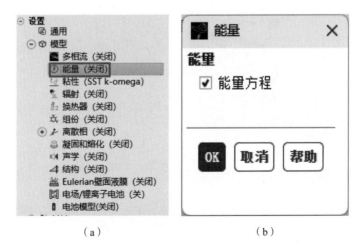

(a)　　　　　　　　　　(b)

图 5.73 激活能量方程

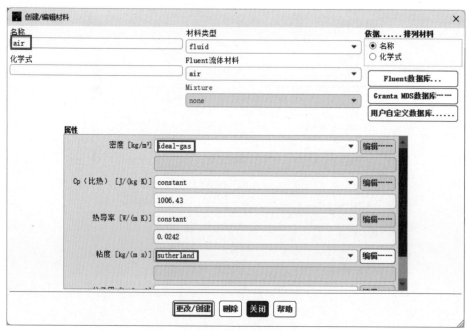

图 5.74 设置材料属性

6）设置边界条件

（1）步骤一：在工作区域条件内设置工作压力为 0 Pa。设置工作压力为 0 Pa 表示在计算中边界条件设置的压力均为绝对压力，标准大气压为 101 325 Pa，如图 5.75 所示。

图 5.75 设置工作压力

（2）步骤二：设置压力远场数据。选择"边界条件"→"入口"→"farfield"选项，即设置计算域边界为压力远场边界条件，设置表压为 12 949.79 Pa，马赫数为 2，速度矢量为直角坐标方式（Cartesian），矢量为

（1，0，0），指定湍流黏度比（Turbulent Viscosity Ratio）为 10。切换至"热量"选项卡，设置温度为 160 K，如图 5.76 所示。此处的表面压力（表压）、温度数值可分别由式（5 – 46）、式（5 – 47）计算：

$$\frac{p_0}{p} = \left[1 + \left(\frac{\gamma - 1}{2}\right)Ma^2\right]^{\frac{\gamma}{\gamma - 1}} \quad (5 - 46)$$

$$\frac{T_0}{T} = 1 + \left(\frac{\gamma - 1}{2}\right)Ma^2 \quad (5 - 47)$$

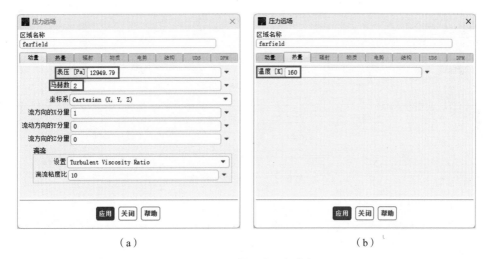

（a） （b）

图 5.76 设置压力远场数据

7）设置计算参考值

单击模型树中的"Reference Values"分支，设置计算参考值。计算参考值主要用于阻力系数计算：$C_D = \dfrac{F_D}{0.5\rho v^2 S}$。迎风面积（Area）为 0.000 024 5，计算参考位置为"farfield"。

8）进行计算

单击模型树中的"Solution Controls"分支，采用默认参数进行计算。

9）设置求解控制参数

求解控制参数主要用于控制计算的收敛性，主要通过物理量的亚松弛因子控制计算的稳定性。在初始计算时，一般先给定一个较小的库朗数，待计算稳定后可以逐步加大库朗数。立方体结构比较简单，单击模型树中的"Solution Controls"分支，采用默认参数计算即可。

10）进行监控设置

单击模型树中的"求解"→"定义报告"分支，设置相关参数。

(1)步骤一：设置阻力报告。

对立方体破片飞行中的阻力进行监控，定义阻力监视器，执行"创建"→"力矩监控器"→"阻力"命令，将"名称"设置为"drag"，"报告输出类型"选择"阻力"，"区域"选择"wall-cube"，如图5.77所示。

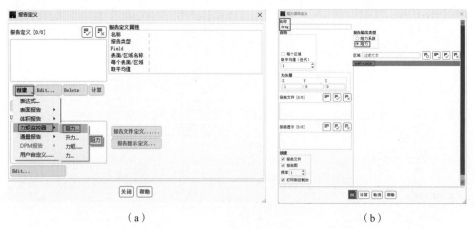

图5.77 设置阻力报告

(2)步骤二：设置阻力系数。

对立方体破片的阻力系数进行监控，定义阻力系数监视器，执行"创建"→"力矩监控器"→"阻力"命令，将"名称"设置为"cd"，"报告输出类型"选择"阻力系数"，"区域"选择"wall-cube"，如图5.78所示。

图5.78 设置阻力系数

11）计算初始化

单击模型树中的"求解"→"初始化"分支，在弹出的对话框中单击"混合初始化"单选按钮，如图5.79所示。

图 5.79 计算初始化

12）设置自动保存

单击模型树中的"计算设置"分支，设置每隔 50 步保存一次（图 5.80）。在计算过程中可能出现初始状态下收敛的情况，使计算过程不稳定，设置自动保存中间计算结果，以便在需要重新计算时可以从中间结果处继续计算。

图 5.80 设置自动保存

13）进行求解计算

单击模型树中的"运行计算"分支，设置"迭代次数"为"500"，单击"开始计算"按钮进行求解计算，如图 5.81 所示。

图 5.81 进行求解计算

14) 提取结果

(1) 提取阻力计算结果。

在工作窗口中选择"drag – rplot"选项,即可观察阻力变化曲线[图5.82(a)]。在控制台中可观察到阻力数值[图5.82(b)]。立方体破片的阻力为1.454 0 N。进一步获得压差阻力和黏性阻力,执行"结果"→"报告"命令,在弹出的对话框中单击"力"单选按钮[图5.82(c)],可看到弹体的所受的压差阻为1.448 379 5 N,黏性阻力为0.005 614 378 N[图5.82(d)]。

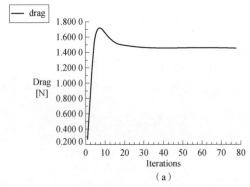

(a)

(b)

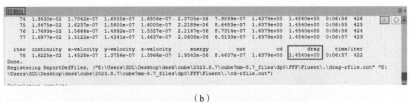

(c)

(d)

图5.82 提取阻力计算结果

（2）提取阻力系数计算结果。

在工作窗口中选择"cd – rplot"选项，即可观察阻力系数变化曲线［图5.83（a）］。在控制台中可观察到阻力系数数值，立方体破片的阻力系数为1.637 9［图5.83（b）］。

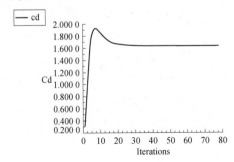

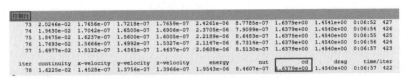

图5.83　提取阻力系数计算结果

（3）提取压力分布计算结果。

单击模型树中的"结果"→"云图"分支，选择symmetry面绘制压力分布云图，"着色变量"为"Pressure"→"Static Pressure"，如图5.84所示。压力分布云图如图5.85所示。

图5.84　参数设置

图 5.85　压力分布云图

(4) 提取速度分布计算结果。

单击模型树中的"结果"→"云图"分支，选择 symmetry 面绘制速度分布云图，"着色变量"为"Velocity"→"Velocity Magnitude"，如图 5.86 所示。速度分布云图如图 5.87 所示。

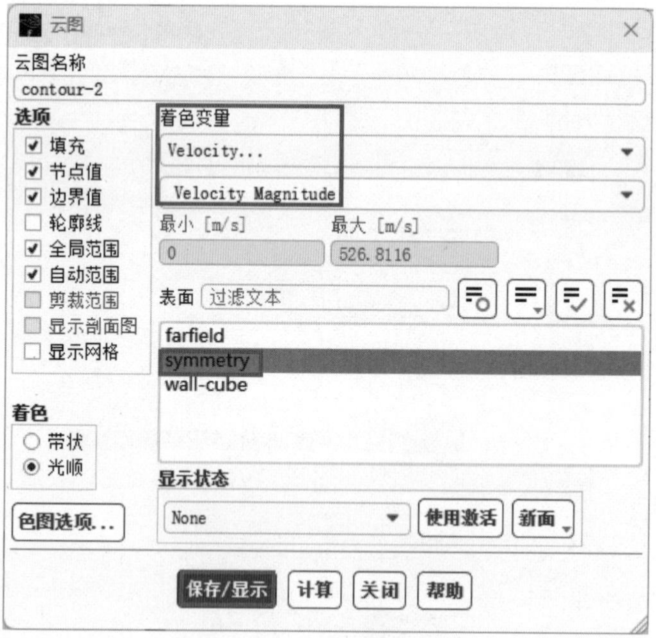

图 5.86　参数设置

(2) 提取阻力系数计算结果。

在工作窗口中选择"cd – rplot"选项,即可观察阻力系数变化曲线[图 5.83 (a)]。在控制台中可观察到阻力系数数值,立方体破片的阻力系数为 1.637 9 [图 5.83 (b)]。

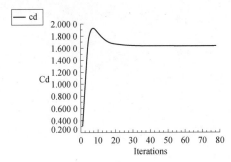

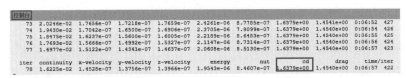

图 5.83　提取阻力系数计算结果

(3) 提取压力分布计算结果。

单击模型树中的"结果"→"云图"分支,选择 symmetry 面绘制压力分布云图,"着色变量"为"Pressure"→"Static Pressure",如图 5.84 所示。压力分布云图如图 5.85 所示。

图 5.84　参数设置

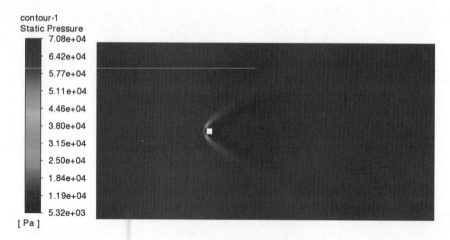

图 5.85　压力分布云图

（4）提取速度分布计算结果。

单击模型树中的"结果"→"云图"分支，选择 symmetry 面绘制速度分布云图，"着色变量"为"Velocity"→"Velocity Magnitude"，如图 5.86 所示。速度分布云图如图 5.87 所示。

图 5.86　参数设置

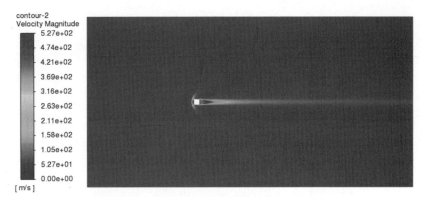

图 5.87 速度分布云图

5.3.2 弹体飞行仿真

本小节以弹体为例,讲述弹体飞行过程中空气动力特性仿真计算过程。弹体三维几何模型如图 5.88 所示。弹体特性计算与风洞测试过程类似,弹体处于静止状态,给定弹体外部一定来流速度,保证弹体与外流有一定的相对运动速度,以此模拟弹体运动过程。建立一个围绕该弹体的圆柱体流场计算域(图 5.89),弹体前部计算域为弹体长度的 3 倍,弹体后部计算域为弹体长度的 6 倍,计算域直径为弹体直径的 30 倍,该计算域基本可消除边界对仿真结果的影响。对计算域进行网格划分,给定弹体一定的网格边界层,越靠近弹体的区域网格节点布置需要越密集,反之逐渐稀疏。网格生成方法请自行参考相关书籍,本实例直接给出网格文件用于计算。

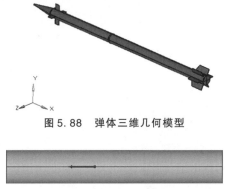

图 5.88 弹体三维几何模型

图 5.89 流场计算域

1. 导入模型

以 3D、双精度求解器启动 Fluent(图 5.90),执行"File"→"Read"→"Mesh"命令,在弹出的对话框中选择网格文件"ex5_1.msh",如图 5.91 所示。

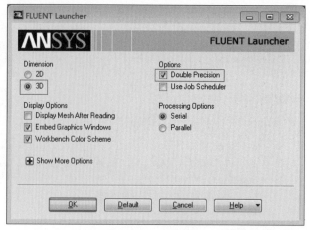

图 5.90 启动界面

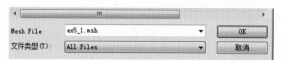

图 5.91 选择网格文件

2. 检查网格

单击 General 节点,在右侧面板中通过"Scale""Check""Report Quality"按钮检查网格,模型尺寸可以通过缩放 Scale 到适当单位(图 5.92)。默认的长度量纲为 m,对于用 mm 单位创建的计算模型,需要缩小 1 000 倍。在此实例中流场计算域的创建单位为 m,与默认量纲一致,无须缩放。

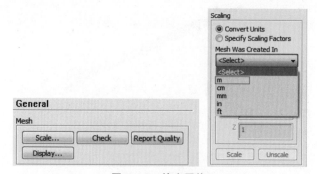

图 5.92 检查网格

3. 设置求解器

在"General"对话框的"Solver"域中,设置求解器为"Density – Based"(图 5.93)。对于高速可压缩气动特性计算,压力 – 速度耦合性较强,通常需要选择耦合式求解器"Density – Based"。

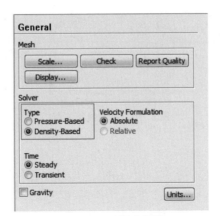

图 5.93　设置求解器

4. 设置物理模型

（1）步骤一：设置湍流模型。

执行"Model"→"Viscous - laminar"→"Spalart - Allmaras"命令。湍流模型选取"Spalart - Allmaras"模型（图 5.94）。该模型是比较简单的一方程模型，只需求解湍流黏性的运输方程，常用于弹体、弹体绕流流场的空气动力学特性问题，对于有逆压梯度的边界层问题有很好的模拟效果。

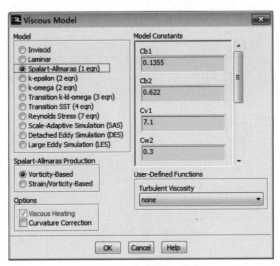

图 5.94　设置湍流模型

（2）步骤二：激活能量方程。

执行"Model"→"Energy"→"On"命令，在弹出的对话框中勾选"Energy Equation"复选框（图 5.95）。弹体在高马赫运行状态下，弹体尖端由于压力激增，温度会迅速上升，需要求解能量方程。

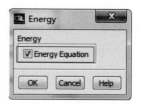

图5.95 激活能量方程

5. 设置材料属性

执行"Material"→"Fluid"→"air"→"Creat/Edit"命令，设置气体密度为"ideal–gas"，ideal–gas 为理想气体类型，压力、密度、温度关系采用理想气体方程求解，可反映气体的可压缩性；弹体气动问题属于高速可压缩问题，通常其流体物性与温度关系较大，仿真中做了一定的简化，气体比热、热传导率都假定为常量；气体黏性对弹体表面黏性力计算较为关键，对黏性选择"sutherland"模型，该模型可反映气体黏度与温度的关系（图5.96）。

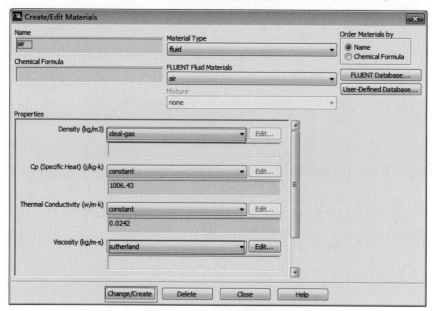

图5.96 设置材料属性

6. 设置边界条件

（1）步骤一：设置操作压力。

执行"Define→Operating Conditions"选项，设置"Operating Pressure"为 0 Pa，如图5.97所示。设置操作压力为 0 Pa 表示在计算中边界条件设置的压力均为绝对压力，标准大气压为 101 325 Pa。

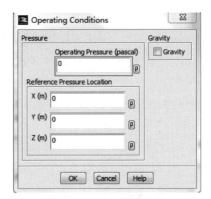

图 5.97　设置操作压力

(2) 步骤二：设置材料名称。

执行"Cell Zone Conditions"→"Fluid"→"Edit Define"→"Operating Conditions"命令，保持默认材料为"air"（空气）即可，如图 5.98 所示。

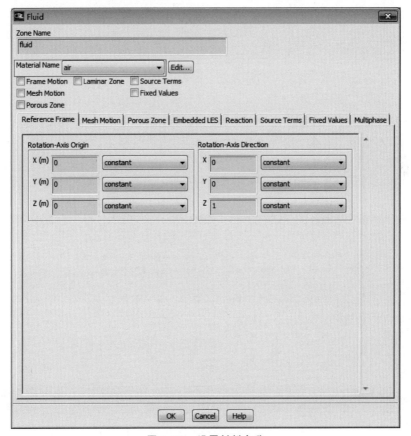

图 5.98　设置材料名称

(3) 步骤三：设置边界条件。

选择"Boundary Conditions"→"body"→"Type"→"wall"选项，即设置球边界为无滑移光滑绝热壁面边界条件［图 5.99（a）］；选择"Boundary Conditions"→"inlet"→"Type"→"pressure‐far‐field"选项，即设置计算域边界为压力远场边界条件［图 5.99（b）］，单击"Edit"按钮，设置表压为 101 325 Pa，马赫数为 4，速度矢量为直角坐标方式（Cartesian），矢量约为（0.994 5，0.104 5，0），湍流指定方式（Specification Method）为"Intensity and Hydraulic Diameter"，指定湍流强度（Turbulent Intensity）为 2.3%，"Hydraulic Diameter"为 0.143 ［图 5.99（c）］。切换至"Thermal"选项卡，设置温度（Temperature）为 288.15 K ［图 5.99（d）］。

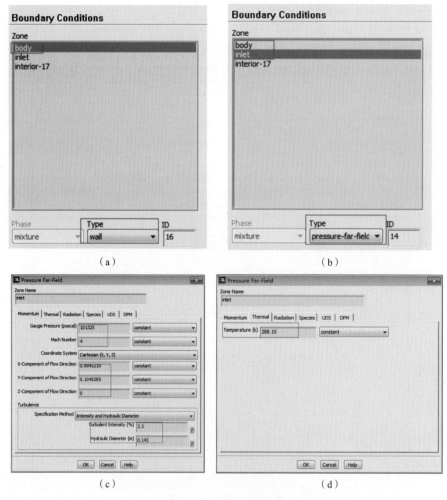

图 5.99　设置边界条件

7. 设置计算参考值

计算参考值主要用于升力系数、阻力系数计算，计算公式为 $C_D = \dfrac{F_D}{0.5\rho v^2 S}$，$C_L = \dfrac{F_L}{0.5\rho v^2 S}$；迎风面积（Area）、密度（Density）、速度（Velocity）的值分别约为 0.021 3、1.225、1 361（图 5.100）。

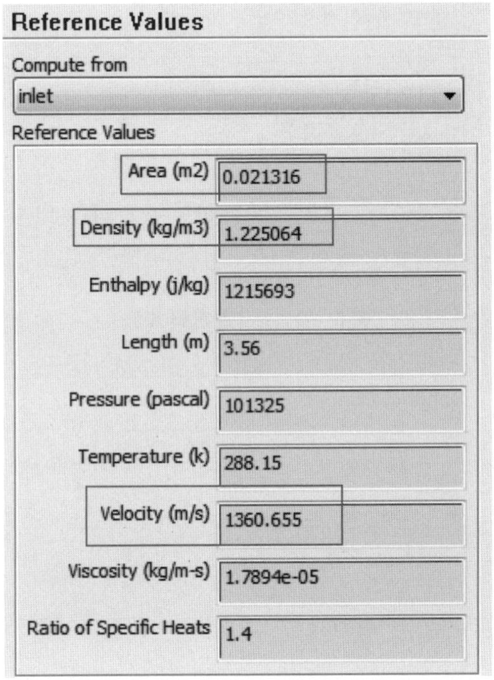

图 5.100　设置计算参考值

8. 设置求解方法

在"Solution Method"面板下设置方程迭代求解方法。选择隐式解法"Implicit""AUSM"通量格式，AUSM 对不连续激波提供了更高精度的分辨率；本计算域的网格全部为六面体结构化网格，梯度差值选择"Green – Gauss Cell Based"，如图 5.101 所示。

9. 设置求解控制参数

求解控制参数主要用于控制计算的收敛性，主要通过物理量的亚松弛因子控制计算的稳定性。在初始计算时，一般先给定一个较小库朗数，待计算稳定后可以逐步加大库朗数（图 5.102）。

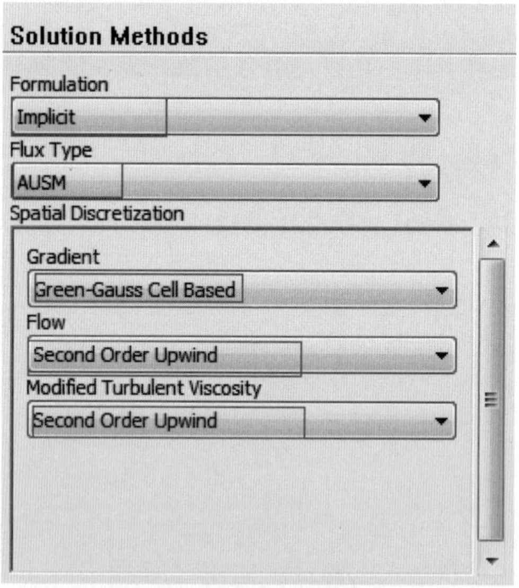

图 5.101 设置求解方法

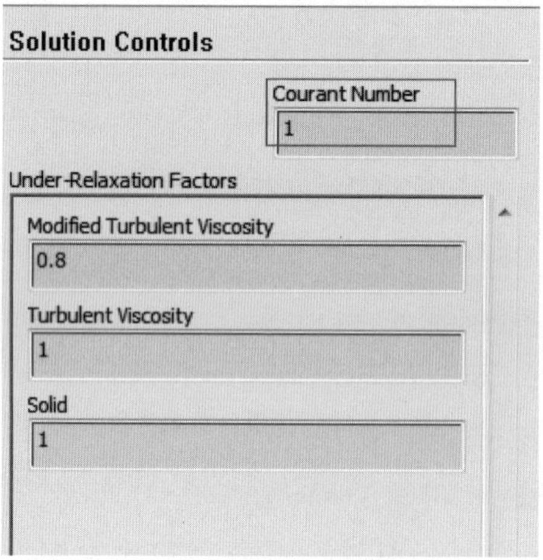

图 5.102 设置求解控制参数

10. 进行监控设置

（1）步骤一：进行残差因子监控设置。

执行"Monitor"→"Residual"命令，判断计算收敛性，保持默认即可。

（2）步骤二：进行阻力监控设置。

对弹体阻力进行监控，定义阻力监视器，本计算中攻角为6°，阻力方向为 (0.994 521 9，0.104 528 5，0)，如图 5.103 所示。

图 5.103　进行阻力监控设置

（3）步骤三：进行升力监控设置。

对弹体升力进行监控，定义升力监视器，本计算中攻角为 6°，升力方向为（0.104 528 5，0.994 521 9，0），如图 5.104 所示。

图 5.104　进行升力监控设置

11. 初始化

在"Solution Initialization"对话框的"Compute from"下拉列表中选择"inlet"选项,用压力远场设置参数对整个流场进行初始化,如图 5.105 所示。

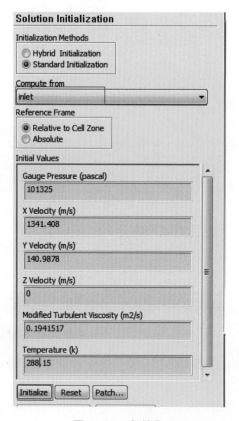

图 5.105 初始化

12. 设置自动保存

执行"Calculations Activities"→"Autosave"命令,设置每隔 500 步保存一次(图 5.106)。在计算过程中可能出现初始状态下收敛的情况,使计算过程不稳定,设置自动保存中间计算结果,以便在需要重新计算时可以从中间结果处继续计算。

13. 进行求解计算

单击模型树中的"Run Calculation"分支,设置"Number of Iterations"为"2 000",进行求解计算,如图 5.107 所示。

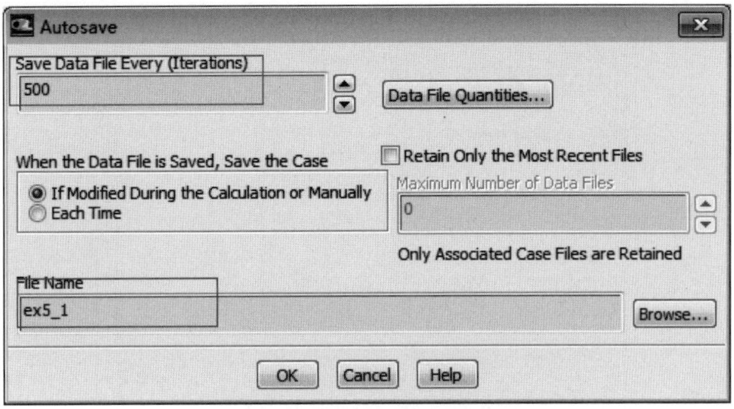

第5章 气动力分析基础理论与实例

图5.106 设置自动保存

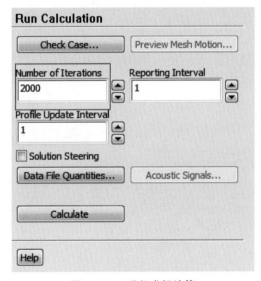

图5.107 进行求解计算

14. 提取结果

1) 提取阻力计算结果

执行"Reports"→"Forces"命令,输入阻力方向角(0.994 521 9,0.104 528,0)计算阻力,该弹体阻力系数为0.623,弹体所受压差阻力为12 650 N,黏性阻力为2 481 N,如图5.108所示。

2) 提取升力计算结果

执行"Reports"→"Forces"命令,输入升力方向角(0.104 528,0.994 522,0),计算升力为25 189 N,升力系数为1.038,如图5.109所示。

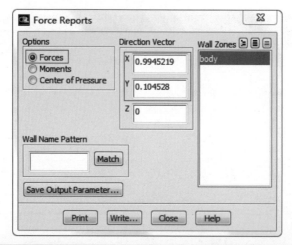

图 5.108　提取阻力计算结果

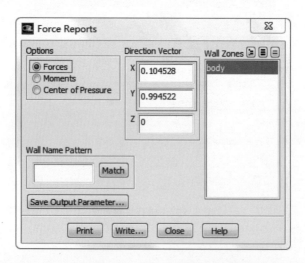

图 5.109　提取升力计算结果

3) 提取外力对弹体质心的转动力矩计算结果

执行"Reports"→"Forces"命令,在"Moments Center"区域输入质心坐标分别提取外力对弹体质心的转动力矩计算结果,如图 5.110 所示。

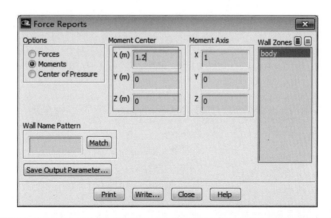

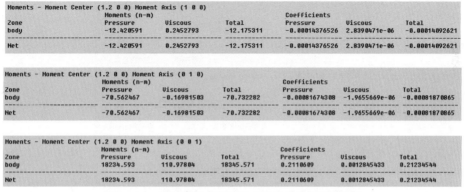

图 5.110　提取外力对弹体质心的转动力矩计算结果

4）提取压力分布计算结果

创建一个平面用于查看压力场、速度场。执行"Surface"→"plane"命令，如图 5.111 所示，创建一个平行于弹体运动方向的平面。

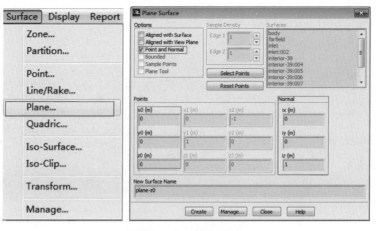

图 5.111　创建平面

执行"Graphics and Animations"→"Contours"→"Set up"命令，确保勾选"Filled""Global Range"复选框，选择"Pressure""Static Pressure"选项（图5.112），选择创建的"plane-z0"面，单击"Display"按钮显示压力分布云图，如图5.113所示。

图5.112 参数设置

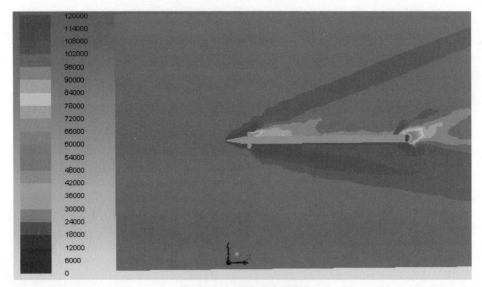

图5.113 压力分布云图

5）提取速度分布计算结果

执行"Graphics and Animations"→"Contours"→"Set up"命令，选择"Velocity""Mach Number"选项（图 5.114），选择创建的"plane - z0"面，单击"Display"按钮显示速度分布云图，如图 5.115 所示。

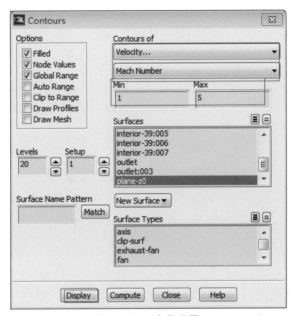

图 5.114　参数设置

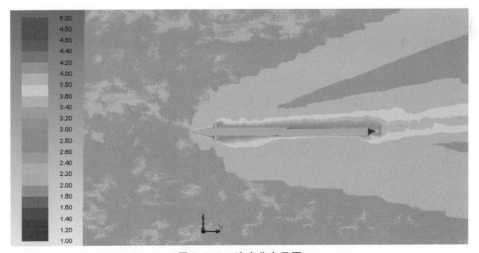

图 5.115　速度分布云图

第 6 章
高速侵彻分析基础理论、方法与实例

6.1 LS – Dyna 基础

LS – Dyna 是一个显式非线性动力分析通用有限元程序，可以快速求解各种二维和三维非弹性结构高速碰撞、爆炸和模压等短时间、大变形的动态问题，以及大变形准静态问题和复杂的多重非线性接触碰撞问题。LS – Dyna 是功能齐全的几何非线性（大位移、大转动和大应变）、材料非线性（140 多种材料动态模型）以及摩擦和接触分离等界面状态非线性有限元数值计算软件。它以拉格朗日法为主，兼有 ALE 法和欧拉法；以显式求解为主，兼有隐式求解功能；以结构分析为主，兼有热分析、流固耦合分析功能；以非线性动力分析为主，兼有静力分析功能。凡是涉及接触—碰撞、爆炸、穿甲与侵彻、应力波传播、金属加工、流固耦合等问题，LS – Dyna 都可以进行求解。目前，LS – Dyna 已经成为国际上公认的有限元分析软件，它强大的分析功能大大地推动了对武器装备的研制与开发，尤其在高效毁伤和爆炸防护领域。

6.1.1 算法简介

LS – Dyna 现今已有拉格朗日法、ALE 法和欧拉法 3 种算法。在实际建立计算模型时，往往需要根据实际战斗部的结构以及爆炸作用的特点，确定建立模型的方式，即采用整体拉格朗日模型或者多物质欧拉材料与拉格朗日结构相耦合的模型。这两种方法的计算结果没有本质差别，但一般来讲，拉格朗日模型的计算精度较高。

在整体拉格朗日模型计算过程中需要注意几个问题：首先需要定义所有可能存在的接触，其次是需要调整计算网格的大小，特别是炸药和与它直接相接触材料的计算网格的大小，保证两种材料网格基本上大小匹配，以使计算能顺利进行下去。

在进行战斗部数值模拟时，往往要用到流-固耦合算法，它不需要定义复杂的接触关系，而且计算稳定性能好。多物质欧拉材料与拉格朗日结构耦合算法常常用来计算爆轰气体产物和空气等物质与固体结构相互作用耦合问题。

在实际建模过程中，往往定义炸药、空气、尼龙等易流动物质为欧拉网格，它们的网格是相互连接的，同时节点共享，最初网格空间内部填充的是各自不同材料，但是在随后的过程中，欧拉材料可以互相流动，占据所有欧拉网格区域空间，拉格朗日网格与欧拉网格互相交错，在计算初始互不影响。在建立模型时拉格朗日网格和欧拉网格不能共享节点，也就是说不能合并节点，否则会引起计算中断。

在战斗部爆炸毁伤三维数值模拟过程中，为了提高求解稳定性，应尽量提高网格划分质量。另外，战斗部爆炸毁伤模拟问题较为复杂，在实际处理中可适当进行模型简化。

6.1.2 接触问题

在有限元分析中，接触问题处理往往是衡量有限元软件分析能力的一个重要指标。LS – Dyna 有 40 多种接触类型供用户选择，具有强大的接触分析能力。之所以有这么多接触类型，一是由于有一些专门的接触类型用于专门应用，二是由于有一些旧的接触类型一直保留，主要是为了使以前建立的有限元模型能一直使用。选择合适的接触类型和定义接触参数，对爆炸防护、高速侵彻及爆炸毁伤仿真十分重要。

LS – Dyna 处理接触问题一般采用 3 种不同的接触算法：动力约束法、分配参数法和对称罚函数法（默认的方法）。

1. 动力约束法

动力约束法是最早被采用的接触算法，在 1976 年最先用于 Dyna 2D 程序，后来用于 Dyna 3D 程序。它的原理是：在每一时间步修正构形前，检查从节点是否贯穿主表面，并调整时间步大小，使那些贯穿从节点都变为贯穿主表面，对所有已经和主表面接触的从节点施加约束条件，保持从节点与主表面接触。另外，检查与表面接触的从节点所属单元是否存在受拉界面力，如存在则用释放条件使从节点脱离主表面。由于该算法比较复杂,所以它目前仅用于固连接触,即只有约束条件,没有释放条件。

2. 分配参数法

该算法仅用于有相对滑动而没有分离的滑动处理,如炸药爆炸气体对结构的压力作用。其原理是:将每个正在接触的从单元中的一半质量分配到被接触主表面面积上,同时由每个从单元内应力确定作用在接受质量主表面面积上的分布压力。在完成质量和压力分配后,程序修正主表面上的加速度,然后对从节点加速度和速度施加约束,保证从节点沿主表面运动。程序不允许从节点穿透主表面,从而避免反弹,该方法主要用于滑动接触方式。

3. 对称罚函数法

对称罚函数示意如图 6.1 所示。

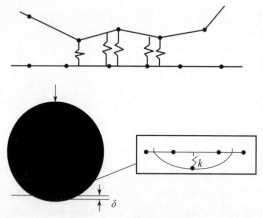

图 6.1 对称罚函数示意

对称罚函数法是 LS – Dyna 的默认算法,在 1982 年就开始用于 Dyna 2D 程序,后扩充到 Dyna 3D 程序。其原理是:在每一时间步先检查各从节点是否穿透主表面,若没有穿透则不对该从节点做任何处理;如果穿透,则在该从节点与主表面间、主节点与从表面间引入一个较大的界面接触力,其大小与穿透深度、接触刚度成正比,称为罚函数值,其物理意义相当于在其中放置一系列法向弹簧以限制穿透。

接触力由下面的公式计算:

$$F = k\delta \qquad (6-1)$$

式中,k 为接触界面刚度(接触界面刚度由单元尺寸和材料特性确定);δ 为穿透量。

该算法简单,很少激起网格的沙漏效应,没有噪声,动量守恒准确,不需要碰撞和释放条件，为 LS – Dyna 默认算法。

通常在进行数值模拟时采用自动面面接触，这种接触模式是采用对称罚函数法，将接触刚度设置为 1~10 N/m，接触刚度不宜太大，也不宜太小，太小容易发生穿透，太大容易使问题失真，同时也会使计算中出现沙漏模式等问题。

6.1.3 材料模型和状态方程

美国武器专家曾经说，当前计算结果中对组成材料特性描述的误差多于计算方面的误差，因此进行战斗部计算所需要的完备材料状态方程和物质参数至关重要。材料属性包括：材料的杨氏模量、泊松比、密度等。几乎所用 Ansys/LS – Dyna 分析都需要输入弹性模量、泊松比等数值。

在 LS – Dyna 中可以使用近百种材料模型，但在 Ansys/LS – Dyna 前处理器中能够直接定义的材料模型仅有 30 种左右，主要如下。

（1）线弹性材料（各向同性、正交各向异性、各向异性等）；

（2）非线性弹性模型（Blatz – Ko 橡胶模型、Mooney – Rivlin 橡胶模型、黏弹性模型等）；

（3）弹塑性模型（双线性随动硬化、双线性各向同性硬化、随动塑性等）；

（4）泡沫模型（低密度闭合多孔聚氨酯泡沫、低密度氨基甲酸乙酯泡沫、黏性可压扁泡沫、正交异性可压扁蜂窝结构等）；

（5）复合材料等其他模型。

对于战斗部结构中常用的钢，考虑到其在高温、高压、高应变率下表现出的动态力学行为的多样性，同一材料会有多种不同材料模型和状态方程可供选择。这里介绍常用的 Johnson – Cook 本构模型、塑性随动硬化模型和 HJC 损伤本构模型。

1. Johnson – Cook 本构模型

1983 年，Johnson 和 Cook 提出了一个适用于金属在大变形、高应变率和高温条件下的本构模型。由于形式简单、使用方便，这一模型得到了广泛应用。虽然越是复杂的模型越能准确地描述材料的力学行为，而且由于材料之间性质的差别，采用不同模型能更好地描述不同材料的力学响应特性，但是计算程序却要求尽量避免复杂和引入过多参数。现在的理论通常将所谓"动态流动应力"的概念引入材料动态塑性本构关系，使本构模型能比较方便地应用于数值模拟计算。Johnson – Cook 模型起初就是为了数值计算而建立的，它所使用的变量在大多数计算程序中已经具备，因此其基本形式十分适合数值模拟计算，尤其在工程应用中得到了肯定。

在 Johnson – Cook 模型中，流动应力 σ 表示为

$$\sigma = (A + B\varepsilon^n)(1 + C\ln\dot{\varepsilon}^*)(1 - T^{*m}) \tag{6-2}$$

式中，ε 为等效塑性应变；$\dot{\varepsilon}^* = \dot{\varepsilon}/\dot{\varepsilon}_0$，为无量纲应变率（$\dot{\varepsilon}_0$ 一般取 $1.0~\text{s}^{-1}$）；约化温度

$$T^* = \frac{T - T_r}{T_m - T_r} \tag{6-3}$$

式中，T_r 为参考温度（一般取室温）；T_m 为材料的熔点温度。

也有人认为 T_r 是使用时的最低温度或试验的最低温度。由于 T^* 一般不能为负数，所以 T 必须大于 T_r。如果 T_r 取为室温，则所构建的本构关系只适用于高于室温的情况。

其他 5 个参数 A，B，n，C 和 m 均为材料常数，其中 C 为表征应变率敏感性的参数，也称为应变率敏感系数。

在流动应力表达式中，等号右边第一个括号中的表达式给出了应变强化作用，第二个括号中的表达式给出了瞬时应变率强化效应，第三个括号中的表达式则给出了温度对应力的软化效用。这种处理方法并没有反映任何热历史或者应变率历史作用，只是简单地将应变、应变率和温度这几个影响因素相乘，以便利用少量试验数据即可确定上述 5 个待定参数。

可以看出，Johnson – Cook 本构模型实际上是将材料力学行为归结为应变效应、应变率效应和温度效应相乘结果的一种本构模型，这种模型形式比较简单，而且有比较清楚的物理解释。

2. 塑性随动硬化模型

人们经常选用 LS – Dyna 提供的 *MAT_PLASTIC_ KINEMATIC 材料模型（塑性随动硬化模型）来描述弹塑性材料的动态特性。

*MAT_PLASTIC_KINEMATIC 材料模型可以用来描述弹塑性材料的动态力学特性。塑性随动硬化模型为各向同性和随动硬化的混合模型，与材料的应变率相关，进而可以考虑与应变率相关的失效。通过硬化参数 β 在 0（仅随动硬化）和 1（仅各向同性硬化）间调整来选择各向同性或随动硬化；应变率用 Cowper – Symonds 模型来考虑，用与应变率有关的因数表示屈服应力，如下式所示：

$$\sigma_Y = [1 + (C)^{\frac{1}{P}}](\sigma_0 + \beta E_p \varepsilon_p^{\text{eff}}) \tag{6-4}$$

式中，σ_0 为初始屈服应力；β 为应变率；C，P 为应变率参数；$\varepsilon_p^{\text{eff}}$ 为有效塑性

应变；E_p 为塑性硬化模量，其表达式如下：

$$E_p = \frac{E_{\tan} - E}{E - E_{\tan}} \quad (6-5)$$

3. HJC 损伤本构模型

混凝土材料本构比较复杂，其屈服准则与失效条件等都不能用传统的弹塑性模型来描述。混凝土模型是基于描述宏观现象水平的材料行为进行构建的，由一组描述材料行为和状态的方程构成。

为了描述混凝土材料的断裂特性和非线性变形，Holmquist、Johnson 和 Cook 于 1993 年提出 HJC 损伤本构模型，该模型考虑混凝土材料在大应变、高应变率和高压强条件下的特性。在 HJC 损伤本构模型中材料的应力 – 应变关系表示为

$$\sigma^* = [A(1-D) + Bp^{*N}][1 + C\ln\dot{\varepsilon}^*] \quad (6-6)$$

式中，$\sigma^* = \sigma/f_c$，为正规等效应力（$\sigma^* < S_{\max}$，$S_{\max}$ 为混凝土承受的最大强度，σ 为（实际）等效应力，f_c 为混凝土最大静水单轴抗压强度）；$p^* = p/f_c$，为正规压力（p 为单元内的静压）；$\dot{\varepsilon}^* = \dot{\varepsilon}/\dot{\varepsilon}_0$ 为无量纲应变率 [$\dot{\varepsilon}$ 为应变率，$\dot{\varepsilon}_0$ 为参考应变率（$\dot{\varepsilon}_0 = 1.0 \text{ s}^{-1}$）]；$A$ 为正规黏性强度（材料常数）；B 为正规压力硬化系数；C 为应变率系数；N 为压力硬化指数；D 为损伤因子（$0 \leq D \leq 1$），由等效塑性应变和塑性体积应变累加得到，表达为

$$D = \sum \frac{\Delta\varepsilon_p + \Delta\mu_p}{\varepsilon_p^f + \mu_p^f} = \sum \frac{\Delta\varepsilon_p + \Delta\mu_p}{D_1(p^* + T^*)^{D_2}} \quad (6-7)$$

式中，$\Delta\varepsilon_p$ 为在一个积分步长内单元的等效塑性应变；$\Delta\mu_p$ 为在一个积分步长内单元的等效塑性体积应变；$\varepsilon_p^f + \mu_p^f = f(p)$，是在常压力 p 下的塑性应变，$f(p)$ 的具体表达式为

$$f(p) = D_1(p^* + T^*)^{D_2} \quad (6-8)$$

式中，$D_1(p^* + T^*)^{D_2} \geq \varepsilon_{f\min}$，$\varepsilon_{f\min}$ 为混凝土最小断裂应变；$T^* = T/f_c$，是正规拉力，T 为混凝土最大静水抗拉强度；D_1，D_2 为材料常数。

混凝土材料本构在 LS – Dyna 中有 3 种计算模型，即脆性损伤模型、连续损伤模型和 HJC 损伤本构模型。其中，脆性损伤模型没有查找到相应的数据，也没有详细的理论根据，因此，很难从其他材料数据类推；连续损伤模型因为计算损伤面，耗费的计算时间很长，随着计算网格奇异和裂纹的增多，特别是在较大压力作用下丧失其强度之后，容易导致计算的不稳定与发散。

6.2 弹体高速侵彻过程中的侵彻加速度

第二次世界大战之后，在新技术革命浪潮的推动下，各个国家的军事工业都得到快速发展。随着精确制导技术和防御技术此消彼长的互促发展，为了有效保护己方战斗力，具有重要战略价值的军事重要部门（如指挥中心、通信设施以及导弹发射井等）大量向地下转移，其防护结构也越来越坚固。在当今的大战略形势下，通过空中优势对目标进行打击已经成为作战的首选方案。从近些年的局部战争中可以看出，以精确制导武器进行远程纵深"外科手术"式的斩首行动已经成为现代战争的主要作战形式，采用这种作战形式不仅可以快速达到战争目的，还可以提高作战效益。此外，要对地下目标实现有效毁伤，必须使战斗部在目标内部或钻地后进行起爆。为了适应现代战争的特点，大部分国家都倾注很多精力研究各种新式侵彻深层目标武器，用于攻击地下多层防御工程的硬目标侵彻武器成为各国军事工业研究重点，层出不穷。

引信结构作为硬目标侵彻武器达到高效毁伤目的的关键部件，决定着环境与目标识别以及起爆控制，这对于准确控制战斗部起爆时间和位置有着非常重要的意义。安装于钻地武器（EPW）上的钻地引信已经成为高、精、尖武器系统发展中最活跃和最重要的技术领域，各国争相开展研究。在钻地武器以中高速打击地面、混凝土或岩石目标或者其他坚硬的目标时，战斗部侵彻过程中的平均加速度一般能够达到数万 g，复杂的工作环境要求钻地引信不仅能够识别不同特征的目标信号，还要能够抵抗穿过各种不同结构目标时产生的冲击。应用计时起爆控制方式的传统侵彻引信结构因为不能识别目标特征，所以缺乏打击目标的灵活性，这对毁伤目标的效果有很大影响。然而，在侵彻过程中，通过各种探测技术和敏感技术获得的物理场信号（尤其是侵彻加速度信号）最能反映目标特征以及环境信息。为此，各个军事强国从 20 世纪 90 年代开始，进行了以高 g 加速度传感器识别硬目标侵彻环境信息的智能引信研究。

准确地掌握弹体加速度信号产生机理以及组成成分是硬目标侵彻过程中引信动态特性研究的难点和关键因素。另外，智能引信能够准确引爆的另一关键因素是能够从实际测得的过载信号中客观并准确地将可识别环境信息和目标特征提取出来。

6.2.1 侵彻加速度信号产生机理

弹体侵彻靶体目标过程相当复杂,作用在弹体上的各种振动信号非常丰富。实测侵彻加速度信号中除弹体本身刚体加速度信号外,不可避免地会叠加其他信号,而侵彻加速度信号研究中主要关心的就是弹体本身刚体加速度信号。弹体刚体加速度的定义如下:在假设弹体为刚体的情况下,弹体在撞击目标靶板时要承受很大的冲击力,按牛顿定律确定与弹体结构力学性能无关的加速度称为刚体加速度。

1997 年,SNL 在一次侵彻试验中通过加速度测试存储系统记录侵彻弹内不同位置处加速度数据,其侵彻弹直径为 95.2 mm,用 152 mm 滑膛炮发射,发射弹速为 280 m/s,在处理数据时,把这 2 个测试点的过载波形从高到低按一定的频率步长逐渐滤波,当滤波频率达到 1 kHz 时,2 条过载曲线没有差别,此时即认为所得波形为刚体加速度信号。

2007 年,ARA 一次侵彻多层不同厚度混凝土靶板混凝土试验中[图 6.2(a)],滤波截止频率为 2 kHz。对于较薄的混凝土薄板(0.2 m),刚体加速度脉宽较小,并且基本为单峰值脉冲波形,而当混凝土厚度增加时(0.8 m),脉宽增加,并且不再是一个单峰值脉冲波形,而是出现了两个脉冲,当混凝土厚度达到 1.5 m 时,可以看出滤波后侵彻加速度为 4 个脉冲,刚体加速度表现为顶端振荡、脉冲幅值减小的不规则梯形,如图 6.2(b)所示。

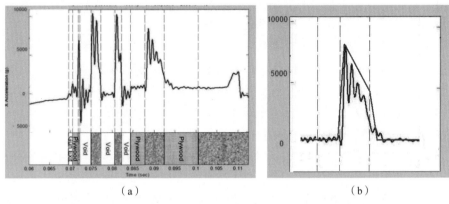

(a)　　　　　　　　　　　　　　(b)

图 6.2　侵彻多层混凝土靶板的侵彻加速度 – 时间曲线及刚体加速度

(a)滤波后的侵彻加速度 – 时间曲线;(b)刚体加速度

对于动能弹体结构响应加速度,主要研究集中在如何揭示动能弹体结构响应加速度的频率特性。通过有限元模态分析或谐响应分析方法可以求解出动能弹体结构在静态或者模拟侵彻状态时的固有频率和振型，对于实测侵彻加速度信号则可以通过信号分解算法得出动能弹体结构的响应部分。2009 年，王冰应用 Ansys 模态分析和谐响应分析方法对某侵彻弹进行仿真分析时，在模拟侵彻压力载荷下得到动能弹体结构的位移共振频率，并指出该频率为动能弹体结构的谐振频率。

6.2.2 侵彻加速度信号组成

对于硬目标侵彻加速度信号组成，国内外研究人员至今还没有明确和统一的结论，通过广泛调研，对侵彻加速度信号组成理论总结如下。

1997 年，Juan Pabio 提出侵彻加速度信号由以下 4 个部分组成：①刚体运动加速度，主要指动能弹体结构在抵抗目标施加阻力作用时形成的加速度；②动能弹体结构振动加速度干扰信号，包括横向和纵向干扰信号，这里只考虑其纵向干扰信号；③加速度计振动形成的高频干扰噪声；④动能弹体结构移动路径和自旋误差带来的噪声。

2008 年，Lundgren 提出侵彻加速度信号由赫兹、千赫兹和兆赫兹量级的信号组成，其中赫兹量级信号由刚体运动形成，这里的刚体运动指动能弹体结构在侵彻过程中遇到靶板目标后受到靶板给其的反向力作用而产生运动，当动能弹体结构斜侵彻目标时，轴向刚体过载表现为一不规则梯形，而横向刚体应力表现为一低频正弦波，综合起来的刚体应力为一不规则正弦波；千赫兹量级信号是由动能弹体结构振动、传感器振动形成的，其余成分为高频噪声。从中可以分析出，Lundgren 认为侵彻加速度信号由刚体加速度信号、动能弹体结构响应和传感器结构响应及高频噪声组成。

2008 年，冯琳娜提出实测侵彻过载信号主要包含两种成分：一是动能弹体结构在侵彻目标介质的过程中所遇到的侵彻阻力所形成的加速度信号，表现为整个侵彻过程的脉冲信号，由无限个小扰动叠加形成，并以应力波方式在动能弹体结构内传播；二是由于动能弹体结构在侵彻过程中所产生的动能弹体结构振动信号，包括动能弹体结构横向和纵向振动信号。

从上述研究可以发现，从不同角度分析，侵彻加速度信号的组成有所差异，但是基本组成是确定的，即侵彻加速度信号包含有刚体加速度和动能弹体结构响应加速度。其中，刚体加速度通过牛顿运动定律确定，与弹体结构力学性能无关；动能弹体结构响应是在动能弹体结构侵彻目标靶板时，战斗部结构、引信结构在外界巨大的冲击载荷下产生的复杂结构响应。

6.3　高速侵彻分析基础理论

硬目标侵彻研究始于18世纪，但是实际应用出现在20世纪，尤其是在两次世界大战期间和战后，硬目标侵彻研究更加全面和深入。硬目标侵彻研究大致可以分3个时期：第一时期是第二次世界大战之前，因为缺少必要的理论基础，所以研究方法主要是利用试验和各种经验公式；第二时期是20世纪40—50年代，各种重要理论基础开始发展起来，尤其着重分析靶板破坏模式，不同分析理论根据不同破坏模式建立起来；第三时期是从20世纪60年代初至今，各种现代试验与测试技术的不断进步以及近似分析方法研究为侵彻理论研究奠定了较好基础。

侵彻弹侵彻混凝土靶板是典型的硬目标侵彻问题，其动态机理是非常复杂的，涉及冲击动力学、塑性动力学和结构动力学等诸多学科，一直是研究的热点问题。根据已有研究，纵观硬目标侵彻研究历史，其研究方法有解析理论分析法、试验与经验公式法和数值仿真法。

1. 解析理论分析法

解析理论分析法是科学研究中最为有效和经济的手段，是一种以工程问题数学建模为基础建立起来的近似研究方法，通过该方法得到的解析解一般具有使用普遍性。建立工程数学模型就是将工程问题用简单数学模型来表示，但工程问题的基本物理性质仍保存于数学模型之中。目前经常使用并受到认可的侵彻分析理论、方法和工程模型主要有空腔膨胀理论、微分面力法、正交层状模型和磨蚀杆模型等。

弹体侵彻问题数学模型的建立，始于20世纪50年代Bishop对弧形弹头准静态侵入问题的研究，他利用Hill和Hopkin计算出的球形空腔在不可压弹塑性材料中的膨胀解析结果，模拟靶板刚球侵彻问题。20世纪70年代，Ross、Hanagud和Norwood等人基于柱形空腔膨胀理论和球形空腔膨胀理论研究杆式弹体对土壤类目标的侵彻问题。20世纪80年代，SNL的研究人员在空腔膨胀理论的基础上，研究弹体对陶瓷、岩石、土和混凝土等多种材料垂直侵彻过程，进一步发展和完善了Hill动态空腔膨胀理论，得出半经验公式：Forrestal公式。2004—2008年，Chen、Li等人对贯穿有限厚度靶板侵彻模型进行了研究，在侵彻/贯穿模型中加入第三个无量纲数（黏滞阻力项），初步讨论无量纲数对侵彻/贯穿规律的影响。

国内对侵彻过程理论分析方法的研究主要如下。1996 年，徐孝诚基于空腔膨胀理论，分析杆式弹对混凝土靶侵彻问题，提出了用试验结果确定混凝土材料特性参数的方法。2002 年，徐建波等人对球形膨胀近似理论结果和侵彻经验公式预估结果进行了比较，进一步证明了球形空腔膨胀理论中，靶体应作为可压缩材料处理。2003 年，吴祥云等人将弹体侵彻混凝土时的靶体阻力按照 Poncelet 阻力定律分为 3 部分，即静阻力、黏性阻力和运动阻力，通过经验方法确定侵彻阻力与侵彻深度方程中的常数，计算结果与试验相符。2006 年，高世桥等人在考虑混凝土材料行为、空腔膨胀理论和应力波理论的基础上，引入极限密度模型和改进的 Holmquist – Johnson 模型，得到了弹体（弹体质量为 3.777 kg，弹体长度为 0.2 m，弹体直径为 0.062 m，最高着靶速度为 763 m/s）侵彻混凝土靶法向膨胀理论。2008 年、2009 年，李志康、黄风雷等人在混凝土材料空腔膨胀理论方面进行了研究，对混凝土材料采用线性简化的 HJC 三段式状态方程来描述混凝土材料的压力 – 体积应变关系，并采用考虑拉伸破坏和剪切饱和的 Mohr – Coulomb 屈服准则描述混凝土材料强度特征，给出混凝土材料动态球形空腔膨胀理论。

2. 试验与经验公式法

试验研究是验证理论、发现新科学问题十分必要的手段，其研究成果最具有说服力，同时也能有效指导理论分析与数值仿真研究。毋庸置疑，试验与经验公式法以试验为基础研究侵彻问题，通过多次动能弹侵彻试验，获取大量试验数据，并对试验数据进行分析，建立计算弹体预估分析方法。国外早期研究弹体侵彻问题主要有两大学派：SNL（美国桑迪亚国家重点实验室）和 WES（美国陆军水道实验站）。SNL 通过试验得到弹体对岩石和混凝土的最大侵彻深度经验公式——Young 公式；WES 在弹体侵彻岩石的基础上，归纳出弹体侵彻公式，随后又提出了可用于混凝土侵彻问题的改进型侵入公式——Bernard 公式。2006 年，Forrestal 和 Frew 等人使用单通道加速度计（Single – Channel Acceleration Data Recorder）记录了弹体侵彻加速度历程曲线，验证了侵彻理论模型的有效性，结果如图 6.3 所示。

国内对侵地武器的试验研究工作起步于 20 世纪 90 年代，虽起步较晚，但试验研究方法与国外试验研究方法无异。2001 年，北京理工大学蒋建伟等人采用火炮发射动能弹（弹体直径为 50 mm，弹体长度为 302 mm）对土壤和混凝土复合介质进行垂直侵彻试验，弹体着靶速度为 400~600 m/s，测得了动能弹侵彻加速度时间历程曲线，进而对弹靶作用机理和侵彻规律进行

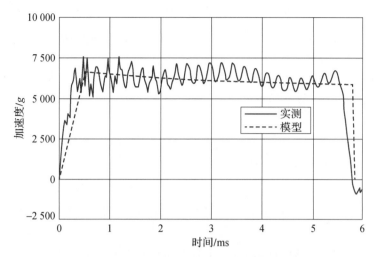

图 6.3 实测侵彻混凝土加速度与理论模型结果

了分析。2003 年，西北核技术研究所的初哲等人采用 85 mm 滑膛炮作为发射装置，以 670 m/s 的着速撞击强度为 30 MPa 的混凝土靶板，弹内测试存储装置记录了侵彻加速度 – 时间历程曲线，所得最大过载约为 23 000g，侵彻时间约为 5 ms。

在硬目标侵彻的早期研究中，描述侵深与动能弹初速及其他参数的关系一般采用经验公式。在大量试验的基础上，前人得出了许多描述动能弹侵彻或贯穿混凝土经验公式，下面对这些经验公式进行简单介绍。

1）Poncelet 公式

该公式由 J. V. Poncelet 于 1829 年提出，其假定侵彻阻力由静抗力和动抗力组成，同时假定介质均匀，动能弹在介质内做直线运动，不考虑动能弹旋转。

2）派洛第公式

派洛第公式系数由日本人经试验得到，其最大侵彻深度与动能弹质量、动能弹直径、动能弹着速以及目标性质系数有关。

3）别列赞公式

别列赞公式是俄国于 1912 年在别列赞岛上进行大量射击试验后总结出的经验公式。该公式由于比较简单，其系数在实际中又得到修正，比较符合实际情况，所以得到较为广泛应用。

4）NDRC 公式

1946 年，NDRC 提出了一种与试验结果非常吻合的刚性弹体侵彻理论，利用该理论不仅能计算侵彻深度，还能计算撞击历程中的力 – 时间、侵深 – 时间等关系。

5）WES 公式

1977 年，根据混凝土和岩石垂直侵彻试验结果，Bernard 提出了侵彻硬靶经验公式，该公式考虑目标松散密度、岩石无侧限抗压强度和岩石质量百分数。

从以上对侵彻经验公式的介绍可见，每一个经验公式都是在特定试验条件下产生的。在特定弹 – 靶系统和一定速度范围内，基于大量试验数据，采用试验数据回归、假设阻力形式理论分析和应用量纲原理建立的经验公式具有很强针对性，它们在解决特定问题或指导进一步试验方面具有重要意义。各个经验公式对同一个问题的计算结果也各不相同，这就限制了经验公式的应用。导致这种状况的原因可能有以下几种：①有些经验公式的量纲存在问题；②试验数据存在不确定性；③对试验数据采用了不同分析方法。尽管有许多经验公式在工程中至今仍在使用，但它们本身不是侵彻问题的答案，因为它们难以解释侵彻过程的本质，无法得到过程细节，而且获得这种细节需要大量昂贵试验，耗费大量资金和时间。

3. 数值仿真法

数值仿真方法是指通过计算机模拟一个给定的物理过程，编写程序求解数学物理方程的过程。数值仿真法能够对整个物理过程进行全面分析，找出各种变量的影响程度，以及选择不同参数进行计算，达到扩展试验数据的目的。因此，对高速冲击碰撞过程进行数值计算，会较好地帮助研究人员认识试验中出现的各种物理现象，验证对弹体撞击靶板材料所提出的各种假设，排除试验研究的不确定性，完成难以通过试验实现物理过程计算，并获得十分详细的数据信息。相比于试验方法和理论解析方法，通过数值仿真法可以获得更为完整的物理过程，获取更多物理量，因此数值仿真法在分析问题、预测、验证试验结果等方面都起到了很重要的作用。

动能弹体侵彻混凝土的试验研究成本非常高，因此数值仿真法的优势十分明显。随着计算机软/硬件技术的高速发展，很多功能强大且日益完善的商用软件的使用率逐渐提高（如 LS – Dyna、Autodyn 等）。1993 年，Holmquist、Johnson 和 Cook 等人在 EPIC – 3 混凝土本构模型的基础上，引入材料损伤和应变率效应，提出适用于大变形、高应变率和高压力的混凝土本构模型，对 1992 年 Hanchak 等人的混凝土贯穿有限厚度混凝土靶板试验进行数值模拟，计算结果与试验结果吻合得很好。1998 年，Johnson 等人用 HJC 损伤本构模型模拟弹体侵彻半无限混凝土也得到了较好结果。2001 年、2002 年，张凤国等人引入混凝土断裂后重新受压的计算模型，改进 HJC 损伤本构模型，成功模拟弹体贯穿混凝土靶板过程的成坑与层裂现象。

6.4 高速侵彻有限元分析方法与实例

随着有限元技术快速发展，其仿真模拟多约束、大变形的复杂结构非线性动力学问题的能力越来越强，但是并不能够处理任何复杂问题，也并不是模型建立越细致就越能反映真实系统。在已有理论和计算技术的支持下，有时复杂模型导致的系统误差可能夸大局部结构响应。另外，复杂模型虽然能够较小限度地提高计算精度，但是使计算工作量变大，也会增加分析计算的复杂性。因此，适当的结构简化在保证工程精度的前提下能简化分析计算，这是建立仿真模型的基本原则。本节通过两个实例介绍高速侵彻有限元分析方法。

6.4.1 实例一

本实例主要进行侵彻弹体以 900 m/s 的速度垂直侵彻抗拉强度为 20 MPa 素混凝土靶板过程数值模拟。采用 HyperMesh 进行模型前处理，采用 LS – Dyna 进行模型求解，LS – PrePost 进行计算结果后处理。因为侵彻弹体为轴对称结构，所以为了节省计算资源，采用 1/4 模型进行分析。本实例采用的单位制为 cm – g – μs。

初始条件：侵彻弹体初速度为 900 m/s，沿靶板法线方向，限定侵彻弹体和混凝土靶板的初始应力值和初始应变值均为 0，只考虑侵彻弹体在垂直方向进行侵彻，即攻角为 0°。

6.4.1.1 试验侵彻弹的三维物理模型简介

试验侵彻弹 1/4 模型如图 6.4 所示，主要包括：弹体、炸药、传感器、聚氨酯、引信壳体、弹体后盖等部件。试验侵彻弹参数见表 6.1。

图 6.4　试验侵彻弹 1/4 模型

表 6.1　试验侵彻弹参数

序号	参数名称	数值
1	弹长/直径/cm	72.8/14
2	质量/kg	48.65
3	靶板尺寸/cm	$R105 \times 100$
4	冲击速度/$(m \cdot s^{-1})$	900

6.4.1.2　软件选择

本实例分析中采用 HyperMesh 进行有限元模型前处理，采用 LS – Dyna 作为求解器，采用 LS – PrePost 进行计算结果后处理。

1. 有限元模型前处理软件

HyperMesh 是一个高性能通用有限元前、后处理软件，支持在交互及可视化环境下分析设计方案性能。其高级的建模功能，如网格控制和模型管理、网格变形、变厚度几何模型中的面自动化抽取等，能帮助用户高效处理复杂的几何和网格模型；增强实体四面体网格划分和六面体网格划分功能；减少模型交互式控制次数；网格批处理功能将人工几何清理和模型控制工作量降至最低。

2. 有限元分析软件（求解器）

LS – Dyna 是一个显式非线性动力分析通用有限元软件，可以快速求解各种二维和三维非弹性结构高速碰撞、爆炸和模压等短时间、大变形的动态问题，以及大变形准静态问题和复杂的多重非线性接触碰撞问题。它有众多单元类型和材料模型，各类单元又有多种理论算法可供用户选择。它提供了丰富易用的各种接触分析功能，具有强大的分析计算能力。对于庞大的计算模型，LS – Dyna 生成的结果文件是相当巨大的，如对于节点数在 10 万以上的模型，其计算结果的一个记录点文件比较大。大量结果文件使程序读入和数据处理相当费时，而且需要占用大量的内存和 CPU 时间。因此，选用快捷、功能强大的计算结果后处理软件很重要。

3. 计算结果后处理软件

计算结果后处理软件 LS – PrePost 可为计算结果提供高质量的云图以及动画，可以读取绘制侵彻过程中输出的包含各种接触界面力信息的二进制文件。指定信息可以在多个窗口中查询、显示或根据查询信息绘制曲线图。

6.4.1.3 有限元模型的建立

1. 网格划分

有限元模型网格数量将影响计算结果的精度和计算时间,一般来说,网格数量增加,计算精度会有所提高,但同时计算量也会增加,因此在确定网格数量时要综合考虑两个因素。在建立侵彻弹与混凝土靶板的侵彻有限元模型时,重点考虑以下两个方面因素。

(1) 在允许范围内,忽略各结构上的倒角、退刀槽等对系统响应影响较小的微小特征,以减轻网格划分负担。

(2) 由于弹体运动速度较高,所以弹体与靶板作用时间较短,在靶板中只在大约 2 倍弹体直径范围内具有较高的应力应变水平。超过 2 倍弹体直径范围的靶板材料对侵彻过程影响不大,在划分靶板单元时对靶板中心部分进行密集网格划分,远离中心部分的网格则比较稀疏,这样可以在不影响计算精度的条件下减小计算规模。

基于大型有限元计算平台 Altair Hyperworks 下的 HyperMesh,进行各部件单元划分,全部采用六面体网格进行划分;在此,以弹体为例介绍网格划分过程。

弹体 1/4 模型如图 6.5 所示,对其进行 8 节点六面体网格划分。

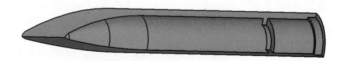

图 6.5 弹体 1/4 模型

进入"Geom"→"line"面板(图 6.6),通过圆心和半径创建图 6.8 所示的切割圆,然后在"Geom"→"solid edit"面板(图 6.7)中选择"trim with line"和"with sweep lines"方式进行弹体实体切割,切割完成后实体如图 6.8 所示。

图 6.6 "line"(创建线)面板

图6.7 "solid edit"(实体编辑)面板

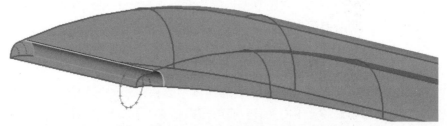

图6.8 创建完成的切割圆和切割完成后的实体

完成弹体实体切割之后进行网格划分。进入"2D"→"automesh"面板（快捷键F12）。如图6.9所示，选择图6.10所示面，采用四边形进行二维单元网格划分，设置单元尺寸为"0.2"。

图6.9 "automesh"面板

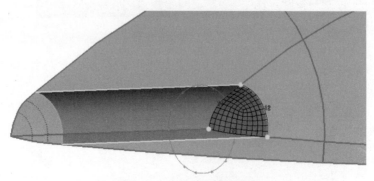

图6.10 二维单元网格划分

基于已经完成的四边形单元，将其拉伸为六面体单元。进入"3D"→"solid map"面板，选择"general"方式进行拉伸，具体设置如图6.11所示。单击"mesh"按钮后生成六面体单元，如图6.12所示。此时六面体单元全部在名称为"solid map"的component中，为了便于管理，将六面体单元通过

"organize"命令转移到弹体所在的 component 中,"organize"面板如图 6.13 所示。

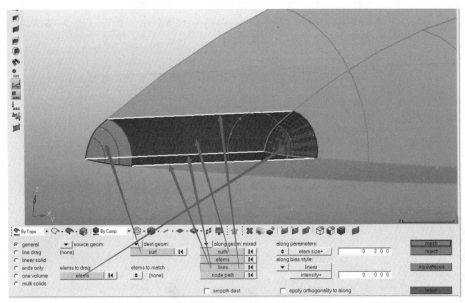

图 6.11 "solid map"面板

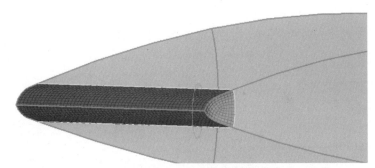

图 6.12 生成的六面体单元

图 6.13 "organize"面板

将弹体台阶部位进行面切割,进入"quick edit"面板(快捷键 F11),如图 6.14 所示,通过"split surf – line"形式进行面切割,切割后的面如图 6.15 所示。

图 6.14 "quick edit" 面板

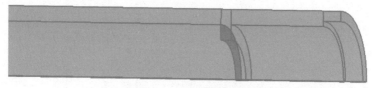

图 6.15 切割后的面

然后，对界面进行四边形单元网格划分，如图 6.16 所示，需要注意弹体与已经完成实体单元相连接的部位要保证节点一致，这样才能保证结构的连续性。

图 6.16 划分网格后的四边形单元

进入 "3D" → "spin" 面板，如图 6.17 所示，选择 "spin elems" 形式，通过绕圆柱轴线旋转 90°的形式建立六面体单元，注意分布节点数应与弹头完成的实体单元节点一致。旋转生成的六面体单元如图 6.18 所示。

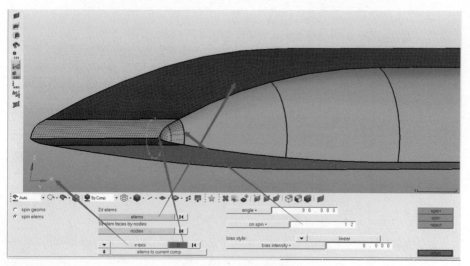

图 6.17 "spin" 面板

图 6.18 旋转生成的六面体单元

对单元划分网格完成之后需要进行节点合并，进入"tool"→"edges"面板（快捷键"Shift + F3"），"elems"选择所有弹体单元，单击"preview equiv"按钮后可以看到距离在"0.01"之内的节点被找到并高亮显示，如图 6.19 所示；单击"equivalence"按钮将节点进行合并，此时所有单元构成一个连续弹体整体，然后将面单元删除，只保留实体单元。

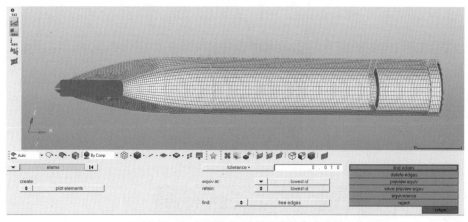

图 6.19 在"edges"面板中进行节点合并

采用类似方法进行其他部件单元网格划分，划分网格完成后的部件单元如图 6.20 所示。最终，得到侵彻弹单元为 65 313 个，节点为 78 350 个；靶板单元为 144 256 个，节点为 153 078 个。

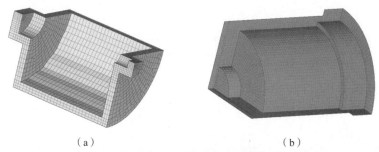

(a)　　　　　　　　　　　　(b)

图 6.20 各个部件单元的网格

(a) 铝壳；(b) 引信壳体

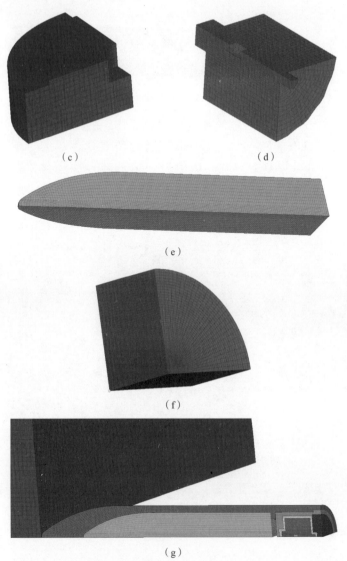

图 6.20　各个部件单元的网格（续）

(c) 底托；(d) 聚氨酯；
(e) 炸药；(f) 靶板；(g) 装配体

2. 材料与单元属性设置

材料与单元属性设置的常用按钮如图 6.21 所示。

1) 材料属性

进入"materials"面板创建材料，如图 6.22 所示，单击"create/edit"按钮后进入材料参数设置页，如图 6.23 所示。

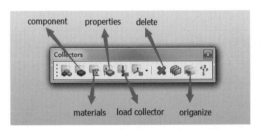

图 6.21　材料与单元属性设置的常用按钮

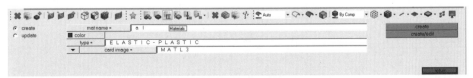

图 6.22　进入"materials"面板创建材料

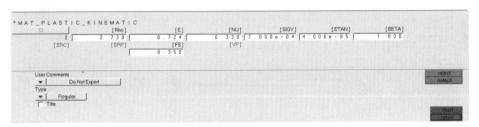

图 6.23　材料参数设置页

重复以上步骤,建立模型所涉及的材料并设置对应参数,见表 6.2。

表 6.2　材料参数

名称	属性	参数
聚氨酯材料	MATL1	
炸药材料	MATL3	

续表

名称	属性	参数
铝	MATL3	*MAT_PLASTIC_KINEMATIC，Rho=2.730，E=0.724，NU=0.330，SIGY=7.000e-04，ETAN=4.000e-05，BETA=1.000，FS=0.350
引信壳体材料	MATL3	*MAT_PLASTIC_KINEMATIC，Rho=7.830，E=2.158，NU=0.284，SIGY=0.024，ETAN=1.750e-02，BETA=1.000，FS=3.000
刚体材料	MATL20	*MAT_RIGID，Rho=2.750，E=2.100，NU=0.300
靶板材料	MATL111	*MAT_JOHNSON_HOLMQUIST_CONCRETE，Rho=2.400，G=1.413e-01，A=0.790，B=1.600，C=0.007，N=0.610，FC=4.500e-04，T=4.060e-05，EPSO=1.000e-06，EFMIN=7.000，SFMAX=1.300e-03，PC=2.950e-03，UC=0.008，PL=0.104，UL=3.760e-02，D1=0.050，D2=-1.710，K1=2.060，K2=0.500

试验侵彻弹材料基本参数数值见表 6.3。

表 6.3 试验侵彻弹材料基本参数数值（单位制为 cm-g-μs）

密度	屈服强度	抗拉强度	杨氏模量	泊松比	硬化参数	失效应变
7.83	1.41	1.75	2.158	0.284	1.0	3.0

2) 单元属性

进入"proporties"面板设置单元属性，如图 6.24 所示，此模型中全为六面体单元，因此单元属性均为实体单元属性。

图 6.24　单元属性定义

3）part 定义

进入"component"面板，进行部件、材料和单元属性关联设置，定义为 part，如图 6.25 所示，完成 8 个 component 对应 part 定义。

图 6.25　part 定义

3. 连接与接触设置

部件之间的装配关系通过有限元软件中的连接来定义，如螺纹连接、螺栓、胶黏等关系。本实例中因为不考虑连接失效，所以相邻部件之间均采用刚性连接。下面以引信壳体和底托之间刚性连接的建立为例进行详细说明。

引信壳体与底托的位置关系如图 6.26 所示，二者通过螺纹连接，此处不考虑螺纹失效，因此建立二者接触部位的刚性连接，即"Tied"连接。

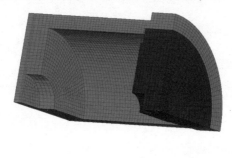

图 6.26　引信壳体与底托的位置关系

建立两个接触面，进入"analysis"→"contactsurfs"面板，通过"solid faces"形式建立底托部件上的接触面，如图 6.27 所示，名称为"danbi_dituo-dituo"，"elems"选择底托部件所有单元，"nodes"选择接触面上同一单元内的 3 个节点，单击"create"按钮，接触面建立完成，如图 6.28 所示。

图 6.27　"contactsurfs"面板

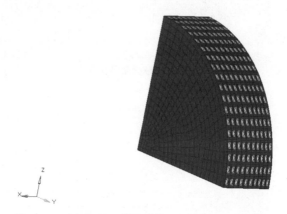

图6.28 底托部件上的接触面 "danbi_dituo – dituo"

以相同的方法建立引信壳体部件上的接触面 "danbi_dituo – danbi",如图 6.29 所示。

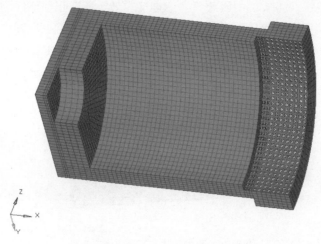

图6.29 引信壳体部件上的接触面 "danbi_dituo – danbi"

接触面建立完成后,建立 "Tied" 连接。进入 "analysis" → "interfaces" 面板,如图 6.30 所示,连接名称为 "danbi_dituo",类型为 "Surface To Surface",单击 "create/edit" 按钮,创建完成并弹出面面接触属性设置面板,如图 6.31 所示。选择 "Tied" 连接类型,不考虑其失效,因此其他参数不进行设置。然后,回到 "interfaces" 面板,单击 "add" 单选按钮,如图 6.32 所示。在此,添加两个接触面 "danbi_dituo – dituo" 和 "danbi_dituo – danbi",分别单击 "update" 按钮,可以通过 "review" 按钮检查设置是否正确,如图 6.33 所示。

图 6.30 "interfaces" 面板

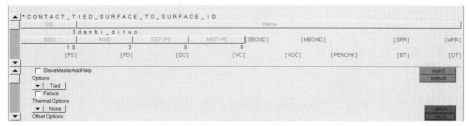

图 6.31 面面接触属性设置面板

图 6.32 在 "interfaces" 面板中单击 "add" 单选按钮

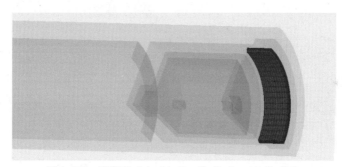

图 6.33 接触面 "danbi_dituo" 的 "review" 状态

重复以上步骤,完成弹体与引信壳体之间、弹体与炸药之间、引信壳体与铝壳之间、底托与铝壳之间、传感器与聚氨酯之间,以及聚氨酯与铝壳之间的连接。

试验侵彻弹与靶板之间的接触采用面面侵蚀接触算法,侵蚀接触关键字为 CONTACT_ERODING_SURFACE_TO_SURFACE,在此定义弹体和靶板两个部件之间的接触,不需要进行接触面 contactsurfs 定义。创建完弹体和靶板之间的面面接触之后,属性和参数设置如图 6.34 所示,在添加对象时,选择 "comps" 类型,"master" 选择弹体,"slave" 选择靶板,如图 6.35 所示。

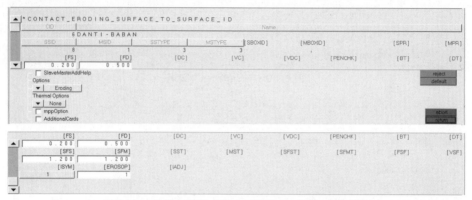

图 6.34　弹体与靶板之间面面接触的属性和参数设置

图 6.35　弹体与靶板之间面面接触对象设置

对于接触中的初始穿透问题,要进行较好的把握。LS - Dyna 求解接触碰撞问题时,要求两物体不能有初始穿透,否则会得到错误结果。对于此问题应该进行如下处理。

(1) 在建模过程中避免出现此问题,尽量保持接触对中的接触空隙。

(2) 在 LS - Dyna 中有接触厚度的概念,对于比较小的穿透问题,可以通过减小接触厚度来解决(对应关键字为 * CONTACT 中的控制参数 SFST 和 SFMT)。但是,由于减小了接触厚度,为了保持接触力稳定,应相应增大罚函数刚度(控制参数 SFS 和 SFM),此方法只适用于很小的初始穿透。一般在网格划分完成之后进行初始穿透检查,并对存在的初始穿透进行调整,以消除初始穿透。

4. 边界条件和载荷施加

本实例因为采用 1/4 模型,所以要设置两个对称条件,对靶板设置固定约束条件,并对试验侵彻弹施加初始速度载荷。

建立 4 个 load collector,分别包含 Y 轴对称约束、Z 轴对称约束、靶板固定约束和试验侵彻弹初始速度载荷。在模型树的空白位置单击鼠标右键,选择"create"→"load collector"选项,输入名称"symy""symz""spc"和"vel"即可,在建立对应载荷的过程中,将对应名称的"load collector"设置为当前,通过单击鼠标右键执行"make current"命令来实现。

进入"analysis"→"constrains"面板,约束靶板边缘节点的 6 个自由度,如图 6.36 所示。在"constrains"面板中定义 Y 轴对称约束,即固定 Y 轴对称面上节点的 2,4,6 三个自由度,同理定义 Z 轴对称约束,即固定 Z 轴对称面上节点的 3,4,5 三个自由度,如图 6.37 所示。

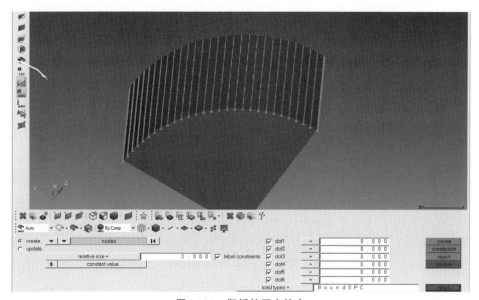

图 6.36 靶板的固定约束

图 6.37 轴对称约束

设置试验侵彻弹所有节点的初始速度载荷,具体方法如下。进入"analysis"→"velocities"面板,节点为试验用侵彻弹所有节点,速度沿 X 轴负方向,大小为 0.09 cm/μs,"load types"为"initvel",代表初始速度,如图 6.38 所示。单击"create"按钮完成初始速度设置,设置完成后试验用侵彻弹初始速度载荷如图 6.39 所示。

图 6.38 试验侵彻弹初始速度的设置

图 6.39 试验侵彻弹初始速度载荷

5. 求解设置

求解设置主要是控制卡片设置,包括求解控制和结果输出控制,其中 *KEYWORD、*CONTROL_TERMINATION、*DATABASE_BINARY_D3PLOT 是必不可少的。其他控制卡片如沙漏能控制、时间步控制、接触控制等则对计算过程进行控制,以便在发现模型中存在错误时及时终止程序,对它们也需要进行设置。通常通过"analysis"→"control cards"面板选择相应控制卡片进行设置。

(1) *CONTROL_TERMINATION 卡片(计算终止控制卡片)如图 6.40 所示。

图 6.40 *CONTROL_TERMINATION 卡片

ENDTIM 为强制终止时间。

(2) *DATABASE_BINARY_D3PLOT 卡片(完全输出控制)如图 6.41 所示。

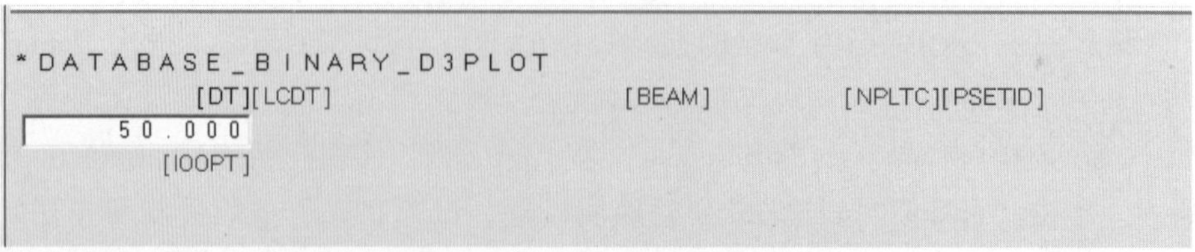

图 6.41 *DATABASE_BINARY_D3PLOT 卡片

DT 为输出时间间隔

（3）*DATABASE_BINARY_D3THDT 卡片（单元子集的时间历程数据输出控制）如图 6.42 所示。

```
*DATABASE_BINARY_D3THDT
      [DT][LCDT]
      10.000
```

图 6.42 *DATABASE_BINARY_D3THDT 卡片

DT 与 *DATABASE_BINARY_D3PLOT 卡片中的 DT 一样，为输出时间间隔。

（4）*CONTROL_TIMESTEP 卡片（时间步长控制卡片）如图 6.43 所示。

图 6.43 *CONTROL_TIMESTEP 卡片

计算所需时间步长时，需要检查所有单元。出于稳定性原因，用 0.9（默认）来确定最小时间步：$\Delta t = 0.9 \, l/c$，特征长度 l 和波的传播速度 c 都与单元类型有关。

DTINIT 为初始时间步长，可设为 0.0，则由 LS-Dyna 自行决定初始时间步长。

TSSFAC 为时间步长缩放系数，用于确定新的时间步长，默认为 0.9，当计算不稳定时，可以减小该值，但同时会增加计算时间。

（5）*CONTROL_CONTACT 卡片（接触控制）如图 6.44 所示。

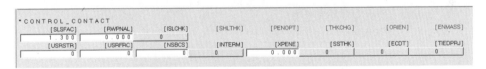

图 6.44 *CONTROL_CONTACT 卡片

SLSFAC 为滑动接触惩罚函数因子系数，默认为 0.1。当发现穿透量过大时，可以调整该参数。

RWPNAL 为刚体作用于固定刚性墙时，刚性墙罚函数因子系数，为 0.0 时，不考虑刚体与刚性墙的作用；大于 0 时，刚体作用于固定刚性墙，建议选择 1.0。

（6）*CONTROL_HOURGLASS 卡片（沙漏控制）如图 6.45 所示。

LS-Dyna 在处理全积分单元时最大的困难是耗时过长，在显式积分的每一时间步，单元计算机时占总机时的主要部分。采用节点高斯积分的单元计算

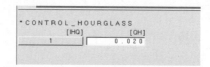

图 6.45 CONTROL_HOURGLASS 卡片

可以极大地节省数据存储量和运算次数，但是单点高斯积分时单元变形沙漏可能丢失，即它对单元应变能的计算没有影响，故又称为零能模态，它可能导致在动力响应计算时沙漏模态不受控制，出现计算数值振荡，从而使计算结果不可靠和不真实。为了避免这种情况的出现，LS – Dyna 程序采用沙漏黏性阻尼算法和人工体积黏性算法相结合的方法来综合地对沙漏进行控制，并将沙漏能的计算纳入计算范围，以保证计算结果的有效性。这里对混凝土靶板中的拉格朗日单元网格进行沙漏控制。

6.4.1.4 有限元模型的求解

有限元模型设置完成之后，通过"export"按钮导出求解文件，格式为".k"，用于求解计算，如图 6.46 所示。

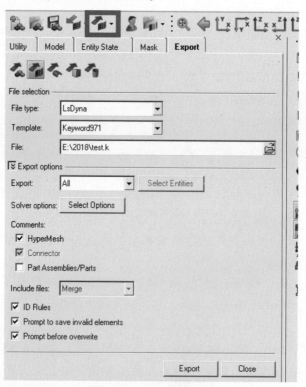

图 6.46 导出求解文件

将求解文件提交到 Ansys/LS – Dyna 进行求解，求解设置如图 6.47 所示，可以设定求解的 CPU 数量和内存大小，单击"Run"按钮，开始求解，如图 6.48 所示。

图 6.47　求解设置

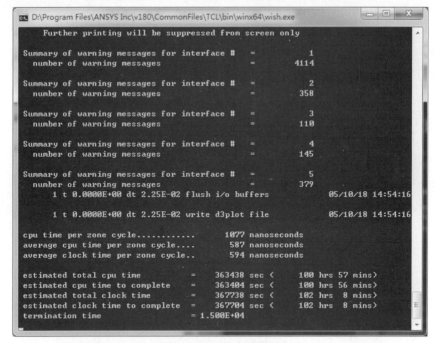

图 6.48　开始求解窗口

6.4.1.5　后处理分析

将计算得到的结果文件 d3plot 读入后处理软件 LS – PrePost 中，选择"File"→"open"→"LS – DYNA Binary Plot"选项，选择对应 d3plot 文件，

打开的模型如图 6.49 所示。选择"File"→"open"→"time history files"→"D3thdt"选项,将历史输出文件读入 LS‐PrePost 软件。

图 6.49　打开的模型

1. 动画演示

在 LS‐PrePost 软件中,可以根据侵彻过程仿真结果观察靶板破坏过程和破坏形式。利用动画控制面板,如图 6.50 所示,可以进行计算结果动画演示,不同时刻的侵彻结果如图 6.51 所示。

图 6.50　动画控制面板

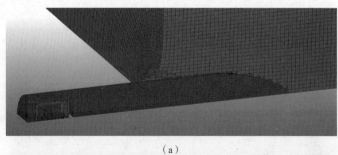

(a)

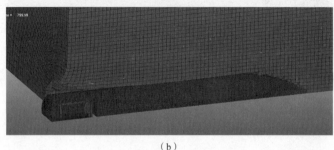

(b)

图 6.51　不同时刻的侵彻结果

(a) 时间 $t=400$ ms 时的结果;(b) 时间 $t=800$ ms 时的结果

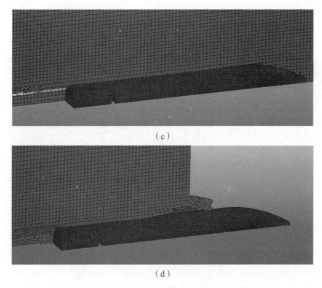

(c)

(d)

图 6.51 不同时刻的侵彻结果（续）

(c) 时间 $t=1\,600$ ms 时的结果；(d) 时间 $t=15\,000$ ms 时的结果

2. 侵彻体速度、加速度过载提取

进入"History"面板，如图 6.52 所示，提取传感器 Part 处沿运动方向（即 X 方向）所记录的侵彻体速度 – 时间历程曲线（图 6.53）和侵彻体加速

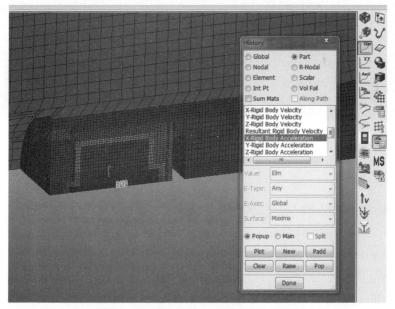

图 6.52 侵彻体速度、加速度过载提取

度-时间历程曲线（图6.54），单击"Plot"按钮，可以得到侵彻体速度随时间变化的曲线以及加速度随时间变化的曲线。

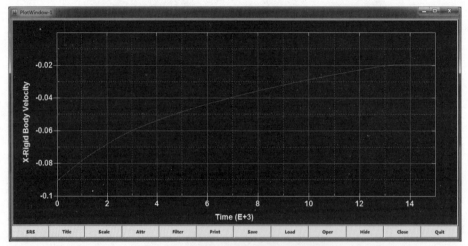

图6.53 侵彻体速度-时间历程曲线

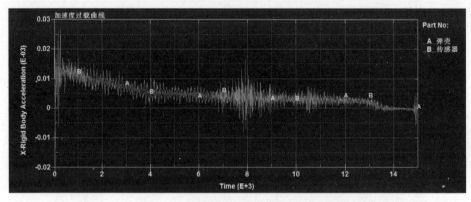

图6.54 侵彻体加速度-时间历程曲线

6.4.2 实例二

本实例主要进行侵彻弹以 800 m/s 的速度垂直侵彻混凝土靶板过程数值模拟。采用 HyperMesh 进行模型前处理，采用 LS-Dyna 进行计算模型求解，采用 LS-PrePost 进行计算结果后处理与分析。因为侵彻弹为轴对称结构，为了提高计算效率，采用 1/4 模型进行计算分析。本实例采用单位制为 mm-g-μs，软件选择与实例一相同，详见 6.4.1.2。

初始条件：试验用侵彻弹初始速度为 800 m/s，沿靶板法线方向，限定试验用侵彻弹和混凝土靶板的初始应力值和初始应变值均为 0，只考虑侵彻弹体对靶体垂直侵彻，速度分量为 0 m/s，即攻角为 0°。

6.4.2.1 试验侵彻弹体的三维物理模型简介

试验侵彻弹 1/4 模型如图 6.55 所示，主要包括：弹体、壳体、装药、传爆药、缓冲、尼龙环、底座等部件。

图 6.55　试验侵彻弹 1/4 模型

6.4.2.2 有限元模型的建立

1. 网格划分

同样基于大型有限元计算平台 Altair Hyperworks 下的 HyperMesh，进行各部件单元网格划分，全部采用六面体进行划分，以弹体为例进行网格划分过程讲解。

弹体 1/4 模型如图 6.56 所示，对其进行 8 节点六面体网格划分。

图 6.56　弹体 1/4 模型

进入"Geom"→"surfaces"面板（图 6.57），通过上、下底面半径及高度创建圆台侧面，然后在"Geom"→"solid edit"面板（图 6.58）中单击"trim with plane/surf"单选按钮进行弹体实体切割（选用"with surfs"方式进行），切割完成后的实体如图 6.59 所示。

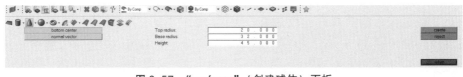

图 6.57　"surfaces"（创建球体）面板

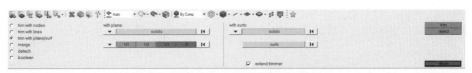

图 6.58　"solid edit"（实体编辑）面板

图6.59 切割完成后的实体(加辅助点简介,前置)

对弹体圆弧面区域进一步细分,进入"Geom"→"nodes"面板(图6.60),创建切割区域所需的点,然后在"Geom"→"solid edit"面板(图6.61)中单击"trim with plane/surf"单选按钮形式进行实体切割(选用"with plane"方式进行),切割完成后的实体如图6.62所示。

图6.60 "nodes"(创建点)面板

图6.61 "solid edit"(实体编辑)面板

图6.62 切割完成后的实体

完成区域分割后进行网格划分,进入"2D"→"automesh"面板(快捷键F12)如图6.63所示,选择图6.64所示的面,采用四边形进行二维单元网格划分,设置单元尺寸为"2"。

图6.63 "automesh"面板

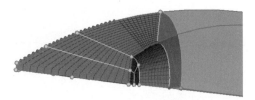

图 6.64 二维单元网格划分

基于已经完成的四边形单元,生成六面体单元。进入"3D"→"solid map"面板,选择"one volume"方式进行生成,具体设置如图 6.65 所示。单击"mesh"按钮后生成六面体单元,如图 6.66 所示。

图 6.65 六面体网格生成

图 6.66 生成的六面体单元

将壳体沿外弧面连接线分割,使二维网格实现渐变过渡。进入"Geom"→"surfaces"面板(图 6.67),创建所需平面,然后在"Geom"→"solid edit"面板(图 6.68)中以"trim with surfs/plane"形式进行切割,同时选用"with surfs"方式进行,切割完成后的实体如图 6.69 所示。

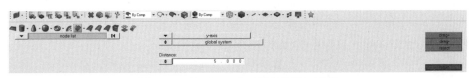

图 6.67 "surfaces"(创建平面)面板

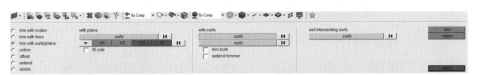

图 6.68 "solid edit"(实体编辑)面板

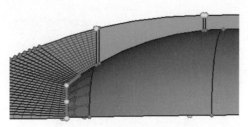

图 6.69 切割完成后的实体

完成区域分割后进行网格划分。进入 "2D" → "automesh" 面板（快捷键 F12），采用四边形进行二维单元网格划分，设置单元尺寸为 "2"，完成后如图 6.70 所示。

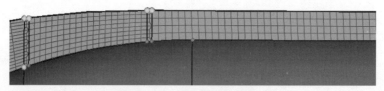

图 6.70 二维单元网格划分

基于已经完成划分的四边形单元，将其拉伸为六面体单元。进入 "3D" → "solid map" 面板，选择 "one volume" 方式进行拉伸，单击 "mesh" 按钮后生成六面体单元，如图 6.71 所示。

图 6.71 最终生成的三维实体单元模型

单元网格划分完成之后要进行节点合并。进入 "tool" → "edges" 面板（快捷键 "Shift + F3"），"elems" 选择所有弹体单元，单击 "preview equiv" 按钮后可以看到距离在 0.01 之内的节点被找到并高亮显示，如图 6.72 所示，单击 "equivalence" 按钮将节点合并，此时所有单元构成一个连续弹体整体，然后将面单元删除，只保留实体单元。

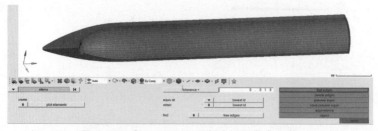

图 6.72 在 "edges" 面板中进行节点合并

采用类似方法进行其他部件单元网格划分，网格划分完成后的部件单元如图 6.73 所示，试验侵彻弹单元为 29 578 个，节点为 37 166 个；靶板单元为 750 000 个，节点为 782 901 个。

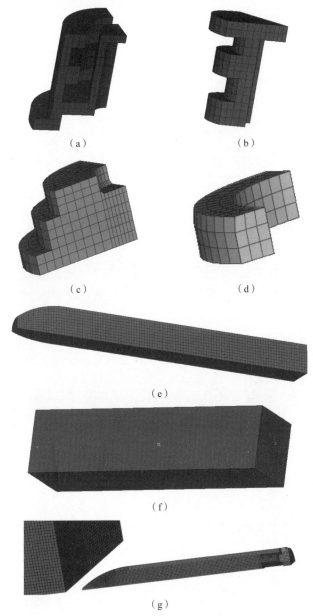

图 6.73　各个部件单元的网格

(a) 缓冲；(b) 传爆药；(c) 底座；(d) 尼龙环；(e) 装药；(f) 靶板；(g) 装配体

2. 材料与单元属性设置

材料与单元属性设置的常用按钮如图 6.21 所示。

1) 材料属性

进入"materials"面板创建材料，如图 6.74 所示，单击"create/edit"按钮后进入材料参数设置页，如图 6.75 所示。

图 6.74　进入"materials"面板创建材料

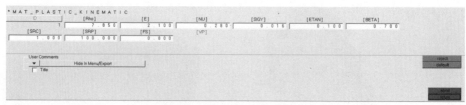

图 6.75　材料参数设置页

重复以上步骤，建立模型所涉及的材料并设置对应参数，见表 6.4。

表 6.4　材料参数

名称	属性	参数
壳体材料	MATL3	
炸药材料	MATL3	
缓冲材料	MATL3	

续表

名称	属性	参数
底座材料	MATL98	*MAT_SIMPLIFIED_JOHNSON_COOK
尼龙环材料	MATL3	*MAT_PLASTIC_KINEMATIC
靶板材料	MAT_UNSUPPORTED	*MAT_RHT

试验用侵彻弹材料基本参数数值见表 6.5。

表 6.5 试验侵彻弹材料基本参数数值（单位制为 cm – g – μs）

密度	杨氏模量	泊松比	硬化参数	失效应变
7.85	2.1	0.28	0.7	0.8

2）单元属性

进入"proporties"面板设置单元属性，如图 6.76 所示，此模型中全为六面体单元，因此单元属性均为实体单元属性。

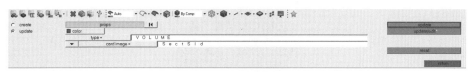

图 6.76 单元属性定义

3）Part 定义

进入"component"面板，进行部件、材料和单元属性关联设置，定义为part，如图 6.77 所示，完成 7 个 component 对应 part 的定义。

图 6.77 part 定义

3. 连接与接触设置

部件之间的装配关系通过有限元软件中的连接来定义,如螺纹连接、螺栓、胶黏等关系。本实例中因为不考虑连接失效,所以相邻部件之间均采用刚性连接。下面以底座和缓冲之间的刚性连接的建立为例进行详细说明。

底座和缓冲之间的位置关系如图 6.78 所示,二者通过螺纹连接,此处不考虑螺纹失效,因此建立二者接触部位的刚性连接,即"Tied"连接。

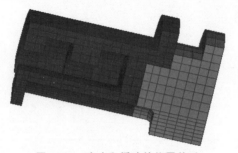

图 6.78 底座和缓冲的位置关系

建立两个接触面,进入"analysis"→"contactsurfs"面板,通过"solid faces"形式建立底座部件上的接触面,如图 6.79 所示,名称为"dizuo_huanchong","elems"选择底座部件所有单元,"nodes"选择接触面上同一单元内的 3 个节点,单击"create"按钮,接触面建立完成,如图 6.80 所示。

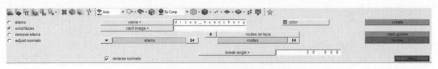

图 6.79 "contactsurfs"面板

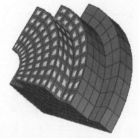

图 6.80 底座部件上的接触面"dizuo_huanchong"

以相同的方法建立缓冲部件上的接触面"huanchong_dizuo",如图 6.81 所示。

图 6.81　缓冲部件上的接触面"huanchong_dizuo"

接触面建立完成后,建立"Tied"连接,进入"analysis"→"interfaces"面板,如图 6.82 所示,连接名称为"dizuo_huanchong",类型为"Surface To Surface",单击"create/edit"按钮,创建完成并弹出面面接触属性设置面板,如图 6.83 所示。选择"Tied"连接类型,不考虑其失效,因此其他参数不进行设置。然后,回到"interfaces"面板,单击"add"单选按钮,如图 6.84 所示。在此添加两个接触面"dizuo_huanchong"和"huanchong_dizuo",分别单击"update"按钮,可以通过"review"按钮检查设置是否正确,如图 6.85 所示。

图 6.82　"interfaces"面板

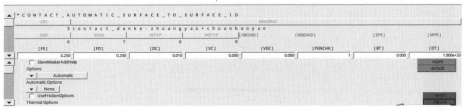

图 6.83　面面接触属性设置面板

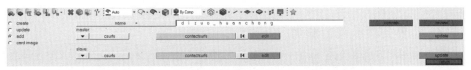

图 6.84　在"interfaces"面板中单击"add"单选按钮

图 6.85　接触面"dizuo_huanchong"的"review"状态

重复以上步骤，完成壳体与装药之间、壳体与传爆药之间、传爆药与装药之间、传爆药与缓冲之间、壳体与缓冲之间、缓冲与尼龙环之间以及尼龙环与底座之间的连接设置。

试验用侵彻弹与靶板之间的接触采用面面侵蚀接触算法，侵蚀接触关键字为 CONTACT_ERODING_SURFACE_TO_SURFACE，在此定义壳体和靶板两个部件之间的接触，不需要进行接触面 contactsurfs 定义。创建完弹体和靶板之间的面面接触之后，属性和参数设置如图 6.86 所示，在添加对象时，选择"comps"类型，"master"选择弹体，"slave"选择靶板，如图 6.87 所示。

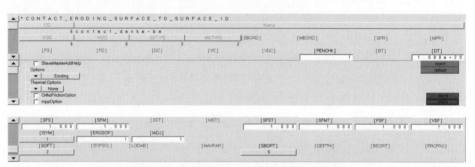

图 6.86　弹体与靶板之间的侵蚀接触设置

图 6.87　弹体与靶板之间侵蚀接触对象设置

对于接触中的初始穿透问题，要进行较好的把握。LS-Dyna 求解接触碰撞问题时，要求两物体不能有初始穿透，否则会得到错误结果。对于此问题采用与实例一相同的处理方法。

4. 边界条件和载荷施加

本实例因为采用 1/4 模型，所以要设置两个对称条件，对靶板设置固定约束条件，并对试验用侵彻弹施加初始速度载荷。

建立 4 个 load collector，分别包含 Y 轴对称约束、Z 轴对称约束、靶板固定约束和侵彻弹初始速度载荷。在模型树的空白位置单击鼠标右键，选择"create"→"load collector"选项，输入名称"xoy""xoz""guding"和"InitialVel"即可，在建立对应载荷的过程中，将对应名称"load collector"设置为当前，通过单击鼠标右键执行"make current"命令来实现。

进入"analysis"→"constrains"面板，约束靶板边缘节点的 6 个自由度，如图 6.88 所示。在"constrains"面板中定义 Y 轴对称约束，即固定 Y 轴对称面上节点的 2，4，6 三个自由度，同理定义 Z 轴对称约束，即固定 Z 轴对称面上节点的 3，4，5 三个自由度，如图 6.89 所示。

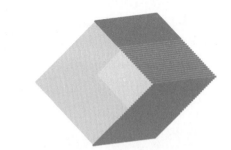

图 6.88　靶板的固定约束

图 6.89　轴对称约束

设置试验用侵彻弹所有节点初始速度载荷，具体方法如下。进入"analysis"→"velocities"面板，节点为试验用侵彻弹所有节点，速度沿 X 轴负方向，大小为 0.09 cm/μs，"load types"为"initvel"，代表初始速度，如图 6.90 所示。单击"create"按钮完成初始速度的创建，设置完成后试验用侵彻弹初始速度载荷如图 6.91 所示。

图 6.90　试验侵彻弹初始速度的设置

图 6.91　试验侵彻弹初始速度载荷

5. 求解设置

求解设置主要是控制卡片设置，包括求解控制和结果输出控制，其中 *KEYWORD、*CONTROL_TERMINATION、*DATABASE_BINARY_D3PLOT 是必不可少的。其他控制卡片如沙漏能控制、时间步控制、接触控制等则对计算过程进行控制，以便在发现模型中存在错误时及时终止程序。通常通过 "analysis" → "control cards" 面板选择相应控制卡片进行设置。

（1）*CONTROL_TERMINATION 卡片（计算终止控制卡片），如图 6.92 所示。

图 6.92　*CONTROL_TERMINATION 卡片

（2）*DATABASE_BINARY_D3PLOT 卡片（完全输出控制），如图 6.93 所示。

图 6.93　*DATABASE_BINARY_D3PLOT 卡片

（3）*DATABASE_BINARY_D3THDT 卡片（单元子集的时间历程数据输出控制），如图 6.94 所示。

图 6.94　*DATABASE_BINARY_D3THDT 卡片

(4) *CONTROL_TIMESTEP 卡片（时间步长控制卡片），如图 6.95 所示。

图 6.95 *CONTROL_TIMESTEP 卡片

(5) *CONTROL_CONTACT 卡片（接触控制），如图 6.96 所示。

图 6.96 *CONTROL_CONTACT 卡片

SLSFAC 为滑动接触惩罚函数因子系数，默认为 0.1。当发现穿透量过大时，可以调整该参数。

(6) *CONTROL_HOURGLASS 卡片（沙漏控制）如图 6.97 所示。

图 6.97 *CONTROL_HOURGLASS 卡片

6.4.2.3 有限元模型求解

有限元模型设置完成之后，通过"export"按钮导出求解文件，格式为".k"，用于求解计算，如图 6.98 所示。

将求解文件提交到 Ansys/LS-Dyna 进行求解，求解设置如图 6.99 所示，可以设定求解的 CPU 数量和内存大小，单击"RUN"按钮，开始求解，如图 6.100 所示。

6.4.2.4 后处理分析

将计算完成的结果文件 d3plot 读入后处理软件 LS-PrePost，选择"File"→"open"→"LS-DYNA Binary Plot"选项，选择对应 d3plot 文件，打开的模型如图 6.101 所示。选择"File"→"open"→"time history files"→"D3thdt"选项，将历史输出文件读入 LS-PrePost 软件。

图 6.98 导出求解文件

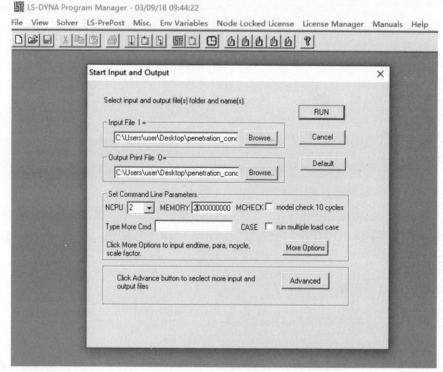

图 6.99 求解设置

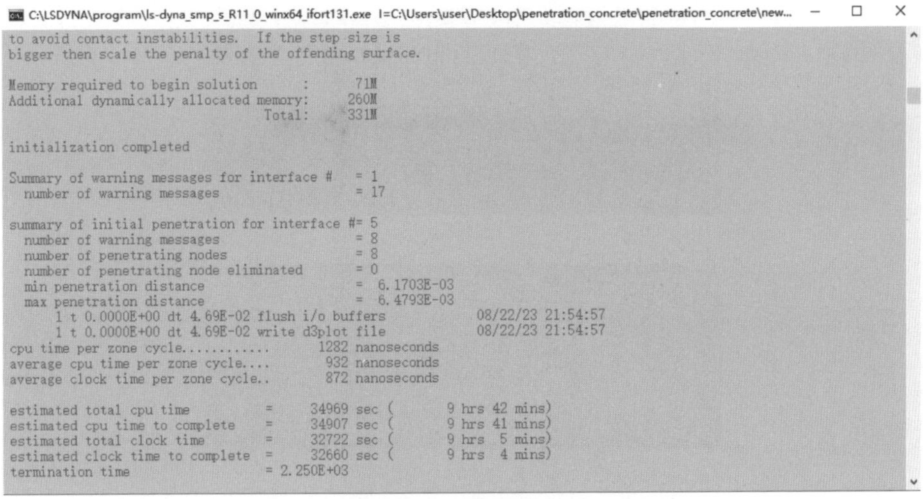

第 6 章 高速侵彻分析基础理论、方法与实例

图 6.100 开始求解窗口

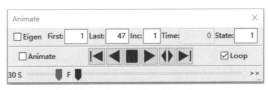

图 6.101 打开的模型

1. 动画显示

可以根据侵彻过程仿真结果观察靶板破坏过程和破坏形式。利用动画控制面板，如图 6.102 所示，可以进行计算结果动画演示，不同时刻的侵彻结果如图 6.103 所示。

图 6.102 动画控制面板

2. 侵彻体速度、加速度过载提取

进入"History"面板，如图 6.104 所示，可提取传感器 Part 沿运动方向（即 X 方向）所记录的侵彻体速度时间历程曲线（图 6.105）和侵彻体加速度时间历程曲线（图 6.106），单击"plot"按钮进行显示。

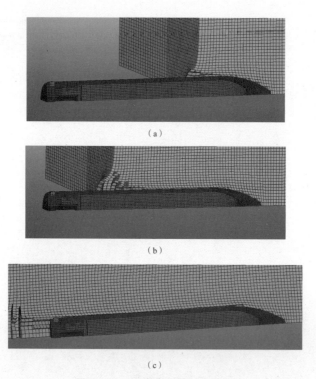

图 6.103 不同时刻的侵彻结果

(a) 时间 $t=400$ ms 时的结果；(b) 时间 $t=800$ ms 时的结果；(c) 时间 $t=1\,600$ ms 时的结果

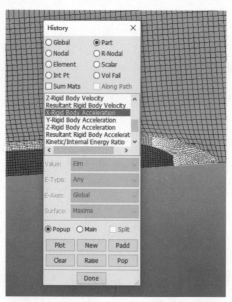

图 6.104 侵彻体速度、加速度过载提取

第6章 高速侵彻分析基础理论、方法与实例

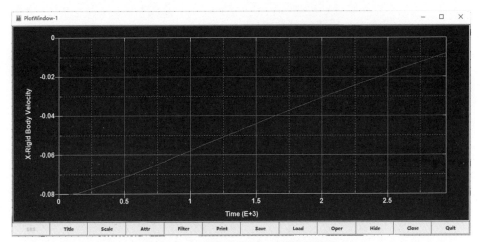

图 6.105 侵彻体速度 – 时间历程曲线

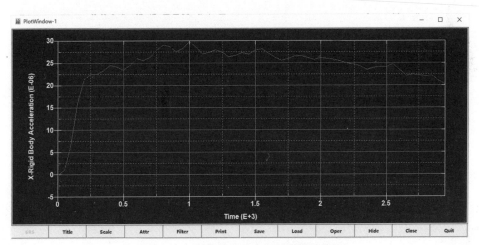

图 6.106 侵彻体加速度 – 时间历程曲线

第 7 章
武器装备模态分析基础理论与实例

7.1 结构振动动力学特性与模态分析作用

结构振动动力学特性是指结构在动力载荷作用下的响应特性，包括结构的固有频率、模态形态、阻尼比、动力放大系数等。这些物理量对于结构振动分析、动力学仿真、地震工程和噪声控制等方面都有重要的应用价值。结构固有频率是指结构在自由振动状态下，其振幅达到最大值时的频率。固有频率是结构振动动力学特性的一种标志。在一般情况下，结构固有频率越低，其稳定性能越好。模态形态是指结构在动力载荷作用下的振动形态，通常用模态坐标表示。结构的模态形态与结构的几何形状、材料性质、边界条件等因素有关。在结构振动分析中，常常需要通过模态分析来了解结构振动动力学特性和响应规律。

20 世纪 80 年代中期至 90 年代，模态分析在各个工程领域得到普及和深层次应用，结构性能评价、结构动态修改和动态设计、故障诊断和状态检测以及声控分析等方面的研究异常活跃。例如，上海东方明珠电视塔振动模态试验，为高塔抗风抗地震安全性设计提供了技术依据；目前世界上跨度第一的斜拉索杨浦大桥振动试验对大桥抗风振动安全性分析与故障诊断提供了技术依据；建立在模态分析技术上的桩基断裂检测技术已在高层建筑施工中广泛应用，提高了桩基质量，确保了高层建筑安全。随着有限元技术的发展，模态分析方法也日趋成熟，并且向着多场耦合和非线性方向发展。模态分析技术目前已广泛应用于航空、航天、汽车、舰船等行业，通过结构固有频率、阻尼和振型等分析对复杂模型优化、结构修改、动态设计等有直接的、重要的现实意义。

振动现象普遍存在，武器装备在使用过程中也会产生大量振动现象，在弹体的各种运动过程中也存在振动现象，如弹体在空气中运动、弹体侵彻坚固目标等。对于弹体侵彻坚固目标，弹体会受到剧烈的冲击作用，弹体及其内部装配的引信结构在工作过程中（包括试验弹的发射和侵彻两个过程）往往会受到各种外界激励影响而可能产生共振，从而破坏其零件的机械结构和零件之间的装配关系，此振动将在很大程度上影响引信的正常工作。对于弹体侵彻硬目标，侵彻过程中产生的振动异常复杂，难以通过简单计算进行判断，有限元是一个有效手段，可进行弹体侵彻过程中的振动分析，为分析引信是否破坏提供支撑。

|7.2　模态分析基础理论|

模态是机械结构的固有振动特性，每一个模态都具有特定的固有频率、阻尼比和模态振型。模态分析是研究结构振动动力学特性的一种近代方法，是用来确定结构的固有振动动力学特性的一种技术，是系统辨别方法在工程振动领域中的应用。通常结构振动动力学特性包括固有频率、振型、振型参与系数等。如果要进行谐响应分析和瞬态动力学分析，则固有频率和振型是必要的。因此，模态分析是所有动态分析类型最基础的内容。

振动模态是弹性结构固有的、整体的特性。如果通过模态分析方法得到机械结构在某一容易受到影响的频率范围内各阶主要模态特性，就可能预估结构在此频段内受到内部或外部各种振源作用时的实际振动响应。模态分析假定结构是线性的，任何非线性特性都将被忽略。

近十余年以来，模态分析的理论基础已经由传统的线性位移实模态、复模态理论发展到广义模态理论，并被进一步引入非线性结构振动分析领域；同时，模态分析理论汲取了振动理论、信号分析、数据处理、数理统计以及自动控制的相关理论，结合自身发展规律，形成了一套独特的理论体系，开创了更加广泛的应用前景。

7.2.1 模态分析的定义

模态分析是将线性定常系统振动微分方程组中的物理坐标变换为模态坐标，使方程组解耦，成为一组以模态坐标及模态参数描述的独立方程，以便求出系统模态参数。坐标变换的变换矩阵为模态矩阵，其每列为模态振型。

由振动理论可知，一个线性振动系统，当它按自身某一阶固有频率做自由谐振时，整个系统将具有确定的振动形态（简称振型或模态）。模态是工程结构的固有振动特性，每一个模态都具有特定参数，即固有频率、阻尼比和模态振型等。此外，基于线性叠加原理，一个复杂振动还可以分解为许多模态的叠加。一般地，以振动理论为基础、以模态参数为目标的分析方法称为模态分析。更确切地说，模态分析是研究系统物理参数模型、模态参数模型和非参数模型的关系，并通过一定手段确定这些系统模型的理论及其应用的一门知识。

模态分析实质上是一种坐标线性变换，能够将振动系统以物理坐标和物理参数所描述的、互相耦合的运动方程组，变为一组彼此独立的方程（每个独立方程只包含一个独立模态坐标）。前者遵守牛顿定律，后者遵守能量守恒定律。变换的目的是解除方程耦合，以便于求解。由于坐标变换是线性变换，所以系统在原有物理坐标系中，任意激励响应都可视为系统各阶模态的线性组合。因此，模态分析法又称为模态叠加法。模态分析的主要优点就在于它能用较少的运动方程或自由度数，直观、简明而又相当精确的反映一个比较复杂的结构系统动态特性，从而大大减小测量、分析及计算工作量。

模态分析的最终目标是识别出系统模态参数，为结构系统振动特性分析、振动故障诊断和预报以及结构动力特性优化设计提供依据。目前，模态分析技术的应用可归结为以下几个方面。

（1）评价现有结构系统的动态特性。
（2）在新产品设计中进行结构动态特性预估和优化设计。
（3）诊断及预报结构系统故障。
（4）控制结构辐射噪声。
（5）识别结构系统载荷。

7.2.2 模态分析理论

一般情况下，多自由度系统振动方程为

$$[M][\ddot{X}] + [C][\dot{X}] + [K][X] = [F]\sin\theta t \qquad (7-1)$$

式中，$[K]$ 为刚度矩阵；$[M]$ 为质量矩阵；$[C]$ 为阻尼矩阵；$[X]$ 为位移列矢量；$[\dot{X}]$ 为速度列矢量；$[\ddot{X}]$ 为加速度列矢量；θ 为激振力频率；$[F]$ 为简谐载荷幅值矢量。

实际经验表明：阻尼对结构自振频率和振型影响不大，因此在求解自振频率和振型时可以忽略不计，即 $[C]=0$，求解结构固有频率时，$[F]=0$，于是上述方程可以简化为

$$[M][\ddot{X}] + [K][X] = 0 \qquad (7-2)$$

当结构做自由振动时，各个节点做简谐运动，其位移可以表示为

$$[X] = [\Phi]\mathrm{e}^{iwt} \qquad (7-3)$$

将位移函数代入简化方程，可得到

$$([K] - w^2[M])[\Phi] = ([K] - \lambda[M])[\Phi] = 0 \qquad (7-4)$$

式中，λ 为特征值；ω 为圆频率（rad/s）；f 为周期频率（Hz），$f = \dfrac{\omega}{2\pi}$；Φ 为模态振型（特征矢量）。

因为各节点的振幅矢量不全为 0，所以上式中括号中的矩阵必须为 0，由此得到自振频率方程为

$$([K] - w^2[M]) = ([K] - \lambda[M]) = 0 \qquad (7-5)$$

假设结构离散后有 n 个自由度，则 $[K]$ 和 $[M]$ 都是 n 阶方阵，因此上式是 ω^2 的 n 次代数方程，由此解出结构的 n 次自振频率 $\omega_1, \omega_2, \omega_3, \cdots, \omega_n$（其中 $\omega_1 < \omega_2 < \omega_3 < \cdots < \omega_n$），再求解各节点在自由振动中的位移一般解：

$$[X] = [\phi_1]\mathrm{e}^{iw_1 t} + [\phi_2]\mathrm{e}^{iw_2 t} + \cdots + [\phi]_n \mathrm{e}^{iw_n t} \qquad (7-6)$$

式中，$[\phi]$ 为对应于自振频率 ω 的振型，其具体数值由结构的初始条件决定。

7.2.3 二自由度弹性阻尼系统模态计算

二自由度弹性阻尼系统包含 2 个质量点和 3 个弹簧，如图 7.1 所示。

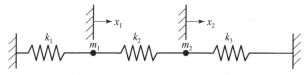

图 7.1 二自由度弹性阻尼系统简图

建立平衡方程：

$$m_1 \ddot{x}_1 = -k_1 x_1 + k_2(x_2 - x_1) \qquad (7-7)$$

$$m_2 \ddot{x}_2 = -k_2(x_2 - x_1) - k_3 x_2 \qquad (7-8)$$

由式（7-7）和式（7-8）可得

$$\begin{bmatrix} m_1 & 0 \\ 0 & m_2 \end{bmatrix} \begin{bmatrix} \ddot{x}_1 \\ \ddot{x}_2 \end{bmatrix} + \begin{bmatrix} k_1+k_2 & -k_2 \\ -k_2 & k_2+k_3 \end{bmatrix} \begin{bmatrix} x_1 \\ x_2 \end{bmatrix} = \begin{bmatrix} 0 \\ 0 \end{bmatrix} \qquad (7-9)$$

假设

$$k_1 = k_2 = k_3 = k, m_2 = m_1 = m \qquad (7-10)$$

$$[x] = [\phi] e^{iwt} = \begin{bmatrix} A_1 \\ A_2 \end{bmatrix} e^{iwt} \qquad (7-11)$$

$$\{\ddot{x}\} = -w^2 \{\phi\} e^{iwt} \qquad (7-12)$$

将式（7-10）~式（7-12）代入式（7-9）可得

$$\left(k \begin{bmatrix} 2 & -1 \\ -1 & 2 \end{bmatrix} - w^2 m \begin{bmatrix} 1 & 0 \\ 0 & 1 \end{bmatrix} \right) [\phi] = \mathbf{0} \qquad (7-13)$$

计算得到共振频率和振型幅值比例：

$$\lambda_1 = w_1^2 = 1 \times \frac{k}{m}, \begin{bmatrix} A_1 \\ A_2 \end{bmatrix}^1 = \begin{bmatrix} 1 \\ 1 \end{bmatrix} \qquad (7-14)$$

$$\lambda_2 = w_2^2 = 3 \times \frac{k}{m}, \begin{bmatrix} A_1 \\ A_2 \end{bmatrix}^2 = \begin{bmatrix} -1 \\ 1 \end{bmatrix} \qquad (7-15)$$

因为振型幅值只是比例关系，所以任意设置 $A_2 = 1$，那么用相对振幅来表示正交模态或特征值矢量，具体如下：

$$\begin{bmatrix} A_1 \\ A_2 \end{bmatrix}^1 \Rightarrow [\phi_1] = \begin{bmatrix} A_1 \\ A_2 \end{bmatrix}^1 = \begin{bmatrix} 1 \\ 1 \end{bmatrix} \qquad (7-16)$$

$$\begin{bmatrix} A_1 \\ A_2 \end{bmatrix}^2 \Rightarrow [\phi_2] = \begin{bmatrix} A_1 \\ A_2 \end{bmatrix}^2 = \begin{bmatrix} -1 \\ 1 \end{bmatrix} \qquad (7-17)$$

通过计算，可得到二自由度弹性阻尼系统共振频率即应幅值振型，如图7.2所示。

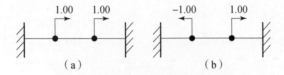

图7.2 二自由度弹性阻尼系统幅值振型示意
（a）模态1；（b）模态2

$$f_1 = \frac{1}{2\pi}\sqrt{\frac{k}{m}}, \; f_2 = \frac{1}{2\pi}\sqrt{3 \times \frac{k}{m}} \qquad (7-18)$$

二自由度弹性阻尼系统模态试验原理如图7.3所示。

第 7 章 武器装备模态分析基础理论与实例

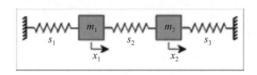

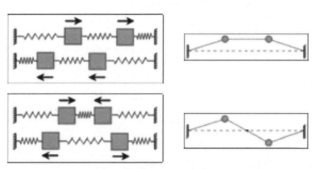

图 7.3 二自由度弹性阻尼系统模态试验原理

7.2.4 模态分析与约束

通常，模态分析结果与结构约束状态有关。有约束模态称为工作模态或约束模态，无约束模态称为自由模态。

（1）约束模态。以梁为例，将梁一端固定约束，和将梁两端均固定约束，其对应的前三阶振型如图 7.4 所示。约束状态不同，结构模态频率也不相同。

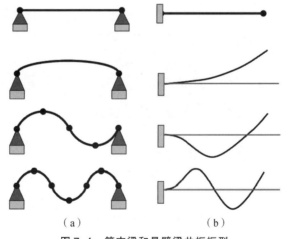

图 7.4 简支梁和悬臂梁共振振型
(a) 简支梁；(b) 悬臂梁

（2）自由模态。如果结构完全没有被约束（自由结构），那么该结构应该有 6 个刚体模态。多余 6 个刚体模态意味着结构有问题，需仔细检查。若结构没有被完全约束，或结构系统中存在机构，那么至少存在一个刚体模态，如图7.5所示，其中无约束结构有一个刚体模态。

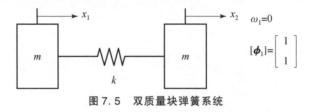

图7.5 双质量块弹簧系统

（3）刚体模态的重要性。刚体模态是模型验证的重要手段。进行有约束结构模态计算时，也有必要先进行无约束模态分析。约束施加可能掩盖模态建模时的潜在错误，可通过自由模态是否有6阶刚体模态来排除约束对模型的影响。如图7.6所示，两个连杆通过转动副连接，当各自约束时，无刚体模态存在，当去掉两端约束后，显然有多于6个刚体模态存在。

图7.6 连杆机构简图

注：第6阶模态量级比较小时，不要默认其为刚体模态，需要仔细检查。

7.2.5 网格疏密的影响

建模时，需要考虑网格尺度对模态计算结果的影响。网格尺度的选择由最高阶模态振型决定，频率越高，则需要越密的网格（图7.7）。

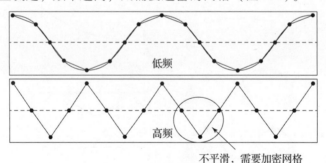

图7.7 网格疏密的影响

7.2.6 模态提取方法

在有限元分析中，常用的模态提取方法有：兰索斯方法（Lanczos）、子空间法（Subspace）、快速动力法（Power Dynamics）、缩减法（Reduced）、非对称法（Unsymmetric）以及阻尼法（Damped）。使用何种提取方法主要取决于模型的大小和具体的应用场合。兰索斯方法适用于大型对称特征值求解问题，可以在大部分场合中应用；Block 兰索斯方法使用稀疏矩阵来求解广义特征值，即通过一组矢量来实现兰索斯递归。与其他模态提取方法相比较，兰索斯方法在精度相当的前提下计算速度更高，因此在模型较大且具有对称特征值的工程中常常用兰索斯方法来提取多阶模态。另外，兰索斯方法也适用于存在较差质量单元的有限元模型。

兰索斯方法定义的卡片为 EIGRL（Eigenvalue Real Lanczos），Hyperworks 软件中 EIGRL 卡片如图 7.8 所示。

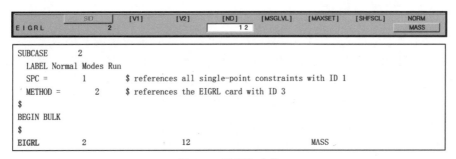

图 7.8　EIGRL 卡片

EIGRL 卡片的含义见表 7.1、表 7.2。

表 7.1　EIGRL 卡片的含义 (1)

(1)	(2)	(3)	(4)	(5)	(6)	(7)	(8)	(9)	(10)
EIGRL	SID	V1	V2	ND	MSGLVL	MAXSET	SHFSCL	NORM	
EIGRL	1		200	12					

表 7.2　EIGRL 卡片的含义 (2)

SID	卡片编号．（Integer > 0）
V1，V2	对振动分析：感兴趣的频率范围（Hz） 对屈曲分析：感兴趣的特征值范围
ND	需要求解的模态阶数（Integer > 0 或 blank）；V2 和 ND 两者必须至少有一个值
MSGLVL	需要求解的模态阶数（Integer > 0 或 blank）

续表

MAXSET	Number of vectors in block or set. Default = 8 (Integer 1 through 16 or blank)
SHFSCL	对振动分析：估计第一个非刚体模态 对于屈曲分析：估计第一个特征值
NORM	MASS：特征矢量根据广义质量进行规范化，不适用于屈曲分析 MAX：特征矢量根据最大位移进行规范化 Default = MASS for normal modes analysis, MAX for linear buckling analysis

7.2.7 预应力模态

对于薄壁结构，如细长梁和薄板，弯曲刚度比轴向拉压刚度小很多，当结构受外载作用时，由于应力刚化效应，在进行模态分析时，一般需要考虑预应力场的影响，即应进行预应力模态分析。预应力模态分析的主要步骤如下。

（1）通过静力学分析，计算模型的微分刚度。

（2）将微分刚度加入初始刚度阵计算预应力模态。

$$(-w^2[M] + ([K] + [K]_D))[\phi] = 0 \qquad (7-19)$$

也就是说，设置两个预应力模态工况，第一个为静力分析工况，第二个为模态分析工况。预应力模态工况设置如图7.9所示。

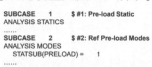

图7.9 预应力模态工况设置

预应力模态工况在 Hyperworks 中的设置如图7.10所示。具体步骤包括：①建立 static loadstep，包含约束和载荷；②建立 modes loadstep，包含约束、模态求解方法，并在"STATSUB"框中引用上一步静力学分析 loadcase。

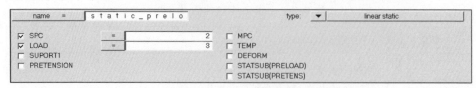

图7.10 预应力模态工况在 Hyperworks 中设置

预应力模态工况的 fem 文件卡片局部格式如图 7.11 所示。

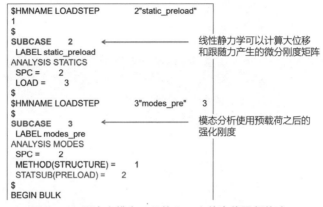

图 7.11 预应力模态工况的 fem 文件卡片局部格式

7.3 模态分析方法与实例

在此，以侵彻弹体模态分析为实例进行分析，本实例选择兰索斯方法提取侵彻弹体模态及振型，并采用有限元分析软件平台 Hyperworks 中的求解器 OptiStruct 进行计算。

1. 侵彻弹物理结构介绍

进行仿真计算时，首先要确定全弹弹体结构。本实例建立的弹体结构全长为 312.63 mm，弹体直径为 60 mm。模型由弹体、装药以及引信结构组成，在建模时忽略某些微小结构，仿真计算的弹体三维结构如图 7.12 所示。

图 7.12 仿真计算的弹体三维结构

2. 模型几何清理和网格划分

根据弹体物理结构模型，建立包括加速度传感器在内的侵彻弹模态分析有限元模型。在建模时忽略弹体结构上的倒角等某些细小的几何特征，并采用六面体进行网格划分；另外，对于模态分析，是否为全弹模型对自振频率有很大影响，通常需要建立全弹体模型以反映客观情况。因此，在本实例中建立全弹体模型并进行网格划分。

进行网格划分后,得到较复杂部件网格模型,如图 7.13 所示,依次为弹体壳体、炸药、测试体(传感器装入的信号测试体)壳体。

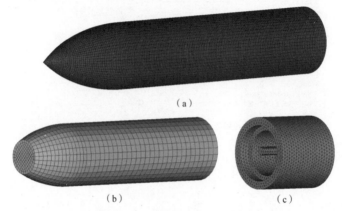

图 7.13　较复杂部件网格模型
(a) 弹体壳体;(b) 炸药;(c) 测试体壳体

3. 材料与属性设置

侵彻弹装配体中含有 30CrMnSiNi$_2$A(弹壳及顶盖等盖板)弹体、炸药、侵彻过程中的信号测试体壳体等部件,各部件材料的基本力学性能见表 7.3。

表 7.3　各部件材料的基本力学性能

材料	密度/(g·mm^{-3})	弹性模量/MPa	泊松比
30CrMnSiNi2A	7.83×10^{-3}	2.1×10^{5}	0.3
炸药	1.85×10^{-9}	8 980	0.3
测试体壳体	7.9×10^{-9}	2.1×10^{5}	0.3

单击 ![btn] 按钮进入材料创建面板,如图 7.14 所示;输入材料名称,选择材料属性及对应材料卡片,单击"create/edit"按钮创建材料并进入材料参数设置面板,如图 7.15 所示;按照表 7.3 所示参数创建弹体、炸药以及侵彻过程中的信号测试体壳体的材料,并进行材料参数赋值。

图 7.14　材料创建面板

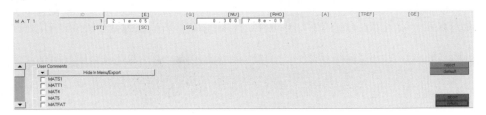

图 7.15 材料参数设置面板

各个部件均采用实体单元进行网格划分,所以将属性"proporty"设置为"PSOLID",并赋予对应材料属性。单击 按钮进入"proporties"面板,如图 7.16 所示;然后,输入属性名称、类型和对应材料,单击"create"按钮完成创建。

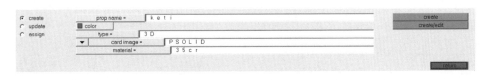

图 7.16 "proporties"面板

单击 按钮进入"components"面板,如图 7.17 所示,更新部件对应的单元属性和材料属性。

图 7.17 "components"面板

根据上述介绍,重复以上步骤,进行其他部件单元属性和材料属性的设置与赋值。

4. 连接与接触设置

在分析过程中因为主要关心各个部件的振动状态和振动形式,不考虑零部件之间的连接失效问题,所以侵彻弹壳体与底部之间采用刚性连接,其他内部结构之间也采用刚性连接。刚性连接设置参考上文,这里不再赘述。

5. 定义分析频率

单击 按钮进入载荷集创建面板,如图 7.18 所示,创建载荷集名称为

"eigrl"、"card image"为"EIGRL",单击"create/edit"按钮,进入分析频率设置界面,设置 V1 = 0,V2 = 10 000,代表提取频率范围为 0 ~ 10 000 Hz。

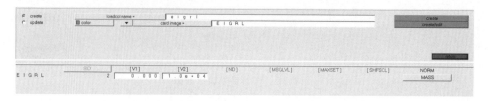

图 7.18　EIGRL 载荷集的创建

6. 分析模式定义

执行"analysis"→"loadstep"命令,进入载荷设置面板,创建名称为"modal"、类型为"normal modes"(模态分析)的分析模式,如图 7.19 所示。勾选"METHOD(STRUCT)"复选框,并选择刚刚设定的"eigrl"的频率分析载荷集,单击"create"按钮完成创建。

图 7.19　定义分析模式

7. 分析求解

执行"analysis"→"OptiStruct"命令,进入分析求解参数设置面板,设置分析求解参数,如图 7.20 所示,"save as"按钮用于设置求解文件目录和求解文件名称。可以设置模型内容、求解类型和计算提供的内存大小,单击"OptiStruct"按钮,求解开始,如图 7.21 所示。

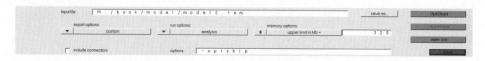

图 7.20　分析求解参数设置面板

8. 分析结果后处理

计算后,用 UltraEdit 打开结果文件"modal.out",可以看到图 7.22 所示的内容,文件中为对应的模态频率结果。因为本实例为自由模态分析,所以前 6 阶模态为 X、Y、Z 三个方向上的平动和转动自由度,频率值理论上应为零,但实际前 6 阶模态频率不为 0,说明计算存在误差,但误差不大。

第 7 章 武器装备模态分析基础理论与实例

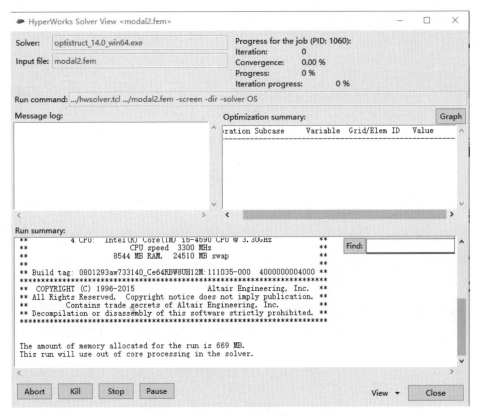

图 7.21 求解开始

Subcase	Mode	Frequency	Eigenvalue	Generalized Stiffness	Generalized Mass
1	1	1.304139E-01	6.714409E-01	6.714409E-01	1.000000E+00
1	2	1.468184E-01	8.509828E-01	8.509828E-01	1.000000E+00
1	3	1.568195E-01	9.708671E-01	9.708671E-01	1.000000E+00
1	4	2.240556E-01	1.981852E+00	1.981852E+00	1.000000E+00
1	5	2.466008E-01	2.400760E+00	2.400760E+00	1.000000E+00
1	6	2.666274E-01	2.806527E+00	2.806527E+00	1.000000E+00
1	7	2.869447E+03	3.250545E+08	3.250545E+08	1.000000E+00
1	8	2.870529E+03	3.252997E+08	3.252997E+08	1.000000E+00
1	9	5.131763E+03	1.039664E+09	1.039664E+09	1.000000E+00
1	10	6.089751E+03	1.464060E+09	1.464060E+09	1.000000E+00
1	11	6.651309E+03	1.746522E+09	1.746522E+09	1.000000E+00
1	12	6.652617E+03	1.747209E+09	1.747209E+09	1.000000E+00
1	13	6.835115E+03	1.844384E+09	1.844384E+09	1.000000E+00

图 7.22 模态分析频率结果

打开后处理软件 HyperView，单击 按钮进入计算结果文件打开面板，如图 7.23 所示，打开计算结果文件"modal.h3d"。

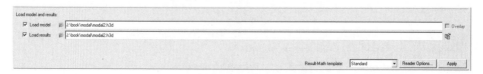

图 7.23　计算结果文件打开面板

单击 按钮进入云图参数设置面板，如图 7.24 所示，选择对应的 components，然后单击"Apply"按钮显示振型云图，通过图 7.25 所示的模态阶数选择界面显示对应阶数的振型，见表 7.4。

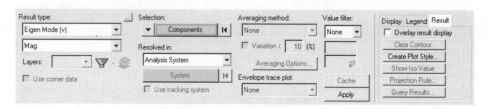

图 7.24　云图参数设置面板

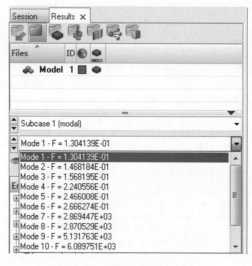

图 7.25　模态阶数选择界面

第 7 章 武器装备模态分析基础理论与实例

表 7.4 模态分析结果

阶数	振型云图
1	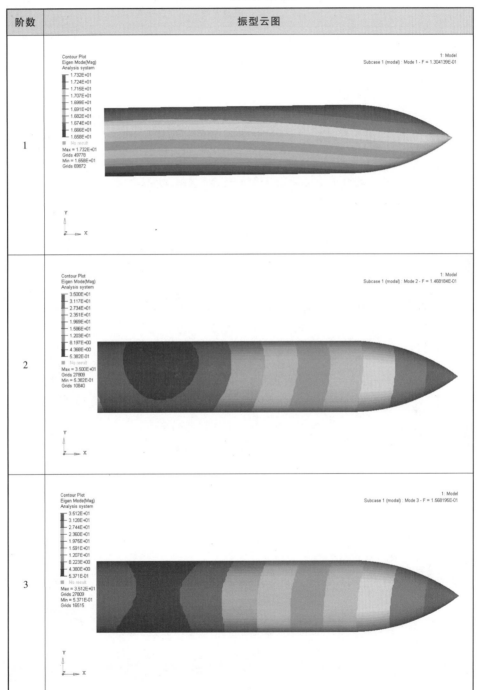
2	
3	

续表

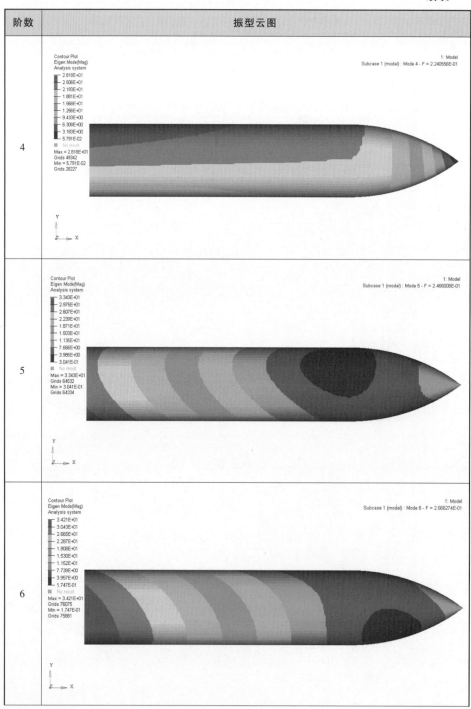

第7章 武器装备模态分析基础理论与实例

续表

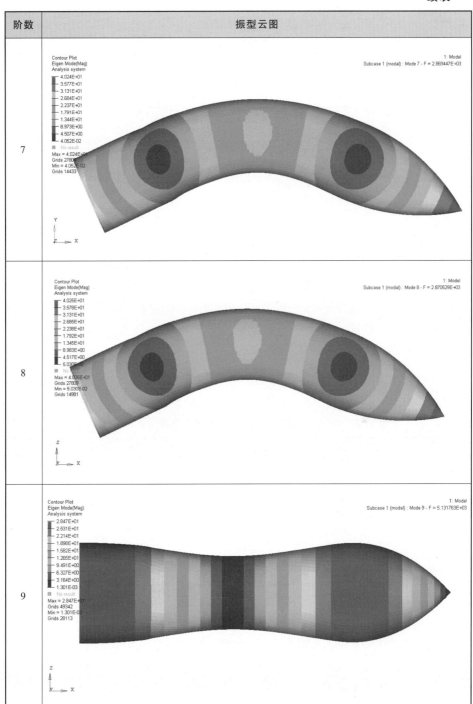

续表

阶数	振型云图
10	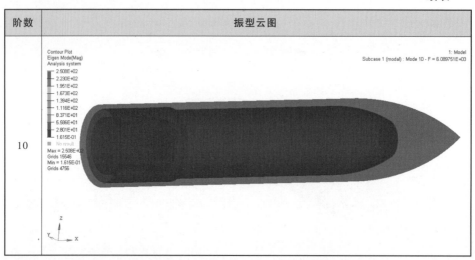

对得到的模态分析结果进行分析如下。通过对侵彻弹进行模态分析,得到自由状态下整弹模型的前 10 阶模态频率和振型;卵形头部侵彻弹系统前 6 阶振型主要为刚体振动,后续的模态提取结果则主要是弯曲、压缩、拉伸等振型。由于弹体近似为对称结构,所以大部分振型是成对出现的,它们的形状完全相同,对应特征频率几乎相等,只是空间方向不同。7~10 阶模态分析结果见表 7.5。

表 7.5 卵形头部侵彻弹系统模态分析结果 (7~10 阶)

模态	固有频率/Hz	振型
7	2 869.447	一阶弯曲
8	2 870.529	一阶弯曲
9	5 131.763	一阶拉压
10	6 089.751	内部结构模态

由于本实例的研究主要针对垂直侵彻混凝土靶板过程,其激励加速度信号主要沿弹轴方向,所以对其影响最大的是沿弹轴方向的振动形式。其中第 9 阶是弹轴方向的一阶拉伸 - 压缩振型,振动频率为 5 131.763 Hz,是弹体轴向振动的主要能量成分。

第 8 章
爆炸效应分析理论基础、方法和实例

8.1 武器装备设计中爆炸效应分析

许多常规武器装备设计、工程爆破、爆炸加工、工程防护、高压合成新材料和爆炸灾害防护等工程分析问题都会涉及爆炸效应分析,从理论上可以归结为以下几个内容。

(1) 炸药在各种形式冲击作用下的起爆。
(2) 爆轰的传播与控制。
(3) 爆炸产物的运动与作用。
(4) 爆炸对薄层介质驱动加速。
(5) 爆炸加载下的应力波传播及材料破坏。
(6) 炸药在空气、混凝土、岩石和水中的爆炸。
(7) 高速碰撞,弹丸、长杆及射流、EFP 等对目标的侵彻。
(8) 爆炸加载下材料的化学反应及相变。

随着炸药在榴弹、导弹、地雷等各类弹药中的应用,终点弹道学研究内容除了侵彻效应,还有弹药与战斗部的爆炸效应,而早期在这方面的研究主要以试验测试为主,存在周期长、浪费人力、物力以及存在安全隐患等问题,数值仿真为相关研究提供了支撑,是一种便捷安全的研究手段。

对于战斗部研制,传统设计方法只能依靠实物爆炸、冲击试验和简单理论指导进行,习惯上称之为"画、加、打",这种设计过程代价高、周期长,往往要经过多轮研制才能定型,届时研制成果有可能已经成为无法赶上时代的武器,且经费投入大;此外,有些危险性试验难以,甚至不可能创造试验环境及条件,在极端条件下的摸边探底难以实现。因此,传统的战斗部设计方法已经不可能满足现代战争对武器装备研制与运用研究的需要。具体到战斗部爆炸毁伤过程更是如此,其爆炸过程非常短暂,各种材料在高速、高压高温条件下瞬时性态非常复杂,药型罩压垮及战斗部壳体刻槽断裂形成破片的物理过程都难以进行数学描述或试验测试。长期以来,除了试验研究,人们总结出了一些经验公式,用于指导战斗部设计过程,但现今沿用的经验公式过于笼统,适用范围有限,局限性较大,人们不得不采用大量实验方法来选定或验证某些设计参数。随着计算机技术及计算能力快速发展,数值仿真成为一种有效手段。采用理论、计算模拟仿真和试验相结合的方案设计方法,就可以真正实现现代分析设计理念,推进战斗部正向设计理论发展以及弹药、战斗部设计技术的进步。

当今,计算机技术的发展已推动计算机成为高效、快速的设计工具和虚拟试验平台,大量设计工作都可以通过建立各种模型来描述弹药系统的实际行为。对模型求解可预测弹药性能、设计合理性及最优性,演示各种作用载荷、威力、变形等运动学和动力学特性,而且可以进行多种方案比较,满意后再进行具体技术方案设计。例如,在计算机上可模拟弹体在土壤、深水、高空等各介质中爆炸的物理场,不同材料药型罩成形以及弹体动能侵彻等问题,而且可以反复演示与进行细节分析,进而发现问题所在,为一次性试验技术提供支撑。当然,模拟和仿真设计模型最后必须通过实物物理试验进行验证,但是这种试验是建立在已有仿真计算所获得的科学依据的基础上,可以防止盲目性试错。而且,计算机的数值仿真过程并不存在物理试验中的安全隐患,且成本较低,可安全、短时、低成本地解决战斗部设计与性能评估中的各种问题,并能从微观角度出发进行具体分析以及相关问题求解,为工程实践提供有益帮助。

8.2 炸药状态方程及流固耦合算法

8.2.1 炸药状态方程

炸药状态方程是用来描述爆炸(或爆轰)产物压力、密度和温度的复杂函数。凝聚炸药爆炸产物往往处于高温高压状态,并且在爆轰瞬间各产物分子间还进行着复杂化学动力学平衡过程,很难用试验方法确定其状态方程,目前主要是使用经验或半经验公式来确定状态方程。国内外许多学者在大量深入研究的基础上,建立了基于不同理论模型的多种半经验半理论状态方程,例如 BKW(Becker - Kistiakowsky - Wilson)状态方程、阿贝尔余容状态方程、LJD(Lennard - Jones - Devonshire)状态方程、维里方程、VLW 状态方程等。虽然利用凝聚炸药爆炸产物状态方程求解炸药的爆轰参数和爆轰产物组成的过程非常烦琐和复杂,但随着计算机技术的发展,这一问题得到了解决。

1. 阿贝尔余容状态方程

阿贝尔余容状态方程计算相对 BKW 方程和 JWL 方程简单一些。阿贝尔余容状态方程表达式如下:

$$p(W - \alpha) = RT \tag{8-1}$$

或

$$P = \frac{RT\rho}{1 - \alpha\rho} \tag{8-2}$$

式中,p 为气体产物压力;W 为气体的比容,且有 $W = 1/\rho$;ρ 为气体产物的密度;α 为考虑气体分子斥力的修正量,称为余容;R 为气体常数,表示 1 kg 炸药气体在一个大气压下,温度升高 1 ℃对外膨胀所做的功,单位为 J/(kg·K),由下式确定:

$$R = \frac{R_0}{M} \tag{8-3}$$

式中,M 为气体的摩尔质量(或称为平均相对分子质量);R_0 为普适气体常数,$R_0 = 8.3145$ J/(mol·K)。

2. BKW 状态方程介绍

BKW 状态方程是 Kistiakowsky 和 Wilson 在 Becker 工作的基础上提出的,1922 年 Becker 改进了理想气体状态方程,具体如下:

$$\frac{pV}{RT} = 1 + xe^x \tag{8-4}$$

式中,x 为 k/V,k 是爆轰产物余容;v 为 1 mol 爆轰产物的体积;R 为气体常数。

这种爆炸产物状态方程是把爆炸产物看作一种稠密气体,即在理想气体的基础上增加了产物分子余容的影响项 xe^x。

1941 年,Kistiakowsky 和 Wilson 对 x 采用了新表达式:

$$x = \frac{k}{VT^{1/a}} \tag{8-5}$$

此外他们发现对于大多数炸药，能够用产物各组分分子余容线性函数得到近似表达式如下：

$$k = \kappa \sum x_i k_i \quad (8-6)$$

式中，k 为常数；x_i 为爆炸产物各组分的摩尔分数；k_i 为爆炸产物各组分的几何余容。

为了扩大方程的适用范围，MacDougall 等人在公式指数项上添加了一个常数 β，将此式改写为

$$\begin{cases} \dfrac{pV}{RT} = 1 + x\mathrm{e}^{\beta x} \\ x = \dfrac{k}{VT^\alpha} \end{cases} \quad (8-7)$$

式中，α, β 均是常数。

1956 年，Fickett 和 Cowam 为了防止温度趋于零时压力无限大，将式中的 T 改写为 $T + \theta$，其中 $\theta = 400$ K，因此 BKW 状态方程的最终表达式为

$$\begin{cases} pV = nRT(1 + x\mathrm{e}^{\beta x}) \\ x = \kappa \sum \dfrac{x_i k_i}{V(T+\theta)^\alpha} \end{cases} \quad (8-8)$$

为了利用该状态方程进行炸药的爆炸性能参数（如爆速、爆压、C-J 等熵线等）计算，需要知道状态方程中的几个常数。1963 年，Mader 应用 BKW 状态方程对 30 多种炸药的爆炸参数进行了计算。在计算中，Mader 通过与精确的试验数据进行比较，确定了 α, β, κ 和 θ 四个常数值。这些试验数据包括：密度为 1.8 g/cm³ 的黑索金炸药（RDX）爆压，密度为 1.0 g/cm³ 和 1.8 g/cm³ 的 RDX 炸药爆速，以及密度为 1.0 g/cm³ 和 1.64 g/cm³ 的梯恩梯炸药（RDX）爆速。Mader 在计算中发现一套参数很难满足上述 5 个数据，因此在计算中采用了两套参数：一套用来计算 RDX 及与 RDX 类似的炸药的爆炸参数，称为"适合 RDX 一类炸药的参数"，该类炸药的特点是爆炸产物中不生成或很少生成固体碳；另一套用来对爆炸产物中含有大量固体碳的 TNT 一类炸药的爆炸参数进行计算，称为"适合 TNT 一类炸药的参数"。

3. JWL 状态方程

JWL 状态方程是一种常用炸药爆炸产物状态方程，由于其是典型动力学状态方程，不显含化学反应，所以能够较精确地描述爆炸产物膨胀驱动做功过程，从而被广为使用。

1965 年，Lee 在 Jones 和 Wilkins 工作的基础上对爆炸产物的等熵线方程进行了修改，并对参数的选择进行了系统研究，给出了一系列炸药的 JWL 状态

方程参数值。Lee 发现在较大压力范围内，更好的 C-J 等熵线方程形式如下：

$$P = A\mathrm{e}^{-R_1 V} + B\mathrm{e}^{-R_2 V} + \frac{C}{V^{\omega+1}} \qquad (8-9)$$

式（8-9）中含有 3 项——$A\mathrm{e}^{-R_1 V}$，$B\mathrm{e}^{-R_2 V}$ 和 $\frac{C}{V^{\omega+1}}$，它们依次在高、中、低压力范围内起主要作用。

由热力学关系式

$$e_s = -\int p_s \mathrm{d}V \qquad (8-10)$$

可得到等熵线上内能随相对比容 V 的变化为

$$P = \frac{A}{R_1}\mathrm{e}^{-R_1 V} + \frac{B}{R_2}\mathrm{e}^{-R_2 V} + \frac{C}{\omega V^{\omega}} \qquad (8-11)$$

将式（8-10）和式（8-11）带入 Grüneisen 状态方程，可得

$$p - p_s = \frac{\Gamma}{V}(e - e_s) \qquad (8-12)$$

令 $\omega = \Gamma$，得到 JWL 状态方程的具体形式为

$$P = A\left(1 - \frac{\omega}{R_1 V}\right)\mathrm{e}^{-R_1 V} + B\left(1 - \frac{\omega}{R_2 V}\right)\mathrm{e}^{-R_2 V} + \frac{\omega E}{V} \qquad (8-13)$$

式中，P 为爆炸产生的压力；V 为爆炸产物相对比容，$V = v/v_0$，为无量纲量，$v = 1/\rho$，是爆炸产物的比容，v_0 是爆炸产物的初始比容；e 为爆炸产物比内能，由以下关系得出：炸药绝对内能 $e_a = mc_v T$，单位为 J，初始比内能 $e_0 = \frac{e_a}{v_0} = \frac{mc_v T}{v_0} = \rho_0 mc_v T$，单位为 J/cm³ 或 Pa；$A$，$B$，$R_1$，$R_2$，$\omega$ 为所选炸药性质常数，即待拟合参数。

早期连续介质动力学计算机编码采用 JWL 状态方程计算爆炸产物飞散，而目前几乎所有可以进行爆炸力学问题计算的大型通用有限元软件，如 LS-Dyna、ABAQUS、MSC. Dytran、AUTODYN 等都在炸药材料模型中给出了 JWL 状态方程，使其在武器设计、工程爆破、爆炸加工等领域得到了十分广泛的应用。JWL 状态方程中的未知参数需要通过 Kury 等人提出的圆筒试验及二维流体动力学程序确定，下面对圆筒试验进行简单介绍。

8.2.2 圆筒试验方法及 JWL 状态方程参数获取

圆筒试验装置示意如图 8.1 所示，高速相机 VISAR 从狭缝扫描记录圆筒壁外表面径向膨胀过程，通过对照片底片处理获得圆筒壁径向膨胀位移和时间的关系，得到观测数据，如图 8.2 所示。然后，采用含有 JWL 状态方程的

二维流体动力学程序对圆筒试验进行数值模拟，不断修改 JWL 状态方程参数，直至数值模拟结果与圆筒试验结果相符，从而确定 JWL 状态方程的最终参数。以圆筒试验结果为基础来确定 JWL 状态方程参数的方法还有解析法和线性优化法。

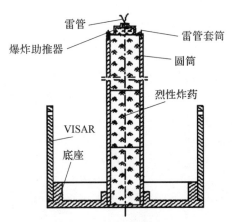

图 8.1　圆筒试验装置示意

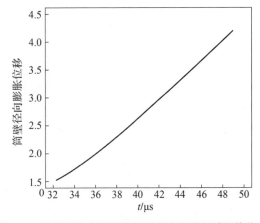

图 8.2　圆筒试验中圆筒壁径向膨胀位移和时间的关系

JWL 状态方程包括 3 项，试验和计算表明，这 3 项的作用不同：第一项对高压段起控制作用，在中压段第二项逐步起到重要作用，在低压段前两项作用较小而第三项明显重要，即 JWL 状态方程参数控制了爆炸产物的高、中、低压 3 个阶段。

8.2.3　流固耦合算法原理

流体运动方程描述按照所采用坐标系可以分为拉格朗日方法和欧拉方法两

大类。拉格朗日方法在物质域内求解流体运动方程,坐标系固定在物质上并跟随物质一起运动和变形,因此也被称为物质描述;欧拉方法在空间域内求解流体运动方程,坐标系固定在空间中不动,物质在计算网格之间流动,因此也称为空间描述。

LS – Dyna 采用任意拉格朗日欧拉(ALE)方法来描述流体运动。该方法在拉格朗日坐标系和欧拉坐标系之外引入一个可以任意运动的参考坐标系,计算域基于参考域,可以在空间中以任意形式运动。采用 ALE 方法的网格同时具有欧拉网格和拉格朗日网格的优点,网格可以随物质一起运动,也可以固定在空间中不动,甚至可以在一个方向上随物质运动,而在另一个方向上固定不动。

1. ALE 方法描述

ALE 方法描述下的物质导数为

$$\frac{\mathrm{d}f(X,t)}{\mathrm{d}t} = \frac{\partial f(\xi,t)}{\partial t} + (v_i - w_i)\frac{\partial f(X,t)}{\partial x_i} \quad (8-14)$$

式中,f 为物理量;v_i 为质点 X 的速度;w_i 为参考点 ξ 的速度,也即计算网格运动速度。

当 $w_i = 0$ 时,计算网格在空间中固定不动,退化为欧拉方法描述;当 $w_i = v_i$ 时,计算网格随同物体一起运动,退化为拉格朗日方法描述;当 $w_i \neq v_i \neq 0$ 时,计算网格在空间中独立运动,对应于一般的 ALE 方法描述。

由于爆炸产物和空气的黏性很小,而且爆炸流场运动被视为绝热等熵运动,所以一般都采用无黏性可压缩流体运动方程来描述爆炸流场。通过式(8-14)可将欧拉方法描述的无黏性可压缩流体力学方程变换得到 ALE 方法描述的控制方程:

$$\frac{\partial \rho}{\partial t} + (v_i - w_i)\frac{\partial \rho}{\partial x_i} + \rho \frac{\partial v_i}{\partial x_i} = 0$$

$$\rho \frac{\partial v_j}{\partial t} + \rho(v_i - w_i)\frac{\partial v_j}{\partial x_i} = -\frac{\partial p}{\partial x_j} \quad (8-15)$$

$$\rho \frac{\partial E}{\partial t} + \rho(v_i - w_i)\frac{\partial E}{\partial x_i} = -p\frac{\partial v_i}{\partial x_i}$$

上式结合空气和爆炸产物状态方程可以构成封闭控制方程组。

2. 网格运动

ALE 方法引入了运动网格,通过在移动边界法向上采用拉格朗日方法,可以很简单地描述边界运动,解决了欧拉方法中移动边界描述困难问题,给计算带来了很大方便,但在计算过程中需要确定网格位置。

LS – Dyna 程序提供了简单平均算法、体积加权算法、等参算法、等势算法以及混合算法等用于 ALE 方法中运动网格位置的确定，但由于在爆炸流场计算过程中，爆炸产物和空气界面存在很大压力和密度梯度，采用以上任何一种算法都会产生异常小的界面网格，从而导致计算无法正常进行，所以在爆炸流场计算中一般仅在边界上采用物质描述，使边界节点速度与界面法向运动速度相等，对于边界节点外的网格要关闭 LS – Dyna 程序中的网格运动算法，使内部网格退化为空间描述。

当需要考虑壳体的影响时，壳体和流场边界可通过共用节点联结，壳体为爆炸流场提供运动边界条件，爆炸流场为壳体施加压力载荷条件，在每个时间步分步求解即可实现爆炸流场和壳体结构流固耦合，而当采用刚性壁面假设之后，ALE 方法进一步退化为纯粹欧拉方法。

3. 界面捕捉

炸药爆炸后，爆炸容器内存在爆炸气体产物和空气两种物质（气体），这两种气体的流场都可以通过上述无黏性可压缩方程描述，但在计算过程中需要区分两种不同介质，并捕捉两种物质的运动界面。LS – Dyna 程序中通过定义物质组号来区分不同介质，采用杨氏流体体积法（Yong's VOF）来捕捉两种物质的运动界面，具体过程如下：采用多物质单元划分爆炸流场计算域，一个单元中允许同时存在多种物质；先假设界面沿单元边界，根据与节点相邻的所有单元中存在的物质计算各个节点上的物质体积分数；由同一单元网格各节点的物质体积分数梯度确定界面法向，并构造该单元内界面；计算每个时间步内通过四周流到相邻单元的流体体积，修改网格单元和相邻单元中的流体体积分数，由各个边界单元内界面组成整个物质界面。

4. 求解方式

欧拉方法和 ALE 方法描述的运动方程求解一般有两种方式：全耦合求解和算子分裂法。前者是在整个计算域同时求解运动方程，后者将每个时间步分为拉格朗日阶段和对流阶段依次计算。在全耦合求解中，一个计算单元中只能存在一种物质，因此全耦合求解不适合求解多物质问题。

LS – Dyna 程序中采用算子分裂法求解。在拉格朗日阶段采用有限元方法计算由外力和内部应力产生的速度、压力和内能变化以及现时密度，单元采用单点积分并通过沙漏黏性控制零能模式，引入人工黏性以捕捉冲击波，时间推进采用二阶精度中心差分法；求得这些参数后再进行界面捕捉，构造多物质内界面。在对流阶段采用有限体积法计算通过单元边界质量、动量和能量等通量，通量的计算可以采用一阶精度的迎风算法或者二阶精度的 Van Leer 对流算法；在该阶段时间步不发生变化，保持与拉格朗日阶段一致。爆炸流场计算一般采用 Van Leer 对流算法，因为这种算法不仅具有二阶精度，而且具备总变差递减（TVD）性质。图 8.3 所示为流固耦合分析过程（ALE 射流侵彻靶板）。

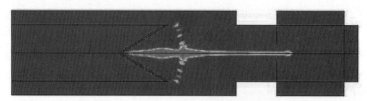

图 8.3　流固耦合分析（ALE 射流侵彻靶板）

8.3　爆炸效应有限元分析方法与实例

8.3.1　爆炸效应有限元分析方法

在建立爆炸计算模型的过程中，网格划分、材料模型和材料参数选取以及边界条件设置等是保证计算结果准确性的重要前提条件，下面分别进行介绍。

1. 网格划分应注意的问题

在有限元计算中应排除其他因素的影响。网格划分疏密和划分方式直接影响计算精度以及计算能否顺利进行。网格划分整体密度影响模型规模大小，特别是在三维问题中，网格大小对计算规模的影响更为突出，因此在大规模问题计算中，如何选择可进行高效计算的网格非常重要。局部网格的疏密直接影响所关心模型相应部分结果的精度。此外，网格排列走向或过渡方式会影响计算结果物理量时间历程的发展规律，因此在建模过程中应尽量避免网格尺寸突变。一些最简单的实体，例如圆柱，球体等，就有许多不同的六面体网格划分方式，应选择网格大小过渡均匀的划分方式进行网格划分。

在 LS - Dyna 程序中运用显式格式对运动方程进行积分，时间步长是受最小网格尺寸控制的。随着网格畸变增加，计算时间步长逐渐减小并趋于零，使计算时间无法承受，从这个方面讲，在建模过程中应尽量采用均匀网格划分，从而保持计算最初较大的时间步，提高计算速度。除了上述注意要点，在网格划分过程中还应注意的问题包括以下几点。

（1）在可能发生接触的主从实体部分，网格大小应尽量匹配，防止程序判断是否穿透发生困难而引起实体接触关系错误。

（2）对于薄尺寸结构，若用三维实体单元划分，则为了保持计算精度，沿厚度方向最少应划分两层单元。

（3）在圆柱体或轴对称的中心处，避免用楔形网格划分，以免引起大的初始计算误差（如用三维欧拉方法计算射流形成问题时）。

（4）对于所关注部位处的网格应划分得稠密一些，而它周围的网格可以采取尺寸大小过渡处理，例如在侵彻问题中，对接触点区域进行网格划分处理。

2. 材料模型和材料参数

在战斗部爆炸毁伤数值模拟计算中，常遇到的战斗部用材料有炸药、各种钢材、铜、铝合金材料等，通常还有战斗部爆炸作用介质，如空气、水、土壤等。对于炸药材料，采用高能炸药材料模型和 JWL 状态方程描述，炸药材料模型采用 *MAT_HIGH_EXPLOSIVE_BURN；此外，采用 JWL 状态方程进行爆炸后产物状态计算：

$$P = A\left(1 - \frac{\omega}{R_1 V}\right)e^{-R_1 V} + B\left(1 - \frac{\omega}{R_2 V}\right)e^{-R_2 V} + \frac{\omega E}{V} \quad (8-16)$$

以将某奥克托金（HMX）作为主装药的混合炸药为例，其具体输入参数如下：密度 $\rho = 1.84$ g/cm^3，爆速 $D = 8\,800$ m/s，C—J 压力 $P_{C-J} = 0.37$ Mbar，$A = 8.524$ Mbar，$R_1 = 4.6$，$R_2 = 1.30$，$B = 0.180\,2$ Mbar，$\omega = 0.38$，$E_0 = 0.102$ Mbar。

对于战斗部结构采用的钢材、尼龙、聚乙烯、铝合金材料等，考虑它们在高温、高压、高应变率下表现的材料动态力学行为，在程序中有多种材料模型和状态方程可供选择，常用以下材料模型和状态方程描述它们的动态响应特性。

（1）考虑应变率效应的弹塑性材料模型。

（2）流体弹塑性材料模型和 Gruneisen 状态方程。

（3）Stenberg 材料模型和 Gruneisen 状态方程。

（4）Johnson – Cook 材料模型和 Gruneisen 状态方程。

（5）带损伤的复合材料模型等。

通常，LS – Dyna 爆炸类计算中涉及的材料和状态方程关键字如下：

（1）材料模型。

*MAT_HIGH_EXPLOSIVE_BURN（炸药材料）；

*MAT_ELASTIC_PLASTIC_HYDRO（推进剂）；

*MAT_NULL（空气、水等材料）；

*MAT_OPTION（结构材料）。

（2）状态方程。

*EOS_JWL（各种炸药）；

*EOS_IGNITION_AND_GROWTH_OF_REACTION_IN_HE（推进剂燃烧）；

*EOS_JWLB（各种炸药）；

*EOS_SACK_TUESDAY（炸药材料）；

*EOS_OPTION（结构材料的状态方程）；

*EOS_LINEAR_POLYNOMIAL（空气）；

*EOS_GRUNEISEN（水、油等）。

3. 边界条件定义

计算模型中关于模型边界的处理对于计算结果的准确性影响极大，在实际计算中，由于计算能力的限制，往往只能建立有限尺寸计算模型，所以必须考虑边界条件对计算结果的影响。

用拉格朗日单元建模时，单元网格边界就是实际材料边界，材料边界是自由面。当计算模型与实际模型完全一致时，不存在边界条件问题。当遇到较大模型时，可以建立有限大小模型，即对较大模型进行简化，并在简化模型边界节点上施加压力非反射边界条件，以此避免应力波在自由面反射对计算结果产生影响。

4. 流固耦合方法实现

通过*ALE_MULTI_MATERIAL_GROUP关键字将空气和炸药材料绑定在一个单元算法中。对于岩石与炸药，空气之间的相互作用采用流固耦合方法。流固耦合方法通常有两种，一种是共节点，一种是通过*CONSTRAINED_LAGRANGE_IN_SOLID关键字来实现。流固耦合分析相关关键字如下。

1）单元算法定义

*SECTION_SOLID；

*SECTION_SOLID_ALE；

*INITIAL_VOID_OPTIONS。

2）多物质单元定义

*ALE_MULTI_MATERIAL_GROUP。

3）多物质材料ALE网格控制

*ALE_REFERENCE_SYSTEM_CURVE；

*ALE_REFERENCE_SYSTEM_GROUP；

*ALE_REFERENCE_SYSTEM_NODE；

*ALE_REFERENCE_SYSTEM_SWITCH。

4)流固耦合定义

*CONSTRAINED_LAGRANGE_IN_SOLID。

5)ALE算法控制

*CONTROL_ALE;

*ALE_SMOOTHING。

8.3.2 爆炸驱动破片计算实例

在此,针对爆炸驱动破片飞散进行爆炸效应分析实例介绍。爆炸驱动破片飞散实例整体模型如图 8.4 所示。

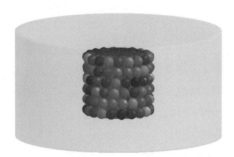

图 8.4　爆炸驱动破片飞散实例整体模型

模型中存在刚性球型破片、炸药和空气域的网格,以及球形破片材料、属性和相关 part 设置;在此案例中,需要进行设置的内容有:

(1)炸药、空气材料、属性及 par,

(2)设置炸药、空气及破片之间流固耦合接触,

(3)设置起爆点,

(4)计算控制卡片,

(5)求解计算,

(6)结果提取及查看。

具体模型建立与设置方法如下。

(1)导入模型。

打开 Hypermesh 软件,导入 11.k 模型。

(2)新建材料模型。

给炸药模型赋予材料,单击 按钮,新建材料模型,如图 8.5 所示。

图 8.5　新建材料模型

输入材料名称"explosive","card image"选择"MATL8",即 *MAT_HIGH_EXPLOSIVE_BURN,单击"creat/edit"按钮,出现图 8.6 所示界面。

图 8.6 选择炸药材料

输入炸药材料参数,完成后单击"return"按钮,出现图 8.7 所示界面。

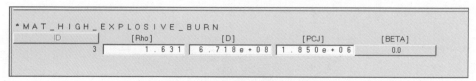

图 8.7 输入炸药材料参数

用同样的方法给空气域赋予材料,"mat name"选择"air","card image"选择"MATL9",输入材料参数,完成后单击"return"按钮,出现图 8.8 所示界面。

图 8.8 输入空气材料参数

(3) 创建单元属性。

给炸药模型赋予单元属性,方法如下:单击按钮,新建 property,出现图 8.9 所示界面。

图 8.9 新建炸药模型单元

输入属性名称"explosive","card image"选择"SectSld",即 solid 单元,单击"creat/edit"按钮;"Option"选择"ALE",ELFORM 算法选择 11,完成 *SECTION_SOLID_ALE 设置,出现图 8.10 所示界面。

用同样的方法设置空气单元属性,prop name = air,出现图 8.11 所示界面。

(4) 创建炸药和空气状态方程。

创建炸药状态方程,方法如下:新建 Property,prop name = exp_eos,card image = EOS2,即 *EOS_JWL;输入炸药状态方程参数,完成后单击"return"按钮,出现图 8.12 所示界面。

第 8 章 爆炸效应分析理论基础、方法和实例

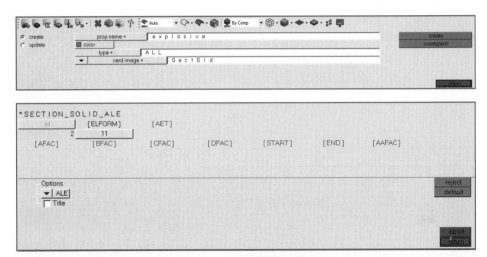

图 8.10 选择炸药单元类型

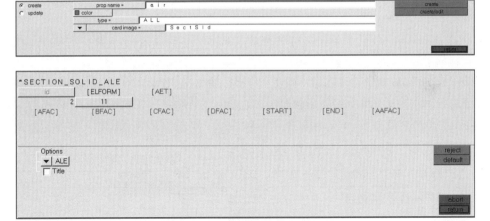

图 8.11 选择空气单元类型

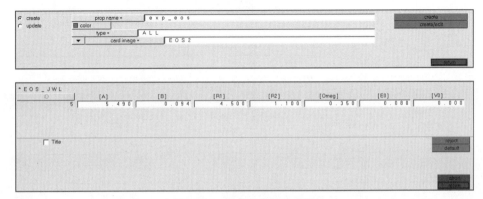

图 8.12 创建炸药状态方程

创建空气状态方程，方法如下：新建 Property，prop name = air_eos，card image = EOS1，即 * EOS_LINEAR_POLYNOMIAL；输入空气状态方程参数，完成后单击"return"按钮，出现图 8.13 所示界面。

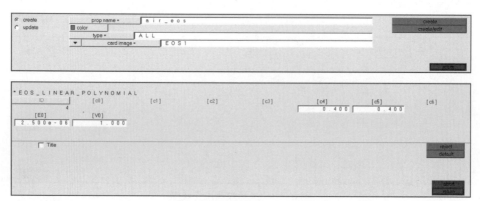

图 8.13 创建空气状态方程

（5）创建 Part。

在 Components 目录下，选择名称为"exp"的 Component（ID 为 109），在图 8.14 所示对话框中将显示其 Part 卡片信息（Hypermesh 14.0 以上版本有此功能），且可编辑（"Value"列）。在"Card Image"对应下拉对话框内选择"Part"，然后依次在"Property""Matarial""EOSID"三项对应弹出对话框内选择相应的网格类型、本构模型、状态方程，界面如图 8.14 所。同理，设置名称为"air"的 Component（ID 为 110）Part 卡片。

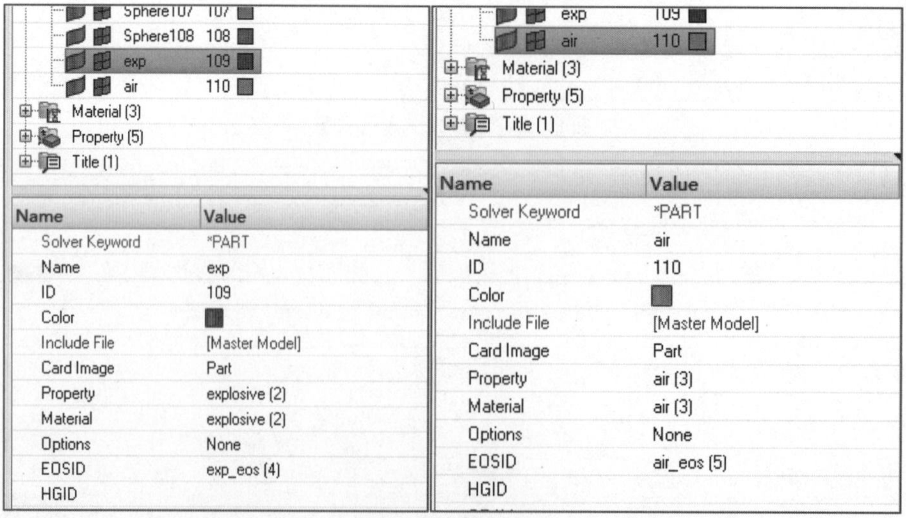

图 8.14 创建 Part

（6）创建接触。

在此模型中，因破片数量较多，在爆炸飞散过程中，破片之间会发生相互撞击，由于包括了所有破片外部表面，所以不需要定义接触和目标表面。单面接触对于处理接触区域不能提前预知自接触或大变形问题是非常有效的一种方法。单面接触注意事项如下：name = singlesurface，"type"和"card image"选择"Single Surface"，单击"creat"按钮。进入"add"面板，"sets"选择刚刚创建的"sets = popian"，单击"update"按钮，出现图 8.15 所示界面。

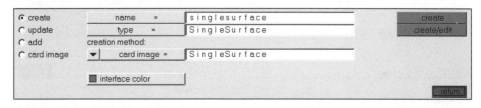

图 8.15　创建接触

（7）设置爆炸计算流固耦合。

爆炸计算流固耦合方面设置在"analysis"面板下的"ALE setup"中进行，界面如图 8.16 所示。

图 8.16　设置爆炸计算流固耦合

流固耦合接触设置方法如下（即进行 * CONSTRAINED_LAGRANGE_IN_SOLID 卡片设置）：name = ConstdLagSolid，type = ConstdLagSolid，单击"add/update"按钮，"master options"选择欧拉单元，此处为炸药和空气，即"exp"和"air"两个 Component，单击"update"按钮；在"slave options"处将下拉三角处选项类型改为"comp set"，选择 sets = popian，单击"update"按钮，界面如图 8.17 所示。设置完成后单击"edit"按钮，进行接触参数设置。

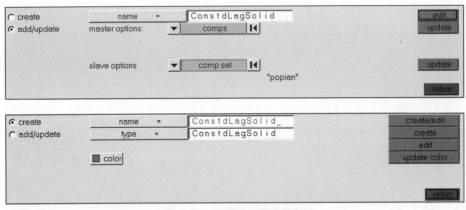

图 8.17　设置流固耦合接触

设置 NQUAD、CTYPE、DIREC、MCOUP 四个参数，完成后单击"return"按钮，界面如图 8.18 所示。

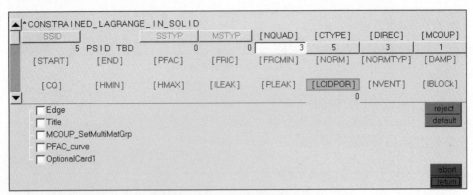

图 8.18　设置流固耦合接触参数

（8）设置多物质材料流固耦合。

进行多物质材料流固耦合设置，即进行 * ALE_MULTI_MATERIAL_GROUP 关键字设置。此卡片在"entity sets"中进行设置，新建 Set，card image = ALE_MMG，"comps"选择"exp"，单击"creat"按钮，界面如图 8.19 所示。

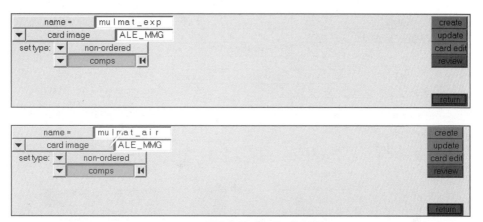

图 8.19　设置多物质材料流固耦合

(9) 设置起爆点。

对炸药进行起爆点设置，即进行 *INITIAL_DETONATION 关键字设置。新建 Load Collector，loadcol name = initialdet，card image = InitialDet，单击"create/edit"按钮，出现图 8.20 所示界面，并进行如下参数设置。"PID"选择"exp"(ID = 109)，并设置起爆点坐标 (X, Y, Z) = (7.105e – 15, – 4.746e – 0, – 5.218e – 0)。

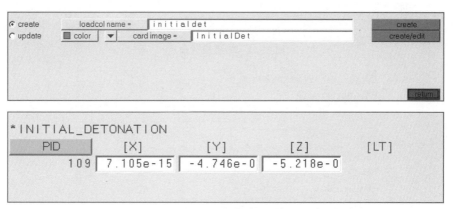

图 8.20　起爆点设置

(10) 设置控制卡片 (control card)。

通过"analysis"面板下的"control cards"进行控制卡片设置，界面如图 8.21 所示。

(11) 导出计算文件。

完成建模工作后，导出计算文件 (即 K 文件) 就可以进行计算求解了。导出步骤为：在"File"下拉列表中选择计算目录，"Export"选择"All"(即输出所有模型)，单击"Export"按钮输出，界面如图 8.22 所示。

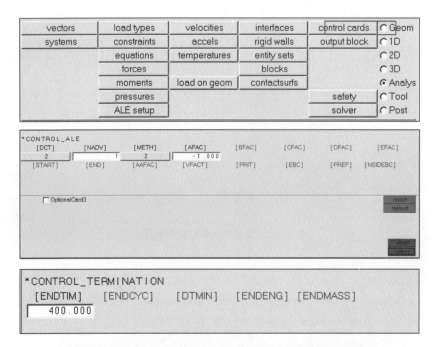

图 8.21 设置控制卡片

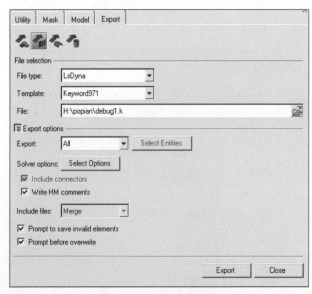

图 8.22 导出计算文件

有了计算文件后，打开 LS – Dyna 程序，按照图 8.23 进行设置，"Working Directory"选择计算文件夹，"Keyword Input File"选择刚刚导出的计算文件，单击"Run"按钮，开始计算。

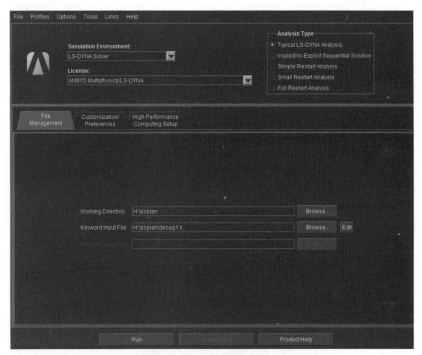

图 8.23　进行求解计算

（12）计算结果后处理。

在 LS – Prepost 后处理软件中，打开计算结果文件 d3plot，结果显示如图 8.24 所示，选择轴向一排球形破片（图 8.25），输出相应破片的速度 – 时间曲线，如图 8.26 所示。

8.3.3　爆炸对坦克毁伤效应计算实例

炸药爆炸除了可以驱动破片，还可以进行爆炸冲击毁伤。在此，针对爆炸对坦克毁伤效应进行实例介绍。该实例建立坦克三维等效模型并对其进行适当简化，基于简化后的三维模型（图 8.27），采用四面体网格建立有限元模型（图 8.28）进行数值仿真计算（图 8.29），简化模型和有限元模型如下。坦克三维有限元模型的最小网格尺寸为 3 cm，另外，为了满足流固耦合计算要求，建立对应大小的空气域将坦克包裹，空气域网格尺寸为 3.5 cm。采用初始体积法在空气中填充炸药，所用全部炸药 TNT 当量为 96.2 kg，分别设置炸药处于不同位置并进行计算。

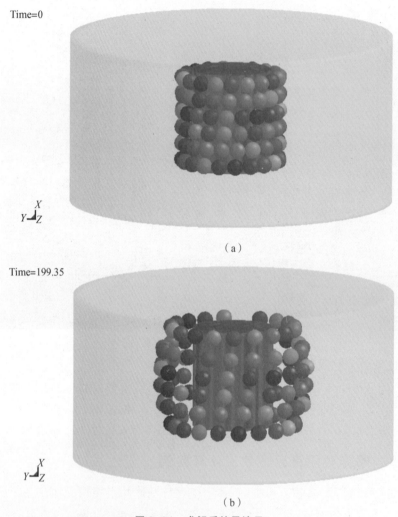

图 8.24 求解后结果演示

(a) Time = 0 时结果;(b) Time ≈ 200 μs 时结果

第 8 章 爆炸效应分析理论基础、方法和实例

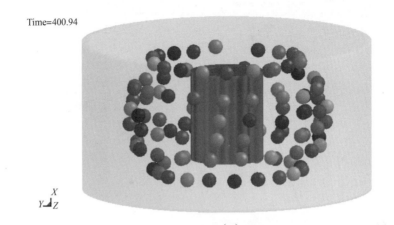

（c）

图 8.24 求解后结果演示（续）

（c）Time ≈ 400 μs 时结果

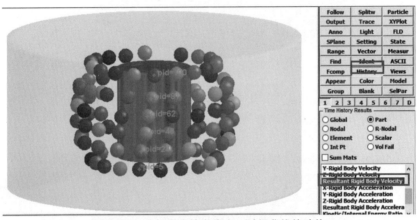

图 8.25 选择需要输出速度-时间曲线的破片

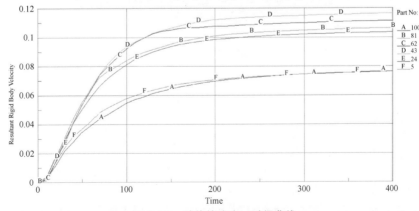

图 8.26 破片的速度-时间曲线

图 8.27　简化三维模型

图 8.28　简化三维有限元模型

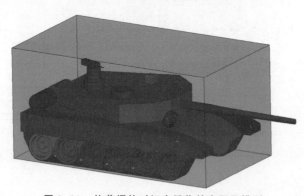

图 8.29　炸药爆炸对坦克毁伤的有限元模型

（1）导入模型。

打开 Hypermesh 软件，导入 Tank.stp 模型，界面如图 8.30 所示。

（2）划分网格。

选中坦克 Part 部分进行四面体网格划分，网格尺寸选用 35 cm，如图 8.31、图 8.32 所示。

（3）创建材料属性。

给坦克模型赋予材料，输入材料参数，如图 8.33 所示。

第8章 爆炸效应分析理论基础、方法和实例

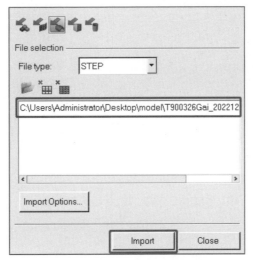

图 8.30 导入 Tank.stp 模型

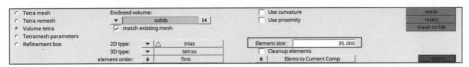

图 8.31 设置网格划分

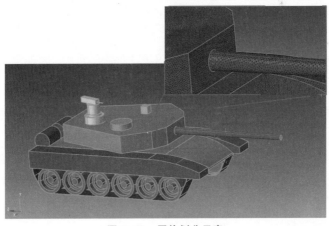

图 8.32 网格划分示意

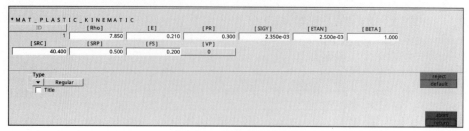

图 8.33 输入材料参数

（4）创建单元属性。

给坦克模型赋予单元属性，输入属性名称"Tank"，"card image"选择"SectSld"，即 solid 单元，单击"creat/edit"按钮，完成 SECTION_SOLID 设置，如图 8.34 所示。

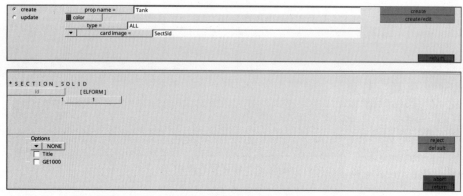

图 8.34 选择坦克单元类型

（5）创建 Part。

选择坦克的所有 Component，单击进入，在下方的对话框中（Hypermesh 14.0 以上版本有此功能），"card image"选择"Part"，Property、Matarial 如图 8.35 所示。

（6）设置接触。

单面接触注意事项如下：name = singlesurface，"type"和"image"选择"SingleSurface"，单击"creat"按钮。进入"add"面板，"sets"选择刚刚创建的"sets = popian"，单击"update"按钮，如图 8.36 所示。

（7）导出坦克有限元模型。

导出坦克有限元模型，导出文件命名为"Tank.k"，如图 8.37 所示。

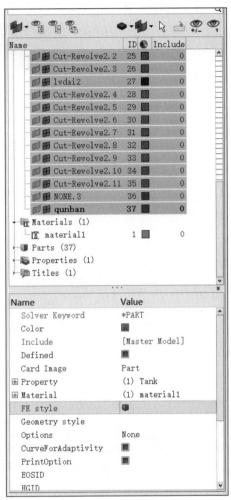

图 8.35　创建 Part

（8）形成耦合流体和固体的计算文件。

采用 TrueGrid 建立空气和炸药有限元模型，生成"Air.k"文件，同时创建主 K 文件，命名为"main.k"，通过关键字 *INCLUDE 将"Air.k"和"Tank.k"关联起来，采用 *INCLUDE_TRANSFORM 关键字对"Tank.k"文件的节点、单元等编号进行偏移，形成新的"main.k"文件。

图 8.36 设置接触

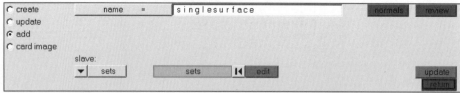

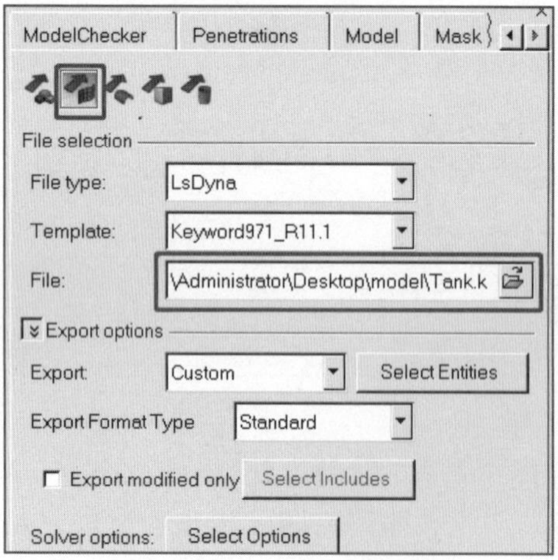

图 8.37 导出坦克有限元模型

打开 LS-Dyna 程序,进行求解设置,具体为"Working Directory"选择计算文件夹,"Keyword Input File"选择"main.k"文件,单击"Run"按钮,开始计算,如图 8.38 所示。

第8章 爆炸效应分析理论基础、方法和实例

图8.38 进行求解计算

（9）计算结果后处理。

在 LS – Prepost 后处理软件中，打开计算结果文件 d3plot，结果显示如图 8.39 所示，显示炸药靠近炮塔位置处爆炸后坦克的应力云图。

图8.39 接触爆炸情况下计算应力云图

由图 8.39 可以看出，炸药贴近炮塔爆炸时，炮塔、挡泥板、履带等在爆炸产物和冲击波的共同作用下形成一个巨大破口，坦克基本丧失作战能力。为了评估炸药爆炸产生的冲击振动对车内人员和设备的损伤，分别提取车内人员、设备等效结构的加速度。由于不同设备发生毁伤的加速度阈值存在差异，故将车内设备分为电子设备和普通设备，分别统计加速度值。

①人员。

炮长位置人员所受三轴加速度及整体情况如图 8.40 所示。

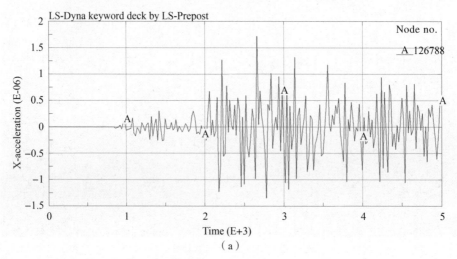

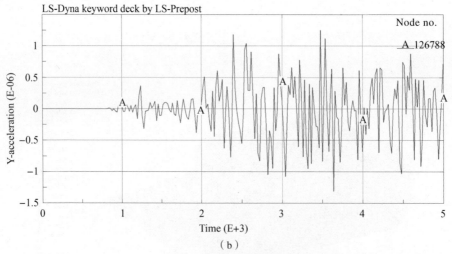

图 8.40　炮长位置人员所受加速度随时间的变化

（a）X 方向加速度；（b）Y 方向加速度

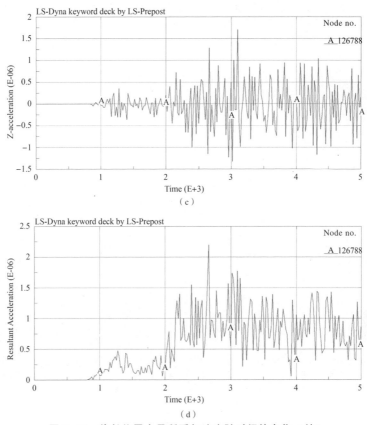

图 8.40　炮长位置人员所受加速度随时间的变化（续）

(c) Z 方向加速度；(d) 加速度整体

车长位置人员所受三轴加速度及整体情况如图 8.41 所示。

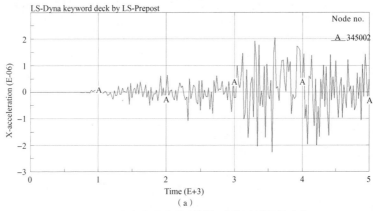

图 8.41　车长位置人员所受加速度随时间的变化

(a) X 方向加速度

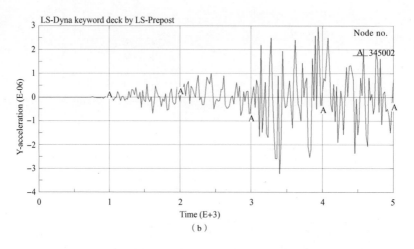

(b)

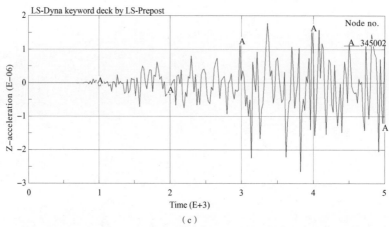

(c)

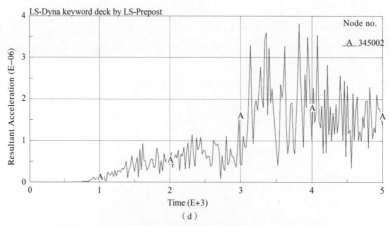

(d)

图 8.41 车长位置人员所受加速度随时间的变化（续）

(b) Y 方向加速度；(c) Z 方向加速度；(d) 整体加速度

驾驶员位置人员所受三轴加速度及整体情况如图 8.42 所示。

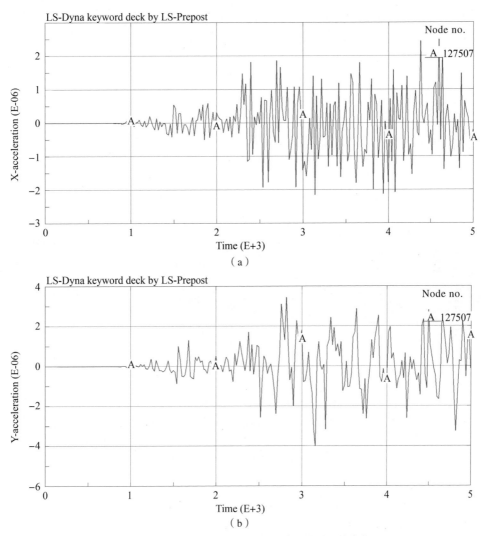

图 8.42　驾驶员位置人员所受加速度随时间的变化
(a) X 方向加速度；(b) Y 方向加速度

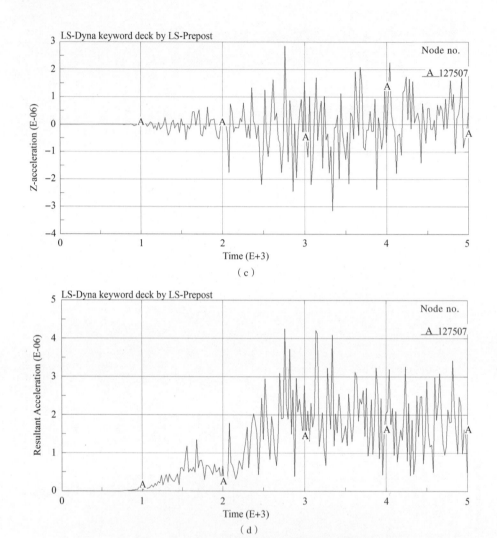

图 8.42 驾驶员位置人员所受加速度随时间的变化(续)

(c) Z 方向加速度；(d) 加速度整体

根据仿真结果，可统计爆炸物在不同位置处爆炸后，坦克中各人员加速度峰值和对应脉宽列于表 8.1~表 8.3。

表 8.1 爆炸物在不同位置爆炸后炮长所受加速度峰值和脉宽

位置	X 方向		Y 方向		Z 方向		整体	
	加速度/g	脉宽/μs	加速度/g	脉宽/μs	加速度/g	脉宽/μs	加速度/g	脉宽/μs
炮塔侧部	1 720	55	1 310	60	1 710	53	2 200	80
近地 1 m	1 710	51	2 340	100	3 010	60	3 010	40

续表

位置	X 方向		Y 方向		Z 方向		整体	
	加速度/g	脉宽/μs	加速度/g	脉宽/μs	加速度/g	脉宽/μs	加速度/g	脉宽/μs
近地 2 m	1 420	53	1 290	33	1 620	30	2 030	60
近地 3 m	1 196	40	1 028	40	985	80	1 439	40
近地 4 m	515	50	580	120	420	100	1 036	140

表 8.2 爆炸物在不同位置爆炸后车长位置人员所受加速度峰值和脉宽

位置	X 方向		Y 方向		Z 方向		整体	
	加速度/g	脉宽/μs	加速度/g	脉宽/μs	加速度/g	脉宽/μs	加速度/g	脉宽/μs
炮塔侧部	2 260	53	3 220	77	2 640	80	3 830	80
近地 1 m	1 830	40	2 300	40	1 470	100	2 440	120
近地 2 m	924	40	1 592	28	931	40	1 630	80
近地 3 m	861	20	1 151	40	637	30	1 250	160
近地 4 m	662	60	551	30	464	200	837	100

表 8.3 爆炸物在不同位置爆炸后驾驶员位置人员所受的加速度峰值和脉宽

位置	X 方向		Y 方向		Z 方向		整体	
	加速度/g	脉宽/μs	加速度/g	脉宽/μs	加速度/g	脉宽/μs	加速度/g	脉宽/μs
炮塔侧部	2 490	40	4 000	120	3 150	140	4 260	60
近地 1 m	1 080	34	2 290	38	1 370	29	2 470	52
近地 2 m	988	60	1 516	40	1 181	60	1 570	40
近地 3 m	844	40	809	60	798	60	1 200	120
近地 4 m	712	40	782	80	793	60	987	80

② 电子设备。

通信设备所受三轴加速度及整体情况如图 8.43 所示。

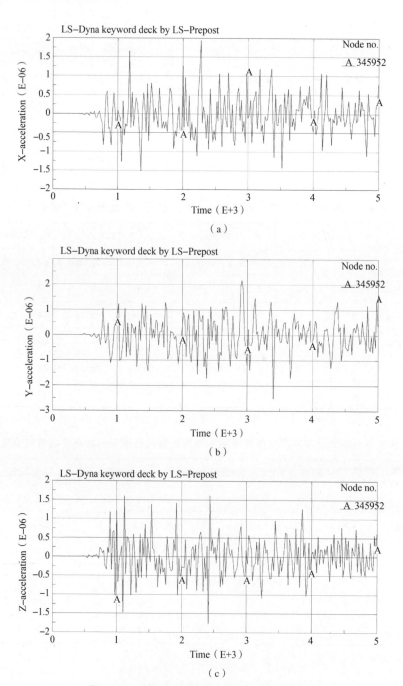

图 8.43 通信设备所受加速度随时间的变化
(a) X 方向加速度;(b) Y 方向加速度;(c) Z 方向加速度

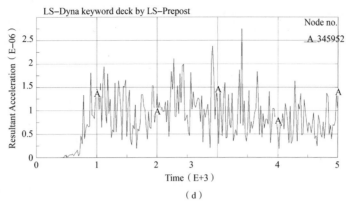

图8.43 通信设备所受加速度随时间的变化（续）

（d）加速度整体

火控系统所受三轴加速度及整体情况如图8.44所示。

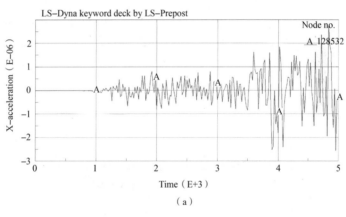

（a）

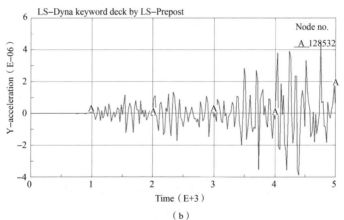

（b）

图8.44 火控系统所受加速度随时间的变化

（a）X方向加速度；（b）Y方向加速度

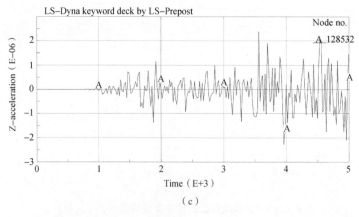

(c)

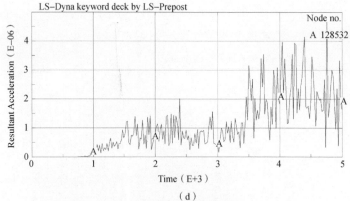

(d)

图 8.44 火控系统所受加速度随时间的变化（续）

(c) Z 方向加速度；(d) 加速度整体

火炮发射系统所受三轴加速度及整体情况如图 8.45 所示。

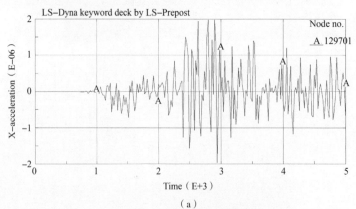

(a)

图 8.45 火炮发射系统所受加速度随时间的变化

(a) X 方向加速度

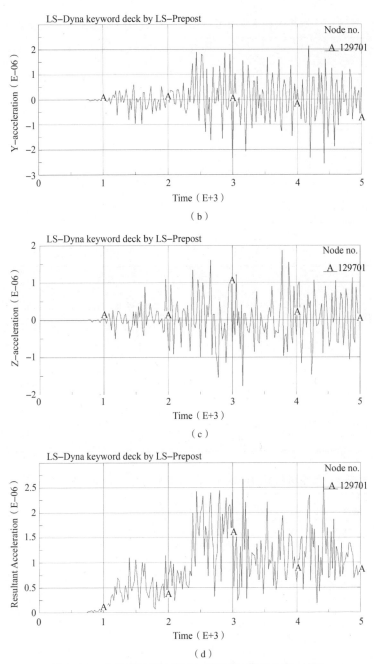

图 8.45　火炮发射系统所受加速度随时间的变化（续）
(b) Y 方向加速度；(c) Z 方向加速度；(d) 加速度整体

统计爆炸物在不同位置爆炸后，坦克各设备加速度峰值和对应脉宽列于表 8.4~表 8.6。

表8.4 爆炸物在不同位置爆炸后通信设备的加速度峰值和脉宽

位置	X方向		Y方向		Z方向		设备整体	
	加速度/g	脉宽/μs	加速度/g	脉宽/μs	加速度/g	脉宽/μs	加速度/g	脉宽/μs
炮塔侧部	1 950	160	2 510	80	1 760	40	2 760	40
近地 1 m	880	80	920	80	770	40	940	100
近地 2 m	476	40	630	40	592	40	725	100
近地 3 m	397	20	463	25	285	26	522	140
近地 4 m	280	40	367	60	389	40	401	60

表8.5 爆炸物在不同位置爆炸后火控系统的加速度峰值和脉宽

位置	X方向		Y方向		Z方向		设备整体	
	加速度/g	脉宽/μs	加速度/g	脉宽/μs	加速度/g	脉宽/μs	加速度/g	脉宽/μs
炮塔侧部	2 520	100	4 490	160	2 390	40	4 750	40
近地 1 m	1 410	32	1 110	120	1 080	60	1 830	60
近地 2 m	1 220	33	1 460	34	1 210	80	1 670	60
近地 3 m	1 010	33	1 260	20	1 320	20	1 530	120
近地 4 m	1 770	60	1 080	60	909	40	1 250	100

表8.6 爆炸物在不同位置爆炸后火炮发射系统的加速度峰值和脉宽

位置	X方向		Y方向		Z方向		设备整体	
	加速度/g	脉宽/μs	加速度/g	脉宽/μs	加速度/g	脉宽/μs	加速度/g	脉宽/μs
炮塔侧部	1 980	130	2 250	72	1 870	80	2 710	100
近地 1 m	1 320	40	2 090	40	1 850	60	2 560	160
近地 2 m	1 160	60	1 330	23	1 580	50	1 610	220
近地 3 m	994	30	863	40	887	60	1 310	120
近地 4 m	635	40	791	40	1 070	40	1 140	80

③普通设备。

发动机所受三轴加速度及整体情况如图8.46所示。

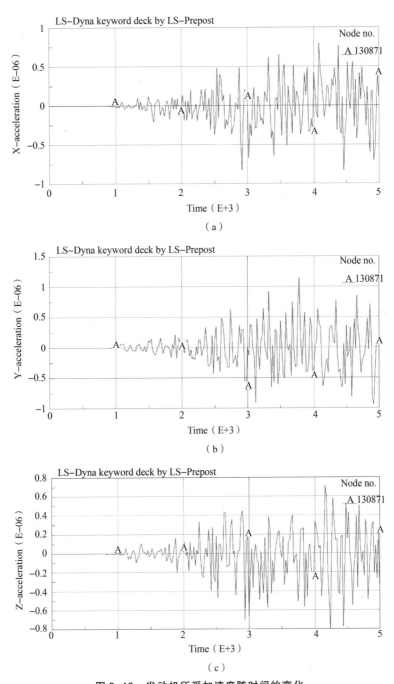

图 8.46 发动机所受加速度随时间的变化

(a) X 方向加速度；(b) Y 方向加速度；(c) Z 方向加速度

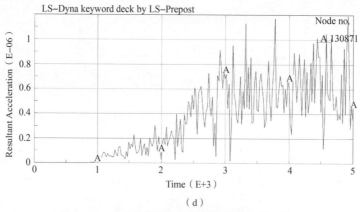

图 8.46 发动机所受加速度随时间的变化（续）

(d) 加速度整体

传动箱所受三轴加速度及整体情况如图 8.47 所示。

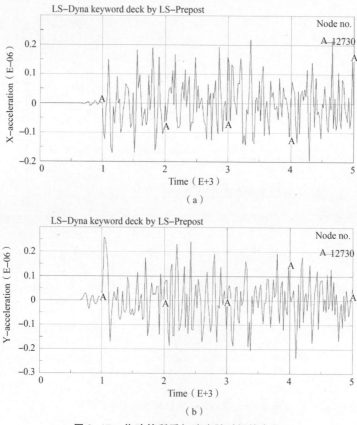

图 8.47 传动箱所受加速度随时间的变化

(a) X 方向加速度；(b) Y 方向加速度

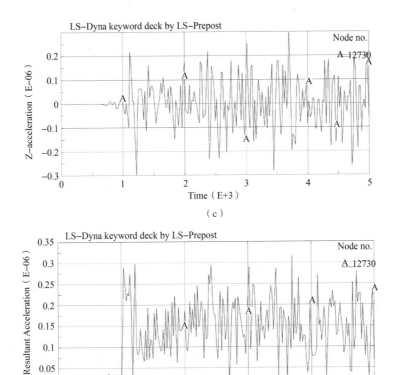

图 8.47 传动箱所受加速度随时间的变化（续）

（c）Z 方向加速度；（d）加速度整体

左变速箱所受三轴加速度及整体情况如图 8.48 所示。

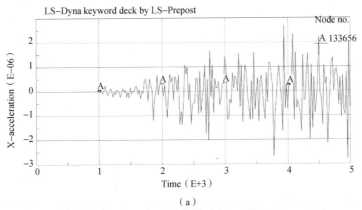

图 8.48 左变速箱所受加速度随时间的变化

（a）X 方向加速度

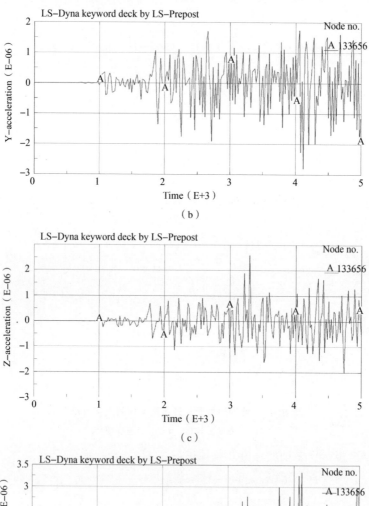

(b)

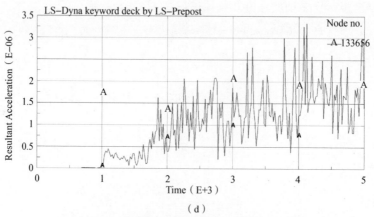

(c)

(d)

图 8.48　左变速箱所受加速度随时间的变化（续）

(b) Y 方向加速度；(c) Z 方向加速度；(d) 加速度整体

右变速箱所受三轴加速度及整体情况如图 8.49 所示。

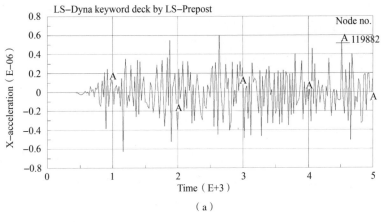

(a)

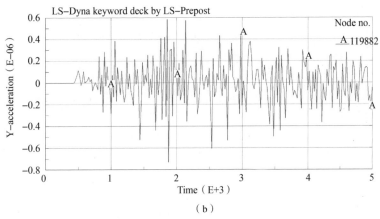

(b)

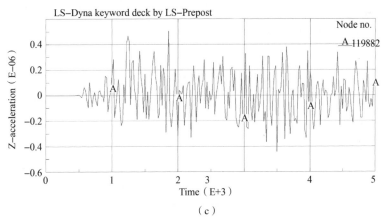

(c)

图 8.49　右变速箱所受加速度随时间的变化

(a) X 方向加速度；(b) Y 方向加速度；(c) Z 方向加速度

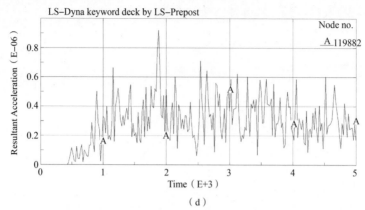

图 8.49　右变速箱所受加速度随时间的变化（续）

（d）加速度整体

弹药架所受三轴加速度及整体情况如图 8.50 所示。

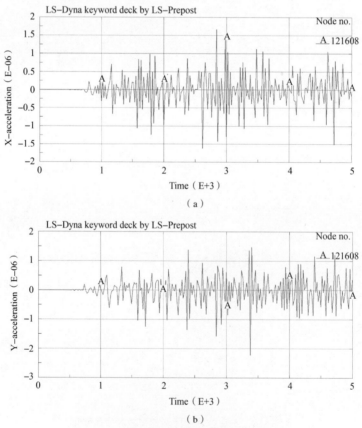

图 8.50　弹药架所受加速度随时间的变化

（a）X 方向加速度；（b）Y 方向加速度

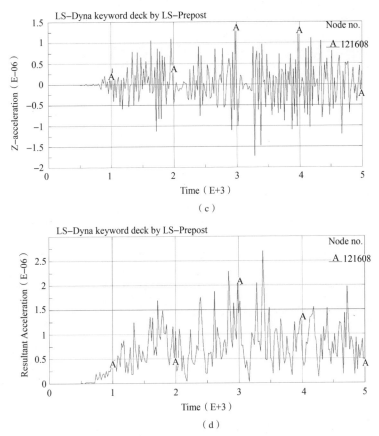

图 8.50 弹药架所受加速度随时间的变化（续）
(c) Z 方向加速度；(d) 加速度整体

统计爆炸物在不同位置爆炸后，计算得到的坦克各设备所受加速度的峰值和脉宽列于表 8.7～表 8.11。

表 8.7 爆炸物在不同位置爆炸后发动机的加速度峰值和脉宽

位置	X 方向		Y 方向		Z 方向		设备整体	
	加速度/g	脉宽/μs	加速度/g	脉宽/μs	加速度/g	脉宽/μs	加速度/g	脉宽/μs
炮塔侧部	830	67	1 150	83	797	113	1 190	66
近地 1 m	1 530	100	2 250	72	2 080	73	2 320	50
近地 2 m	447	29	487	32	659	100	703	40
近地 3 m	310	50	353	33	445	80	665	100
近地 4 m	622	30	500	30	567	30	500	100

表8.8 爆炸物在不同位置爆炸后传动箱加速度峰值和脉宽

位置	X方向		Y方向		Z方向		设备整体	
	加速度/g	脉宽/μs	加速度/g	脉宽/μs	加速度/g	脉宽/μs	加速度/g	脉宽/μs
炮塔侧部	219	103	258	120	297	110	316	75
近地1m	2 630	40	3 140	120	2 660	63	3 840	80
近地2m	835	32	1 060	54	856	40	1 140	160
近地3m	701	40	518	60	728	80	875	80
近地4m	696	80	670	40	724	40	768	40

表8.9 爆炸物在不同位置爆炸后左变速箱加速度峰值和脉宽

位置	X方向		Y方向		Z方向		设备整体	
	加速度/g	脉宽/μs	加速度/g	脉宽/μs	加速度/g	脉宽/μs	加速度/g	脉宽/μs
炮塔侧部	2 680	63	2 800	56	2 610	78	3 340	40
近地1 m	4 030	54	3 730	51	2 670	40	4 930	120
近地2 m	1 460	80	2 300	53	1 810	60	2 490	40
近地3 m	2 260	40	1 850	35	2 020	120	2 310	80
近地4 m	912	60	1 850	100	761	40	1 880	80

表8.10 爆炸物在不同位置爆炸后弹药架加速度峰值和脉宽

位置	X方向		Y方向		Z方向		设备整体	
	加速度/g	脉宽/μs	加速度/g	脉宽/μs	加速度/g	脉宽/μs	加速度/g	脉宽/μs
炮塔侧部	1 670	40	2 220	47	1 720	47	2 700	96
近地1 m	5 130	32	5 640	28	4 630	80	6 220	100
近地2 m	189	33	344	60	224	35	348	80
近地3 m	256	28	229	25	227	60	298	100
近地4 m	218	60	229	60	261	60	266	80

表 8.11　爆炸物在不同位置爆炸后右变速箱加速度峰值和脉宽

位置	X 方向		Y 方向		Z 方向		设备整体	
	加速度/g	脉宽/μs	加速度/g	脉宽/μs	加速度/g	脉宽/μs	加速度/g	脉宽/μs
炮塔侧部	625	47	728	48	507	73	922	120
近地 1 m	4 340	33	8 580	60	2 970	70	8 600	60
近地 2 m	4 250	40	4 390	80	3 960	60	5 950	220
近地 3 m	258	28	343	30	285	35	382	80
近地 4 m	167	100	180	40	138	40	189	80

索 引

0~9

3对1的网格过渡（图） 91
4个强度理论对比 111

A~Z、δ

ALE 338、340
　　方法描述 338
　　射流侵彻靶板（图） 340
Ansys 40、150、155
　　常用材料模型 150
　　软件中单元类型的选取（图） 40
　　后处理判断原则 155
　　静力学分析中常用的材料模型分类（表） 150
APDL程序 81~83
　　文件格式 81
APDL及参数化网格划分实例 81
automesh面板（图） 274、294
bb和trbb命令所生成的网格过渡效果（图） 80
BKW状态方程 334
block命令所生成的形状（图） 77
CFD – Geomild 75
CFX – build 75
Chang – Chang失效准则 37
COMBIN单元 41
components面板（图） 323
contactsurfs面板（图） 281、300
CONTROL_CONTACT卡片（图） 287、305
CONTROL_HOURGLASS卡片（图） 288、305
CONTROL_TERMINATION卡片（图） 286、304
CONTROL_TIMESTEP卡片（图） 287、305
Cowper – Symonds模型 35
cylinder命令所生成的圆柱块体网格（图） 80
DATABASE_BINARY_D3PLOT卡片（图） 286、304
DATABASE_BINARY_D3THDT卡片（图） 287、304
dei命令所删除的区域（图） 77
Edge节点分布参数（表） 209
EIGRL卡片 319（图）、319（表）
　　含义（表） 319
EIGRL载荷集创建（图） 324
Enhanced – Composite – Damage模型 37
FEA精度分析（图） 155
Fluent求解 211、231
　　界面（图） 231
Gambit 75
Gridgen 74
HJC损伤本构模型 263
HyperMesh 75
ICEM – CFD 74

索 引

interfaces 面板（图） 283、301
Johnson – Cook 模型 35、261
Johnson – Holmquist – Ceramics 模型 36
JWL 状态方程 39、335、336
  参数获取 336
line（创建线）面板（图） 273
LINK 单元 41
LS – Dyna 258
  基础 258
LS – Dyna 软件的关键字逻辑关系（图）
  44
LS – PrePost 272
MASS 单元 40
Mesh Tool（网格工具）对话框（图） 163
Mie – Gruneisen 状态方程 38
NASTRAN 有限元分析系统 8
NDRC 公式 269
nodes（创建点）面板（图） 294
organize 面板（图） 275
part 定义 281、281（图）、299、300（图）
PIPE 单元 41
Pointwise 74
Poncelet 公式 269
Proporties 面板（图） 323
Quick edit 面板（图） 276
sd 命令所生成的辅助球面（图） 78
solid edit（实体编辑）面板（图） 274、
  293～295
solid map 面板（图） 275
spin 面板（图） 276
surfaces（创建平面）面板（图） 295
surfaces（创建球体）面板（图） 293
TrueGrid 76、90
  参数化网格划分实例 90
TrueGrid 网格划分实例 76～79
  删去多余区域 77
  生成初始块体网格 76
  生成初始圆柱块体网格 78

  添加辅助面 78
  网格节点增加或减少过渡 79
  向辅助面映射 78
Von Mises 屈服面（图） 175
WES 公式 270
X 方向位移云图（图） 170
Y 方向位移云图（图） 170
$\delta \neq 0$ 时作用于弹体上的升力、翻转力矩示
  意（图） 189

A ~ B

阿贝尔余容状态方程 334
靶板固定约束（图） 285、303
靶体材料赋值界面（图） 105
半逆解法 131
薄壁结构 115
爆炸对坦克毁伤效应计算实例 351
爆炸驱动破片 343
  飞散实例整体模型（图） 343
  计算实例 343
爆炸物在不同位置爆炸后（表） 364 ~ 378
  车长位置人员所受加速度峰值和脉宽
  （表） 365
  传动箱加速度峰值和脉宽（表） 378
  弹药架加速度峰值和脉宽（表） 378
  发动机的加速度峰值和脉宽（表） 377
  火控系统的加速度峰值和脉宽（表）
  370
  火炮发射系统的加速度峰值和脉宽
  （表） 370
  驾驶员位置人员所受的加速度峰值和脉
  宽（表） 365
  炮长所受加速度峰值和脉宽（表） 364
  通信设备的加速度峰值和脉宽（表）
  370
  右变速箱加速度峰值和脉宽（表） 379
  左变速箱加速度峰值和脉宽（表） 378
爆炸效应分析 331、332

理论基础、方法和实例 331
爆炸效应有限元分析方法与实例 340
本构 34、123、175
　　方程 34
　　关系 34
　　模型 34、123、175
比例极限 30
边界处微元体上力所做的虚功 137
边界面 143
边界条、初始条件参数等设置 66
边界条件 66、125、151、177、342
　　参数设置 66
　　定义 342
边界条件和载荷施加 151、284、302
别列赞公式 269
并行设计 21
泊松比 30
不同材料最大压力、最大等效应力对比
　　（图） 179
不同工况下的最大等效应力和最大压力
　　（表） 179
不同固定件单元力学曲线（图）
　　177、178
不同时刻侵彻结果（图） 290、291、308
不同位置固定件上的单元选取示意（图）
　　177
部件 44、176、277、278、322
　　材料参数（表） 176
　　材料基本力学性能（表） 322
　　单元网格（图） 277、278
　　几何模型离散化示意（图） 176

C

材料本构模型选择（图） 162
材料参数 279、298、323、341
　　设置面板（图） 323
　　设置页（图） 279、298
材料创建面板（图） 322

材料密度输入（图） 163
材料模型 65、175、261、341
　　和状态方程 261
　　及数值参量设置 65
　　计算参数（表） 65
材料属性 150（表）、278、298
　　参数（表） 150
材料弹性模量和泊松比输入（图） 162
材料与单元属性设置 278、279、298
　　常用按钮（图） 279
材料与属性设置 322
参数化设计 81
参数设置（图） 220、221、239、240、
　　254、255
查看弹体形变图 169
查看弹体应变图 167
查看关注节点结果信息 171
常见材料属性参数（表） 150
常体力情况下应力法简化及应力函数 129
常用单位制及其转换关系（表） 140
常用弹塑性本构模型 35
常用解题方法 127
超声速下气流绕流弹体表面状况（图） 184
车长位置人员所受加速度随时间的变化
　　（图） 361、362
程序设计 4
赤道阻尼力矩 190、193
重复边 142
重复单元检查 157
抽象简化 51
初始化 250、250（图）
初始条件参数设置 67
传动箱所受加速度随时间的变化（图）
　　372、373
创建 Ogrld Block（图） 205
创建 Part（图） 346、357
创建接触（图） 347
创建局部区域切割面（图） 226

创建空气域外壳（图） 224
创建空气状态方程（图） 346
创建平面（图） 253
创建球边界和流场边界 Part（图） 204
创建完成的切割圆和切割完成后的实体（图） 274
创建炸药状态方程（图） 345
创建整体 Block（图） 204
从位移判断结果（图） 156
脆性损伤模型 263

D

打开的模型（图） 290、307
大规模数值模拟计算 24
单元 40、43、48、147、161
　尺寸 147
　和节点对应关系（表） 43
　行为方式选择（图） 161
　选择 48
　自由度选择 48
单元类型选择 48、49、148
　示例（图） 148
　原则 49
单元属性 280、281、299
　定义（图） 281、299
单元体上应力分量（图） 28
单锥弧顶药型罩模型建立界面（图） 101
单锥平顶药型罩模型建立界面（图） 100
弹道方程中常用的空气动力和力矩系数 192
弹道系数 187
弹底局部放大图（图） 169
弹塑性本构模型 35
弹塑性动态硬化模型应力－应变关系（图） 175
弹塑性随动硬化模型 65
弹体 1/4 模型（图） 273、293
弹体、汽车在空气中运动时典型的流场及气动力分析（图） 13

弹体发射强度校核 158
　理论及模型简化 158
弹体发射压力时程曲线及 3 个临界状态（图） 158
弹体飞行 182、201、241
　仿真 241
　所关注的空气动力学问题 182
　有限元分析方法与实例 201
弹体高速侵彻过程中的侵彻加速度 264
弹体截面（图） 159
　CAD 模型（图） 159
　导入 Ansys 软件（图） 159
弹体模型建立 60
弹体侵彻过程仿真计算结果（图） 68
弹体三维几何模型（图） 241
弹体外流场 193
弹体与靶板之间面面接触（图） 284
　对象设置（图） 284
　属性和参数设置（图） 284
　对象设置（图） 302
　设置（图） 302
弹体在气体中飞行的推荐计算模型（表） 200
弹体纵轴与速度矢量不重合时的空气动力和力矩 189
弹形系数 184
弹药复杂系统发展（图） 27
弹药架所受加速度随时间的变化（图） 376、377
导出计算文件（图） 350
导出求解文件（图） 288、306
导出坦克有限元模型（图） 358
导入 CAD 几何模型 159
导入 Tank.stp 模型（图） 355
导入几何模型（图） 227
导入流场计算域（图） 202、222
　模型（图） 202
　文件（图） 202、222

导入模型 241
等效简化 51
等效应力云图（图） 168
底部阻力 183
底托部件上的接触面 danbi_dituo-dituo
（图） 282
底座部件上的接触面 dizuo_huanchong（图）
300
底座和缓冲位置关系（图） 300
第一类边值问题 126
　　示意（图） 126
第一强度理论 109
第一重要原则 156
第二类边值问题 126
第二强度理论 109
第三类边值问题 126
第三强度理论 109
第四强度理论 110
典型部件几何模型离散化示意（图） 176
典型二维结构网格（图） 69
典型热分析及结果（图） 13
典型湍流模型（图） 196
典型应力-应变曲线（图） 30
点—线—面—体建模后进行网格划分方法
70
点单元 40、41（图）
　　示意（图） 41
点连成线（图） 71
调用计算程序（图） 106
定义 Edge 节点分布（图） 208
定义材料属性 162
定义单元类型 160、161、161（图）
定义分析类型（图） 160
定义分析模式（图） 324
定义分析频率 323
定义工作标题（图） 160
定义工作文件名（图） 160
定义工作文件名和标题 160

动画控制面板（图） 290、307
动画显示 307
动画演示 290
动力约束法 259
动量方程 195
动态响应特性 341
读入"ans"文件（图） 82
读入网格文件（图） 211
对称罚函数法 260
　　示意（图） 260
对称检查示意（图） 148
对称结构不对称网格仿真（图） 157
对称结构网格划分 156
对称性/反对称性简化问题（图） 50
对体进行网格划分（图） 73
对线进行网格划分（图） 88
多目标函数优化设计 26
多物理场分析 12

E

二维 BEAM 单元示意（图） 41
二维 PLANE 单元示意（图） 42
二维单元网格划分（图） 274、295、296
二维结构网格（图） 69
二维三节点三角形单元（图） 43
二维物体约束 154、155（图）
二向应力状态下的破坏条件（图） 110
二自由度弹性阻尼系统 315~317
　　幅值振型示意（图） 316
　　简图（图） 315
　　模态计算 315
　　模态试验原理（图） 317

F

发动机舱段有限元模型网格示意（图） 64
发动机所受加速度随时间的变化（图）
　　371、372
发射强度校核 171、172

分析　171
　　　　关键位置（图）　172
　　　　理论风险断面（图）　172
反力、力矩、残余应变能等检查　156
仿真计算　200、321
　　　　弹体三维结构（图）　321
仿真结果分析　177
非结构网格　69
分布载荷　153、153（图）
分割—组合　9
分配参数法　260
分析参量　177
分析结果后处理　324
分析类型　146
分析模式定义　324
分析求解　324
　　　　参数设置面板（图）　324
分析应力特征　118
复杂工程技术问题求解的一般过程　3

G

杆系结构　49
刚体模态重要性　318
刚性支座　51
高速侵彻分析基础理论、方法与实例　257、267
高速侵彻有限元分析方法与实例　271
各部件材料（表）　176、322
　　　　参数（表）　176
　　　　基本力学性能（表）　322
各个部件单元网格（图）　277、278、297
各类方程与物理量之间的联系（图）　118
各项应力的分布（图）　135
更新边界（图）　229
工程结构抽象简化（图）　51
工程问题数学化　3
共享边　141
固定铰支座　52、53

　　　　等效简化（图）　53
固定硬点　144
固接支座　52、53
　　　　等效简化（图）　53
固有共振特征分析　15
关键点生成（图）　71
关注节点结果信息（图）　171
光滑粒子流体动力学方法　47
广义胡克定律　114

H

合适应力类型选择　157
后处理　155、167、289、305
　　　　分析　289、305
　　　　判断原则　155
弧锥型药型罩模型建立界面（图）　102
胡克定律　32、34、113、114
　　　　推论（图）　113
划分 Ogrid Block（图）　206
划分单元类型（图）　145
划分结果（图）　206
划分网格　88、147、201、222、276
　　　　步骤　147
　　　　四边形单元（图）　276
　　　　药型罩（图）　88
缓冲部件上的接触面 huanchong_dizuo（图）　301
绘制草图并拉伸（图）　225
混凝土材料本构模型　263
活动铰支座　51
火箭弹弹体各部分材料（表）　59
火箭弹发动机分离后的计算几何模型　61
火箭弹正常分离后舱段结构简图（图）　60
火控系统所受加速度随时间的变化（图）　367、368
火炮发射系统所受加速度随时间的变化（图）　368、369

J

几何体创建及编辑　143
基体拉伸失效　38
基体压缩失效　38
基于 Ansys 软件的静力学分析原理及步骤　139
基于 LS – Dyna 强度校核　172
基于参数化的网格划分技术与实例　81
基于映射的网格划分　73
 方法　73
 思路（图）　73
激波阻力　183
激活能量方程（图）　213、233、244
极阻尼力矩　190、193
集中载荷　151、151（图）
几何表现　141
几何等效模型建立　58
几何方程　121
几何模型建立及载荷施加分析　158
几何清理及网格划分　141
几何形变　122、145
 几何形状和尺寸　145
 示意（图）　122
计算初始化（图）　218、237
计算方法选择　46
计算工况（表）　174
计算机进行计算分析（图）　106
计算几何模型建立　60、61
 过程　61
计算结果后处理软件　272
计算结果文件打开面板（图）　326
计算流体力学分析　194
计算模型力学分析基本内容　46
计算网格类型　69
加载及求解　165
驾驶员位置人员所受加速度随时间的变化（图）　363、364

监控阻力（图）　217
剪切　29、31
 模量　31
 应变　29
检查网格　211（图）、242、242（图）
简化三维模型（图）　354
简化三维有限元模型（图）　354
简支梁和悬臂梁共振振型（图）　317
建立"ans"文件（图）　81
建立药型罩模型参数化设计的结构尺寸（图）　82
建立映射关系（图）　207
建模方法　71
建筑结构中的杆梁框架及其简化模型（图）　52
将连续体变成有限数量节点和单元的组合体（图）　144
桨叶运动、水中爆炸等典型流固耦合场分析（图）　14
较复杂部件网格模型（图）　322
接触　45、67、259、323
 参数设置　67
 设置　323
 问题　259
接触爆炸情况下计算应力云图（图）　359
接触力　260
接触面 danbi_dituo 的 review 状态（图）　283
接触面 dizuo_huanchong 的 review 状态（图）　302
结构模型假设　58
结构强度　12、117、139
 分析　12
 校核基础　117
 校核有限元分析方法与实例　139
结构失效状态分析　15
结构网格　69、70
 缺点　70
 优点　70

结构振动动力学特性与模态分析作用 312
结果数据类型选择（图） 168、169、171
节点 43、143、198、208
  编号（图） 208
  插值格式 198
节点、单元和部件的逻辑关系（图） 44
解题方法 127
解析解 24
解析理论分析法 267
界面捕捉 339
进行监控设置 248
进行求解计算（图） 237、250、251、
  351、359
进行升力监控设置（图） 249
进行阻力监控设置（图） 249
进入 Fluent Mesh（图） 227
进入 materials 面板创建材料（图）
  279、298
经细节删除操作后的有限元网格模型（图）
  51
经验公式 269
静/动态载荷下的武器装备结构强度校核基
  础理论与实例 107
静/动态载荷作用下的结构强度校核基础
  117
静矩计算示意（图） 134
静力矩 193
静力学分析原理及步骤 139
静水压力 153、153（图）
局部区域布尔运算（图） 225
聚能装药计算模型建模方法 71、72
  点连成线 71
  对体进行网格划分 72
  建立关键点 71
  面生成体 72
  明确主要组成 71
  线生成面 72

K

开始求解窗口（图） 289、307
考虑随动硬化与各向同性硬化的材料弹塑性
  行为（图） 35
科学试验 5
科研课题阶段 5
壳体材料赋值界面（图） 105
壳体结构参量输入模块（图） 103
可进行一维单元划分的情况（图） 145
可进行二维单元划分的情况（图） 146
可进行三维单元划分的情况（图） 146
可靠性设计 21
空间结构 49
  参数 193
空气动力和力矩 182、189、192
  系数 192
空气动力学问题 182
空气域材料赋值界面（图） 104
空气阻力 183、187
  加速度与弹道系数 187
控制舱段有限元模型网格示意（图） 63
控制方程离散化 197
控制面插值格式 199

L

拉格朗日表述 47
拉伸和压缩破坏性能不相同时材料的极限应
  力圆（图） 112
拉伸和压缩破坏性能相同时材料的极限应力
  圆（图） 112
离散方程组求解计算 199
离散化模型 174
离心载荷 154
理想气体状态方程 38
利用 TrueGrid 软件通过映射划分圆柱体网格
  示意（图） 73
力学概念与术语 27

力学建模 45、47
　　建立过程（图） 47
力学问题 46、49
　　分析 46
　　分析步骤 46
　　简化 49
立方体结构导入后模型（图） 223
立方体破片 221
连杆机构简图（图） 318
连接与接触设置 281、300、323
连续性方程 194
两段弧锥壳体模型建立用户操作界面（图） 103
两段锥锥壳体模型建立用户操作界面（图） 103
两类平面问题 117
两类问题比较 120
　　几何特征 120
　　受力特征 120
　　应力特征 120
两种网格划分方法 70
榴弹弹体发射强度校核 158
流场及气动力分析 12
流场计算域（图） 201、205、222、241
　　整体 Block（图） 205
流固耦合 12、340、342
　　场分析 12
　　方法实现 342
　　分析（图） 340
流固耦合算法 333、337
　　原理 337
流体力学 194
　　基本方程 194
　　基础 194
六面体网格 70、295
　　生成（图） 295
卵形头部侵彻弹系统模态分析结果（表） 330

M

马格努斯力 192、193
　　力矩 193
马格努斯力和力矩 191
　　示意（图） 191
面单元 41、42
　　应用原则 42
面积力 27
面面接触属性设置面板（图） 283、301
面生成体（图） 72
描述几何结构（图） 229
摩擦阻力 183
模块化设计 23
模量 31
模态分析 313、314、317、321、325、327
　　定义 314
　　方法与实例 321
　　基础理论 313
　　技术应用 314
　　结果（表） 327
　　理论 314
　　频率结果（图） 325
　　与约束 317
模态阶数选择界面（图） 326
模态提取方法 318
模型几何清理和网格划分 321
模型简化方法 49
模型建立 45、100
　　基本条件输入模块（图） 100
模型建立前的科学假设及模型确定 58
模型离散化 62
莫尔强度理论 111

N

内部微元体上力所做的虚功 137
能量方程 195
逆向工程设计 22

逆解法 131
扭矩 154、154（图）

O～P

欧拉表述 47
派洛第公式 269
判断和检查结果准确性 155
判断和理解结果 156
炮长位置人员所受加速度随时间的变化
　（图） 360、361
配重基本原则 59
平顶单锥药型罩结构（图） 90、91
　　尺寸表征（图） 90
　　离散化模型（图） 91
平顶单锥装药结构（图） 90
平衡微分方程 120
平面结构 49
平面应力薄板结构（图） 115
平面应力问题 118、124
　　物理方程 124
　　示意（图） 118
平面应变 116、116（图）
平面应变问题 116、119、124
　　物理方程 124
　　示意（图） 119
破片飞行仿真 201
破片速度－时间曲线（图） 353

Q

其他载荷 154
鳍面 143
启动界面（图） 211、242
起爆点设置（图） 349
气动动力有限元分析基础理论 193
气动力分析 16、181
　　基础理论与实例 181
气流绕流弹底部时况（图） 183
牵引力 152、152（图）

前处理操作 11
强度校核 172
强度理论 108、111
　　对比 111
　　应用范围与局限（表） 111
桥式起重机连接轴的等效简化（图） 52
切割后的面（图） 276
切割完成后实体（图） 294、296
切换到求解模式按钮（图） 231
切线模量 33
侵彻弹物理结构 321
侵彻多层混凝土靶板的侵彻加速度－时间曲
　线及刚体加速度（图） 265
侵彻过程理论分析方法研究 268
侵彻加速度 264～266
　　信号产生机理 265
　　信号组成 266
侵彻结果（图） 290、291、308
侵彻体加速度－时间历程曲线（图）
　292、309
侵彻体速度、加速度过载提取 291、291
　（图）、307、308（图）
侵彻体速度－时间历程曲线（图）
　292、309
求解 11、129、167、219、325、339、352、
　353
　　步骤 129
　　操作 11
　　方式 339
　　计算（图） 219
　　结果演示（图） 352、353
　　开始（图） 325
求解器 272
求解设置 286、289（图）、304、306（图）
求解完成后出现 Note 对话框（图） 167
球体破片 201
曲面 141、144
　　上边类型（图） 141

全弹计算几何模型　61
全弹结构（图）　60
全弹有限元模型（图）　62

R

热分析　12
人机工程　22
柔-柔接触中的接触面与目标面（图）　45
软件选择　272

S

三维 SOLID 单元示意（图）　42
三维重构与虚拟试验　25
三维非结构网格控制体积（图）　198
三维物体约束　155、155（图）
三锥型药型罩模型建立界面（图）　102
伞舱段有限元模型网格示意（图）　64
删除 block 结果（图）　207
设计方法学　22
设置爆炸计算流固耦合（图）　347
设置边界条件（图）　215、226、244、246
设置材料名称（图）　245
设置材料属性（图）　213、234、244
设置操作压力（图）　245
设置多物质材料流固耦合（图）　349
设置工作压力（图）　234
设置计算参考值（图）　216、247
设置计算域属性（图）　214
设置接触（图）　358
设置控制（图）　214、350
　　卡片（图）　350
　　条件（图）　214
设置流固耦合接触（图）　348
　　参数（图）　348
设置求解方法　247、248（图）
设置求解控制参数　247、248（图）

设置求解器（图）　212、232、242、243
设置体网格参数（图）　230
设置湍流模型（图）　212、233、243
设置网格划分（图）　355
设置物理模型　243
设置压力远场数据（图）　235
设置自动保存　237（图）、250、251（图）
设置阻力（图）　236
　　报告（图）　236
　　系数（图）　236
升力　192
生成初始网格（图）　209
生成计算用文件（图）　106
生成六面体单元（图）　275、295
生成面网格（图）　228、229
　　对话框（图）　228
生成体网格（图）　231
失效准则　39
施加约束　154
实测侵彻混凝土加速度与理论模型结果（图）　269
实例分析　58、158
实例一　271
实例二　292
试验侵彻弹　271、272、280、293、299
　　1/4 模型（图）　271、293
　　材料基本参数数值（表）　280、299
　　参数（表）　272
　　三维物理模型　271、293
试验侵彻弹初始速度（图）　286、303、304
　　设置（图）　286、303
　　载荷（图）　286、304
试验与经验公式法　268
输入材料参数（图）　356
输入空气材料参数（图）　344
输入炸药材料参数（图）　344
属性设置　322

数学建模 3
数学模型 4
数学问题数值化 4
数值方法 4
数值仿真 172~174
　　几何模型 172
　　计算工况 174
　　结构尺寸 172
　　具体结构尺寸（表） 173
数值仿真法 270
数值分析 6
数值计算方法 197
数值解 24
数值求解 6、8
　　特点 6
　　注意问题 6
数值问题机器化 4
双侧固定与单侧固定示意（图） 174
双质量块弹簧系统（图） 318
双锥型药型罩模型建立界面（图） 101
四面体网格 70
塑性变形 28
塑性随动硬化模型 262
速度分布云图（图） 241、255
算法 4、58、258
　　选择 58
　　与分析 4

T

弹性本构模型 34
弹性变形 27
弹性常数之间转换关系（表） 33
弹性模量 31
弹性支座 52、53
　　等效简化（图） 53
特雷斯卡屈服准则 109
梯度插值格式 199
提取结果 251

提取升力计算结果（图） 252
提取外力对弹体质心的转动力矩计算结果
　　（图） 253
提取阻力计算结果（图） 219、238、252
提取阻力系数计算结果（图） 239
体 42、142、144
　　单元 42
　　示意（图） 142
体积力 27
体积 29、31
　　模量 31
　　应变 29
添加边界层（图） 230
添加边界条件的实体（图） 89
添加对称约束及固定约束 165
添加固定约束（图） 166
添加局部尺寸（图） 228
填加约束条件的全弹模型（图） 66
添加载荷 165~167
　　结果（图） 167
通过 APDL 编写程序（图） 84、85
　　建立的关键点（图） 84
　　生成的面和体（图） 85
　　生成的线（图） 85
通信设备所受加速度随时间的变化（图）
　　366、367
土壤靶板有限元模型网格示意（图） 64
湍流模型 195、196
　　适用场合（表） 196
拓扑修补策略 143

W

外力 27
外载荷与响应联系（图） 46
弯矩 153
完整切割面 143
网格过渡技术演示（图） 149
网格划分 69、73、74、81、144、162、

164、273、293、321、340、355

　　　方法 69、73

　　　结果（图） 164

　　　技术与实例 81

　　　控制参数输入（图） 164

　　　软件 74

　　　示意（图） 355

　　　应注意问题 340

网格疏密影响 318、318（图）

网格运动 338

网格质量分布（图） 209、210

位移 29

位移法 129

温度载荷 154、154（图）

武器装备模态分析基础理论与实例 311

武器装备设计 27、332

　　　爆炸效应分析 332

　　　涉及的力学问题与有限元方法 27

武器装备性能水平 1

物理方程 123

物体产生位移原因 123

X

先进武器装备设计特点与有限元分析方法 19

纤维拉伸失效 37

纤维压缩失效 38

显示速度分布场（图） 221

显示需要删除的 Block 207

显示压力分布场（图） 220

现代化武器装备设计特点 24

现代设计 20、21

　　　方法分类 20

现代设计方法特点 23

　　　程式性 23

　　　创造性 23

　　　数字化 24

　　　系统性 23

　　　综合性 23

　　　最优化 23

现代有限元方法思想 7

线 29、41、72、144

　　　单元 41

　　　生成面（图） 72

　　　应变 29

线性本构关系 113

线性几何方程 115

线性静力学分析有限元建模一般步骤 140

项目周期 147

小变形情况下的线性几何方程 115

小特征删除 49

斜压力 152

新建材料模型（图） 343

新建炸药模型单元（图） 344

修复后几何模型（图） 203

修复几何模型（图） 203

虚功方程 135

虚功原理示意（图） 136

虚拟设计 22

虚拟试验 25

绪论 1

旋转生成的六面体单元（图） 277

选择空气单元类型（图） 345

选择求解器（图） 210

选择坦克单元类型（图） 356

选择网格文件（图） 242

选择需要输出速度-时间曲线破片（图） 353

选择炸药材料（图） 344

选择炸药单元类型（图） 345

Y

压力 153、240、254

　　　分布云图（图） 240、254

压缩模量 33

亚松弛技术 200

索　引

杨氏模量　31
药型罩　83、100、104
　　材料赋值界面（图）　104
　　几何结构属性　83
　　结构参量输入模块（图）　100
要素分析　145
一维网格控制节点（图）　198
以 Angle 为标准的网格质量分布（图）　210
以 Determinant 2×2×2 为标准的网格质量分布（图）　209
抑制边　142
引信结构　264
引信壳体部件上的接触面 danbi_dituo – danbi（图）　282
引信壳体与底托的位置关系（图）　281
应力　28、135、156、157
　　分布（图）　135
　　绘图　156、157（图）
应力 – 应变曲线（图）　30
应力法　127
应变　29
应变率　29
应用插值公式　11
应用几何方程　11
应用物理方程　11
应用虚功方程　11
硬目标侵彻研究　267
优化设计　21
有限元程序　258
有限元方法　6、9、10、15、16
　　发展历史　6
　　概念　9
　　基本思路　9
　　基本思想　6
　　特点　10
　　用于结构失效状态分析（图）　15
　　用于气动力分析（图）　16
　　用于整体结构模态（固有共振特征）分析（图）　15
有限元分割—组合基本思路示意（图）　10
有限元分析　2、10~14、40、45、272
　　3 个主要步骤（图）　11
　　步骤　11
　　核心　45
　　基本概念　40
　　力学建模　45
　　软件　272
　　一般流程　10
　　应用范围　12
　　在武器装备设计中的应用　14
有限元分析前处理　56、57
　　流程　57、57（图）
　　重要性及作用　56
有限元分析前处理及网格划分　55
有限元计算　58、193
　　空气动力参数　193
　　模型建立　58
有限元建模　45
有限元进行终点（爆炸、冲击、侵彻）毁伤效应分析（图）　16、17
有限元模型　158、175、272、273、288、293、305
　　网格数量（表）　175
　　建立　158、273、293
　　前处理软件　272
　　求解　288、305
有限元相关问题分类　9
右变速箱所受加速度随时间的变化（图）　375、376
预应力模态　320
　　分析步骤　320
预应力模态工况　320、321
　　fem 文件卡片局部格式（图）　321
　　设置（图）　320
　　在 Hyperworks 中设置（图）　320

393

圆角和孔的建模规则（图） 149
圆筒试验 336、337
  方法及 JWL 状态方程参数获取 336
  圆筒壁径向膨胀位移和时间的关系（图） 337
  装置示意（图） 337
约束模态 317
云图参数设置面板（图） 326

Z

在 Ansys/LS-Dyna 中建立的火箭弹发动机分离后的计算几何模型（图） 61、62
在 Ansys/LS-Dyna 中建立的全弹计算几何模型（图） 61
在 DesignModeler 中编辑几何结构选项（图） 223
在 edges 面板中进行节点合并（图） 277、296
在 interfaces 面板中单击 add 单选按钮（图） 283、301
在线或边上的均匀载荷（图） 152
在线或边上的力 151、152
  平均点力（图） 152
载荷 151
炸药爆炸对坦克毁伤的有限元模型（图） 354
炸药材料赋值界面（图） 104
炸药状态方程及流固耦合算法 333
战斗部舱段有限元模型网格示意（图） 63
振动模态 313

整个体的外表面投影到辅助球面 1 上（图） 79
整体结构模态分析 15
整体装配图及局部放大图（图） 173
正常分离垂直侵彻状态弹靶系统计算几何模型（图） 67
正向理论设计 22
质点 40
终点毁伤效应分析 16
重力载荷 154
轴对称问题 117
轴对称约束（图） 285、303
主单元体（图） 32
主要湍流模型适用场合（表） 196
状态方程 38、261
自动保存设置（图） 218
自由边 141
自由模态 317
自由硬点 143
阻力 184、185、192
  系数与弹形系数 184
  系数与马赫数关系（图） 185
最大等效应力和最大压力（表） 179
最大剪应力理论 109
最大拉应力理论 109
最大形状改变比能理论 110
最大压力、最大等效应力对比（图） 179
最终生成的三维实体单元模型（图） 296
左变速箱所受加速度随时间的变化（图） 373、374

（王彦祥、张若舒 编制）